AM FRÜHEN Abend. Ich könnte durchs nahe Gelände streunen, wie ich es vor einem Jahr noch häufig getan habe. Jetzt aber ist alles anders, denn ich scheue die einsetzende Dunkelheit. Sobald ich weniger sehe, schleiche ich vorsichtig herum und traue mir keine längeren Wege zu.

Es könnte etwas passieren. Ich könnte straucheln, stürzen, was auch immer.

Von den ersten Morgenstunden an denke ich diesen Satz: Es könnte dir etwas passieren. Ich fühle mich nicht mehr sicher, denn ich bin durch einen Todestunnel gegangen.

Ich kämpfe gegen die vielen Irritationen an, aber die alte Angst, von der ich dachte, sie sei längst besiegt, ist so massiv wie noch nie wieder da. Die Angst, nicht mehr weiterzuwissen. Plötzlich von einem Dunkel verschlungen zu werden. Bis zur Reglosigkeit zu erstarren. Während einer Zugfahrt zu sterben, ohne dass es einer bemerkt.

Was ist mit dem Herrn dort drüben? Warum sitzt er so schief?, fragt das Kind. Und dann schauen Mutter und Kind nach und erkennen: Der Herr auf Platz 55 lebt nicht mehr, der Zug schaukelt einen Leichnam hin und her. Ist der Mann jetzt im Himmel?, fragt das Kind. Ja, sagt die Mutter, so wie er aussieht, ist er im Himmel.

2

NACHTS. ICH kann nicht schlafen. Lese, gehe in die Küche, höre Musik, kehre ins Bett zurück, lese weiter, grüble lange, gehe wieder in die Küche.

Mein Hirn ist durcheinander, und ich weiß nicht, wie ich Ordnung hineinbringen könnte. Die Herzoperation liegt erst einen Monat zurück. Sie dauerte fünf Stunden, und danach lag ich im Koma, aus dem ich fast nicht mehr erwacht wäre.

Was auf der Intensivstation in den darauf folgenden Wochen geschah, weiß ich nicht mehr genau. Ich habe nur Bruchstücke im Kopf, Geräusch- und Filmszenen, Besuche und Begegnungen – alles wie im Polaroid-Format, verwackelt, matt, unscharf.

Wenn ich mich bloß genauer erinnern könnte! Das würde helfen! Momentan kehren nur Augenblicke zurück, die ich kurz durchlebe und meist sofort wieder vergesse.

Ich nehme einen Stift in die Hand, zögere und bemerke, dass der Stift meinen Gedanken nicht folgt. Ich kann ihn nicht wie sonst leicht und rasch bewegen, er streikt und wirkt schwer und massiv. Ich lege ihn fort, lenke mich ab und vergesse, dass ich schreiben wollte.

Gehe ich ein paar Schritte aus dem Haus, weiß ich draußen nicht mehr, was ich dort suchte. Den Türschlüssel habe ich anscheinend im Haus gelassen. Zum Glück ist die Gartentür zur hinteren Terrasse noch offen. Warum?! Ach ja, ich habe vergessen, sie zu schließen.

Nicht einmal die einfachsten Handlungen gelingen. Beim Teekochen erhitze ich Wasser in einem Kocher und lasse das heiße Wasser so lange stehen, bis es abgekühlt ist.

Beim Klavierspielen versagt das Zusammenspiel beider Hände, ich kann sie nicht koordinieren, sie kommen sich in die Quere und treten auf wie störrische, autonome Solisten, die sich keinem Zusammenspiel unterordnen und von denen jeder vergessen zu haben scheint, was der andere vorhat.

Ich fühle mich hilflos und amputiert.

Stark ist die anhaltende Sehnsucht nach einer Rückkehr ins Bett. Dort allerdings würde ich sofort einschlafen und die Nacht danach wieder hellwach verbringen.

Was ist bloß mit mir los? Am schlimmsten sind die Tagträume, die mich wieder in die Kindheit zurückschicken. Was habe ich in der Kindheit zu suchen?

Mein verletzter, armselig herumzappelnder Körper erinnert mich an den kleinen Körper des frühen Lebens. An seine Vorsicht, seine Zurückhaltung, sein Tasten und Ausprobieren. Ich sehne mich nach einer rettenden, haltenden Hand und gäbe etwas, die meiner Mutter wieder zu spüren. Sich an die Hand nehmen lassen, ein paar ruhige, sichere Schritte gehen. Mit ihr zusammen auf einer Bank sitzen. Nichts könnte mir passieren. Ich wäre aufgehoben, den ganzen Tag lang.

Manche Fantasien haben etwas Erotisches. Ich sehe meine junge Mutter als schöne, lebenslustige Frau, die gerade geheiratet hat. Der erotische Impuls ist spürbar, er überträgt sich sogar auf Menschen und Dinge, die plötzlich wie aus dem Nichts sehr nahe und gegenwärtig sind, als wollten sie mir helfen.

Warum ist das so? Warum träume ich davon, ausgerechnet mit Fanny Ardant in Paris unterwegs zu sein und mit ihr ein Glas Wein zu trinken?! Weil sie eine gewisse Ähnlichkeit mit meiner Mutter auf deren Jugendfotografien hat? So leicht durchschaubar steuern mich momentan meine Träume! Machen sie sich über mich lustig oder tun sie so, als wären sie für Doktor Freud komponiert?

Dabei weiß ich nicht viel über Doktor Freud. Ich habe nie eine psychoanalytische Therapie kennengelernt. Und die Geschichte meiner Erkrankung möchte ich, so gut es geht, aus eigener Kraft rekonstruieren.

3

VON BERUF bin ich ein Schreiber. Im erweiterten Sinn sogar ein Schriftsteller. In diesen beiden Rollen habe ich seit Jahrzehnten viele Bücher veröffentlicht. Geschrieben habe ich bereits seit meinem achten Lebensjahr. Schon damals fast täglich. Kurze Geschichten und Beobachtungen. Prosagedichte. Kleine Szenen. Mein Vater hat dieses kindliche Schreiben angeregt und betreut. Die Stunden mit ihm waren Höhepunkte der Kindertage.

Wenn ich jetzt nicht alle Kräfte gegen den Verfall mobilisiere, überleben meine vitaleren Lebensgeister nicht. Ich werde meine liebsten Beschäftigungen, Schreiben und Klavierspielen, aufgeben, und meine Fantasie wird sich darauf beschränken, ein neues Reisgericht zu erfinden.

Nach einem halben Jahr werde ich von früh bis spät auf der Terrasse sitzen, im Gespräch mit der Katze, die mich manchmal besucht und auf einem Stuhl neben mir einige Zeit in der Sonne verbringt. Ich werde zu einem Wrack mutieren, das langsam zerfällt. Dieser Zerfall steht mir täglich vor Augen.

Es wird einige Zeit dauern, bis Sie wieder der Alte sind, sagte Herzspezialist Diabelli. – Wie lange, Herr Doktor? – Mindestens ein Jahr, wenn nicht mehr. – Das ist nicht Ihr Ernst! – Leider doch. – Nein, es muss schneller gehen! Ich werde es Ihnen beweisen!

Einen Monat nach der Herzoperation habe ich mit der Beweisführung begonnen. Um mir und anderen zumindest nach außen hin zu zeigen, dass ich wieder der Alte bin.

Dabei ahne ich längst, wie sehr ich mir etwas vormache. Selbst bei einem glücklichen Ausgang der Geschichte werde ich nicht mehr der Alte, sondern ein ganz anderer sein. Einer, der durch das Dunkel gegangen, davon gezeichnet ist und kaum noch weiß, wer er einmal war.

Wer also war ich? – Das ist eine der leitenden Fragen. Und es gibt weitere: Wo überall war ich unterwegs, während sich die Katastrophe anbahnte? Was habe ich getan, woran gearbeitet und gedacht, was erlebt? Wann überraschten mich die ersten kleinen Signale und Stiche? Und: Was zum Teufel waren die Ursachen und Hintergründe der sich heimlich und hinterrücks anschleichenden Erkrankung?

Nach den Details dieser Geschichte will ich forschen, um Halt und Orientierung zu finden. Ich werde mich auf meine schwarze Couch legen, die Augen schließen, die Hände auf der Brust zusammenfalten und in Szenen meiner letzten Jahre zurückblenden.

Daneben jedoch werde ich davon berichten, was gerade mit mir geschieht: vom Livestream der Tage, den kleinen Ereignissen, dem Kampf um das Weiterleben.

4

MEIN GEGENWÄRTIGES Zuhause ist das Haus meiner Eltern im Westerwald. Dorthin habe ich mich zurückgezogen, es ist zugleich auch das Haus meiner Kindheit auf dem Land. Ende der fünfziger Jahre erbaut, liegt es versteckt auf einem großen Waldgrundstück. Zumindest dort fühle ich mich geborgen und sicher.

Meine drei Nächsten haben mich hierher gebracht. Seit ich in die Klinik eingewiesen wurde, waren sie in meiner Nähe. Sie haben mich Tag für Tag besucht und viele Stunden an meinem Krankenbett verbracht. Als ich im Koma lag und nicht ansprechbar war, hat mich ihre Nähe am Leben erhalten. Ich habe immer gespürt, dass sie da waren, sie waren die Trias, die mich begleitete.

Jetzt aber haben wir uns getrennt, ich wollte es so. Sie sollen nicht weiter ihre Zeit damit verbringen, mich zu betreuen. Geht es mir schlecht, werden sie wiederkommen. So haben wir es vereinbart. Mehr möchte ich dazu nicht sagen.

Morgen ist Montag, mein erster Tag in der Rehaklinik. Die Behandlung verläuft ambulant und soll von morgens zehn bis in den frühen Abend dauern. Viel mehr weiß ich nicht, nur dass ich abends nach Hause fahren und dort übernachten darf. Jedenfalls vorläufig, solange mir nichts passiert und mein Zustand sich nicht verschlechtert.

5

DIE REHAKLINIK liegt in der Nähe. Von meinem Elternhaus fahre ich etwa dreißig Minuten mit einem Regionalzug. Danach sind es nur noch fünf Gehminuten zur Klinik. So hat man es mir gesagt.

Im Regionalzug bleibe ich stehen, aus Angst, nicht rechtzeitig aufstehen zu können. Obwohl die meisten Sitzplätze leer sind, klammere ich mich an eine Stange und schaue möglichst unbeteiligt aus dem Fenster. Niemand soll denken, es gehe mir nicht gut. Mir geht es gut, ja, mir geht es sogar sehr gut, ach was, mir geht es fantastisch. Solche Sprüche habe ich eintrainiert, samt dem dazu passenden Lächeln.

Seit der Operation habe ich fünfzehn Kilo Gewicht verloren. Wochenlang habe ich kaum etwas gegessen – und wenn, dann nur ausgesuchte Speisen, von denen ich vorher geträumt habe.

Seltsamerweise gelingt das: im Hungerzustand von einer Wunschmahlzeit zu träumen. Meist sind es Speisen, an die kein Mensch außer mir denkt. Man könnte sie zum Gegenstand einer Betrachtung machen: Wieso träumt mein geschreddertes Hirn von frischem Seetang mit Sesam? Von winzigen Oktopusstücken? Von Tsatsiki mit klein geraspelten Gurken?

Da ich nicht mehr schreiben kann, murmle ich solche Fragen in mein Diktiergerät. Ich schalte es ein, nenne Datum und Uhrzeit und danach ein Thema: *Details der Ernährung/Vorlieben/Speisen und Getränke.* Wenn ich meine Texte abhöre, spricht eine fremde Stimme mit mir: rau, kratzend, in den Pausen angestrengt Luft holend. Manchmal halte ich sie für die Stimme eines überbeanspruchten Arztes. Habe ich mich in meinen eigenen Arzt verwandelt?

Die fünf Minuten vom Zielbahnhof bis zur Klinik fallen mir schwer. Immer wieder bleibe ich stehen und tue so, als musterte ich den Himmel. Wolken, Wetter, Vogelflug. Beobachtet mich jemand? Nein, ausgeschlossen. Hier kennt mich zum Glück keiner. Verwandte und Bekannte leben in einiger Entfernung. Noch nie bin ich länger in dieser kleinen Stadt gewesen.

6

IN DER Klinik reihe ich mich in die lange Schlange vor der Rezeption ein. Die meisten Klinikbesucher tragen Sportbekleidung mit besonders bunt und sauber blitzenden Sportschuhen. Nicht schlecht, das lenkt ab von der müden Physis und macht einen guten Eindruck.

Als ich endlich dran bin, stellt die junge Frau an der Rezeption ihre Fragen: Haben Sie Ihre Medikamentenliste dabei? Und die unterschriebene Honorarvereinbarung? Und mindestens zwei Handtücher? Und bequeme Sportbekleidung? – Ja, habe ich! – Prima! Hier ist Ihr Behandlungsplan für die ersten Tage samt der Leistungsdokumentation! – Was ist das? – Die Absolvierung jeder Behandlungseinheit wird von der Sie behandelnden Person schriftlich als erfolgte Leistung bestätigt. – Aha, ich verstehe. – Prima! Sie begreifen schnell! Ziehen Sie sich jetzt um und warten Sie im Foyer! Sie werden von einer Assistentin abgeholt und durch die Klinik geführt! Einen schönen Tag – und viel Erfolg!

Im Männerumkleideraum stehen lauter nackte Herren herum. Daran muss ich mich erst gewöhnen. Ich versuche, sie nicht anzublicken, und beginne mein Umkleidemanöver hinter einer Säule. An ihr kann ich mich festhalten, wenn ich ins Schwanken gerate. Einige Herren pfeifen vor sich hin, manche unterhalten sich auch gekonnt: Noch zehn Tage! – Nur noch zehn? Das schaffst du spielend! – Hoffen wir es.

Als ich meine Siebensachen in einem Spind verstaut habe, werde ich auch angesprochen: Neu hier?! – Ja, mein erster Tag. – Schlaganfall oder Herzinfarkt? – Weder noch. Herzoperation. – Was Kompliziertes? – Ja, kann man sagen. – Gute Besserung! – Danke.

Ich will die Männerumkleide verlassen, da wird es gefährlich. Ein ernst wirkender Mensch mit schütterem Haar hält mir die Tür auf und fragt: Kenne ich Sie irgendwoher? – Nein, bestimmt nicht. – Doch. Ich kenne sie, aber ich weiß nicht, woher. – Ausgeschlossen. – Machen Sie Musik? Habe ich Sie mal auf einer Bühne gesehen? – Aber nein. – Sind Sie häufiger im Fernsehen? – Nicht, dass ich wüsste. – Was sind Sie denn von Beruf? – Ich bin Eisenbahnlandwirt. – Im Ernst? – Ja, ich lebe in einem Bahnwärterhaus an der Bahn. Ich kontrolliere den Zugverkehr und bewirtschafte die Grundstücke an der Strecke. – Mit Schafen und Ziegen, wie in alten Bahnwärterzeiten? – Nicht ganz. Aber mit Eichhörnchen, Vögeln, Schmetterlingen, Schlangen, Katzen ... – Das hört sich abenteuerlich an. – Ja, ist es. – Und warum sind Sie hier? – Einmal im Jahr tue ich was für die Kondition. Sportgymnastik. Lockeres Training. – Sehr vernünftig. – Na ja, man tut, was man kann. – Bis später. – Bis dann.

So viele Fragen habe ich lange nicht mehr beantwortet. Ich habe einen trockenen Mund und hole mir Wasser aus einem Wasserspender, von denen an jeder Ecke ein Exemplar steht. Man füllt ein kleines Glas, einmal, zweimal – und stürzt den Inhalt herunter. Als verabreichte man sich eine Mundspritze.

Manche Patienten schlürfen den Inhalt auch langsam in sich hinein. Andere kosten das Wasser, als wäre es guter Wein. Eine Frau hält das Glas gegen das Licht und lässt die Sonnenstrahlen hineinfunkeln. Das gefällt mir, aber ich traue mich nicht, sie zu imitieren. Mir sollte etwas anderes einfallen.

ICH SETZE mich in die Empfangslounge und warte auf die Assistentin. Noch nie habe ich frühmorgens einen solchen Sportdress wie jetzt getragen. Dunkelblau, mit glitzernden Turnschuhen. Vor Jahren habe ich sie während eines kurzen Kaufrauschs im römischen Flughafen Fiumicino erworben und danach nie mehr angezogen. Sie wirken lächerlich, übertrieben modisch, als buhlten sie um Aufmerksamkeit. Da ich keine anderen Sportschuhe besitze, habe ich mich versuchsweise mit ihnen liiert. Ich beachte sie kaum, hoffentlich tun es auch die anderen Patienten nicht.

Ich erkenne die Assistentin gleich. Sie geht schneller als die Pflegerinnen und hält eine dünne Mappe in der Rechten. Vor der Lounge bleibt sie stehen und mustert die Gesellschaft der Wartenden. Wer von Ihnen ist Doktor Ortheil? fragt sie laut. Ich stehe, so schnell es geht, auf und gebe ihr die Hand. Ich heiße Ortheil, flüstere ich. – Sind Sie vom Fach?, fragt sie weiter. – Welches Fach meinen Sie? – Kardiologie? Anästhesie? Chirurgie? – O nein, ich bin kein Arzt. – Welcher Doktor sind Sie denn? – Das erzähle ich Ihnen später.

Schon wieder ist mir etwas peinlich, und ich vermute, dass der Aufenthalt in der Rehaklinik ein Peinlichkeitsparcours werden wird. Die Gesellschaft der Wartenden starrt mich an, als wäre ich ein verschrobener Wissenschaftler, der ein seltenes Spezialwissen lehrt. Pneumatheorie. Psychogenetik von Pflanzen. Ich sehe, wie sie innerlich von mir abrücken. Mit dem wollen wir nichts zu tun haben. Der ist unheimlich. Besser, wir setzen uns nicht zusammen mit ihm an einen Esstisch.

In Ordnung, sagt die Assistentin, dann zeige ich Ihnen mal das Erdgeschoss. Da wären als Erstes die Umkleide- sowie die Waschräume und vor allem unser beliebtes Bistro, in dem Sie Ihre täglichen Mahlzeiten zu sich nehmen. – Die Umkleide- und Waschräume kenne ich bereits, antworte ich, das Bistro dagegen noch nicht. – Gut, dann führe ich Sie in unser Gourmetparadies!

Dort sitzen bereits größere Gruppen beim Frühstück. Ah, es gibt Frühstück!, sage ich, als wäre ich Zeuge einer Offenbarung. – Wir bieten einfaches oder großes Frühstück an. Außerdem ein Lachs- oder ein Bauernfrühstück. Natürlich führen wir auch Müsli in den verschiedensten Variationen. – Großartig!, sage ich, obwohl ich längst weiß, dass ich keine dieser Frühstücksvarianten herunterbringen werde.

Ich habe nämlich nicht den geringsten Appetit, schon der Bistrogeruch macht mir zu schaffen. Wahrscheinlich werde ich den ganzen Tag Wasser trinken und höchstens etwas Obst essen. Welches Frühstück mögen Sie denn?, fragt die Assistentin. – Das Bauernfrühstück!, antworte ich und tue begeistert. Etwas mit Eiern, Bratkartoffeln und Speck! Eine Kraftzufuhr für hart arbeitende Jungs! Ich komme nämlich vom Land. Viele meiner Vorfahren waren Gastwirte!

Die Assistentin schaut mich etwas verunsichert an. Ein Doktor, der vom Land kommt und frühmorgens ein Bauernfrühstück verschlingt? Jedem das Seine, antwortet sie, und ich bemerke, dass ihr vor Bauernfrühstücken graut. Ich vermute, sie löffelt täglich ein Joghurtmüsli mit Obstsalat. – Sie mögen wohl eher ein gutes Müsli?, wage ich zu fragen. – Falsch geraten, antwortet sie, ich esse meist ein Rührei mit Tomaten und Toast.

Wir bewegen uns hin zu den Aufzügen. Rührei mit Tomaten und Toast – das macht mich sprachlos, und mir fällt keine freundliche Antwort ein. Es ist aber noch schlimmer. Ich denke ernsthaft darüber nach, was ich mir unter Rührei mit Tomaten und Toast vorzustellen habe.

Mein Hirn sträubt sich gegen ein passendes Bild. Liegen die Tomaten nun neben dem Rührei oder sind sie ins Rührei verwoben – und wo zum Teufel sind die Toastscheiben platziert? Mein Hirn hat die uralten, gewohnten Bilder nicht mehr gespeichert, ich muss sie erst wieder in Erinnerung rufen und wie ein Designexperte zusammensetzen.

Fühlen Sie sich fit?, fragt die Assistentin vor den Aufzügen. – Topfit!, antworte ich und probe mein Ich-bin-total-gesund-Lächeln. – Prima! Dann gehen wir lieber zu Fuß! Das ist sowieso gesünder!

Ich traue mich nicht zu sagen, dass ich die vielen Treppen nicht mühelos bewältigen werde. Nach Ihnen!, sage ich beschwingt und greife heimlich nach dem Geländer. Hoffentlich dreht sie sich nicht um und bemerkt, wie schwerfällig ich mich die Stufen hinaufschleppe. Vor zwei Wochen konnte ich noch keine hundert Meter ohne Hilfe gehen. Als ich aus der Herzklinik entlassen wurde, habe ich es gerade mal bis zum Auto geschafft.

Die vielen Stufen bis zum ersten Stock nehme ich aber erstaunlich leicht. Oben bleibe ich stehen, als hätte ich einen Berggipfel bestiegen. Mir ist schwindlig. Um abzulenken, trete ich ans Fenster und schaue hinunter auf den Hof. Dort stehen in Reih und Glied die vielen Kleintransporter, die sich auf die Wege zu den Häusern der kranken Patienten machen, um sie morgens abzuholen und abends nach Hause zu fahren.

Was für ein schönes Bild!, flüstere ich, alle silbergrau, mit roten Streifen, wie kleine Pralinen zum In-die-Tasche-Stecken!

Die Assistentin schaut mich wieder verunsichert an. Statt die silbergrauen Kleintransporter zu bestaunen, führt sie mich eilig durch das Stockwerk. Es gibt Vortrags- und Trainingsräume sowie Lounges, in denen man darauf wartet, zu den regelmäßigen ärztlichen Kontrollen aufgerufen zu werden.

Auf jedem Beistelltisch liegt *HERZ heute* in vielen Exemplaren. Ist das die Fachzeitschrift? frage ich. – *HERZ heute* ist die Zeitschrift der Deutschen Herzstiftung!, antwortet die Assistentin. – Ich ahne, dass ich mich in diese

Zeitschrift während meiner Wartezeiten viel zu lange vertiefen werde. Sollte ich?! Oder könnten mich die Extrembilder der vielen operierten Herzen belasten?

Irgendwann werde ich meine eigenen Lektüren und Bücher mitbringen und mit einem kleinen Rucksack unterwegs sein. Dazu Hefte und Stifte – das Leben um mich herum giert danach, eingefangen und protokolliert zu werden! Ich könnte es zumindest versuchen, unauffällig und heimlich.

Verstehe, sage ich, selbstbewusster geworden, und zucke zusammen, als ich wieder den irritierten Blick der Assistentin bemerke. Sie kann nicht ahnen, dass ich mich gerade an meine ältesten Aufgaben erinnere: Menschen und Dinge genau zu beobachten und über sie zu schreiben! Das habe ich seit der Kindheit fast täglich getan, darin bin ich Experte. Ich glaube allerdings nicht, dass ich schon bald dazu fähig sein werde.

In der ersten Zeit nach der Operation habe ich überhaupt nicht mehr an das Schreiben geglaubt. Tag und Nacht lag ich auf dem Rücken, starrte gegen die Decke, spürte den festen Zugriff der Atemmaske und dachte: Es ist vorbei! Nie mehr wirst du schreiben oder Klavierspielen!

Die depressiven Schübe waren so stark, dass mir sogar das Reden überflüssig erschien. Wozu noch sprechen? Und vor allem worüber? Nichts interessierte mich, und ich begriff zum ersten Mal, wie sich eine Depression anfühlt. Sie löscht alle vitalen Impulse und verdunkelt die Welt Stück für Stück, so dass man seinen Lebensraum schrumpfen sieht. Wo gehöre ich hin? Ins letzte, gerade noch übriggebliebene Loch! Dort werde ich vor mich hin vegetieren, bis zum gnädigen Ende!

Natürlich spreche ich darüber nicht und folge der Assistentin lieber in den zweiten Stock, wo wir weitere Vortrags- und Therapieräume besichtigen.

Im dritten befindet sich das Hochleistungszentrum. Dort betreuen lauter wendige Sporttherapeuten einzelne Patienten, die eine halbe Stunde oder auch länger in die Pedale treten, auf Laufbändern unterwegs sind oder Gewichte stemmen.

Hier werden Sie Ihr Ausdauertraining mit EKG-Monitoring absolvieren, sagt die Assistentin und grüßt fast jeden der gut gelaunten Kollegen. Das ist eine fantastische Riege, erzählt sie, an denen werden Sie Ihre Freude haben. Für jeden Patienten schnüren sie ein individuelles Trainingsprogramm, Sie werden überrascht sein. Haben Sie früher regelmäßig trainiert? – Leider nein, antworte ich, ich habe meinem Körper nicht allzu viel Aufmerksamkeit geschenkt.

Ich sehe sofort, dass die Assistentin mich für diese Sätze am liebsten zur Rechenschaft ziehen würde. Nichts ist ihr wohl so fremd wie die Vernachlässigung des eigenen Körpers.

Ich verstehe nicht, wie man seinen Körper vernachlässigen kann, sagt sie nach einer kleinen Pause. – Ich verstehe es auch nicht, antworte ich. Es war unverantwortlich, und es endete mit einem Desaster. Fast wäre ich gestorben. – Um Himmels willen!, sagt die Assistentin. Haben Sie zu viel gearbeitet? – So könnte man es nennen, antworte ich, ich habe mich einem Schreibrausch hingegeben. Sechs Bücher und über zweitausend Seiten in drei Jahren! – Mein Gott, was sind Sie denn von Beruf? – Ich habe mehrere Berufe. Ich bin Schriftsteller, Professor für Literarisches Schreiben, Pianist, Vortragskünstler und im Nebenberuf Eisenbahnlandwirt. Jeden dieser Berufe liebe ich. Wenn wir Zeit hätten, könnte ich Ihnen die Zusammenhänge erklären. Vielleicht später einmal.

Die Assistentin hält mich für eine seltsam rare Erscheinung, ich erkenne es an ihrem erstaunten Blick. So etwas habe ich noch nie gehört, sagt sie, davon müssen Sie mir mehr erzählen, unsere Psychologin wird sicher auch ihre Freude an Ihnen haben. – Werde ich von einer Psychologin betreut?, frage ich. – Wenn Sie es darauf anlegen sogar alle paar Tage! Aber eins möchte ich noch wissen: Was lehrt ein Professor für Literarisches Schreiben?! – Tja, ganz einfach: Er lehrt Schreiben an einer Universität! Die meisten meiner Studenten wollen Schriftsteller werden. Ich lese ihre Texte Woche für Woche, lektoriere sie und gebe ein paar Ratschläge. – Oh! Lesen Sie auch Texte von Laien?

Ich ahne, was mir im schlimmsten Fall bevorsteht. Die Assistentin schreibt selbst, oder sie hat eine Freundin, die schreibt, oder sie möchte einen Schreibkurs belegen, notfalls per Fernstudium. Wenn ich jetzt einen Fehler mache, erhalte ich an jedem Morgen Texte zum Lesen und Korrigieren, und das nicht nur von ihr, sondern von der Hälfte aller Klinikmitarbeiter.

Texte von Laien lese ich leider nicht, sage ich entschlossen, und mir fällt sofort auf, dass die Assistentin wider Erwarten erleichtert wirkt. – Sonst hätten Sie wohl keine freie Minute!, sagt sie. – Ich hatte eigentlich noch nie freie Minuten, antworte ich, darin besteht ja mein Unglück. – Hier bei uns werden Sie lernen, wie man sich freie Minuten verschafft! – Ich bin gespannt, antworte ich.

Dann naht der Abschied. Wenn Sie wollen, schenke ich Ihnen eins meiner Bücher, flüstere ich, sagen Sie mir bitte, welches, Sie finden die Titel leicht im Netz! Aber sprechen Sie bitte darüber mit niemandem. Ich möchte unerkannt bleiben. Ein harmloser, stiller Patient, der nur eines will: ungestört gesund werden, so schnell wie möglich!

Wir stehen einander gegenüber, und ich möchte der Assistentin die Hand geben. Da fällt ihr eine letzte Frage ein: Lesen Sie aus Ihren Büchern auch vor? – Ja, tue ich, aber ohne Zirkus und Brimborium. Ich lese sie in angemessener Betonung, und ich bin damit einigermaßen zufrieden. – Ah ja! Wie wäre es, wenn Sie auch hier bei uns vorlesen würden? – Hier? Vor den Patienten? – Nicht nur! Vor Patienten und Pflegerinnen, vor dem ganzen

Haus! – O nein, auf keinen Fall! Sagen Sie niemandem, dass ich schreibe oder lehre oder vortrage. Wenn mich jemand nach meinem Beruf fragt, antworte ich, dass ich Eisenbahnlandwirt bin. – Das glaubt Ihnen aber keiner! Sie sehen nicht aus wie ein Landwirt. – Das kann ja noch werden! – Und ein paar Stücke auf dem Klavier möchten Sie auch nicht spielen?! – Das noch viel weniger, antworte ich, momentan bringe ich kein einziges Stück zusammen, meine beiden Hände spielen nicht mehr koordiniert.

Da lächelt die Assistentin. Ich heiße Camille, sagt sie und reicht mir ihre Karte. Wenn Sie etwas brauchen, können Sie mich jederzeit anrufen. – Danke! Das werde ich tun, antworte ich mit seltsam trockenem Mund, ich gehe jetzt ins Gourmetparadies, eine Apfelschorle wird mir guttun. Bis bald. – Bis bald, antwortet sie und lächelt noch immer.

Dann aber fliegt sie davon. Eine schmale Gestalt mit weißen Sportschuhen in einem weißen Kittel, dessen geöffnete Hälften sie umflattern wie Flügel im Wind.

8

IM BISTRO bin ich allein. Ich setze mich mit der Apfelschorle ans Fenster und studiere meinen Behandlungsplan. Was ist als Nächstes dran? Blutabnahme, Blutdruckmessen, EKG, eine erste gründliche Untersuchung. Die Chefärztin ist im Urlaub und wird durch einen älteren Kollegen vertreten. Danach gibt es eine halbstündige Pause, in der ich etwas essen sollte. Essen? Aber was?

Am Nachmittag werde ich mich in eine Entspannungs-gruppe einreihen und zum Abschluss des Tages ein an-derthalbstündiges Aufbau- und Ausdauertraining absol-vieren. Zur Freude der Sporttherapeuten.

Bereits jetzt, kurz vor Mittag, bin ich sehr müde. Lie-ße man mich gewähren, führe ich nach Hause und legte mich sofort ins Bett. Alles, was ich tue, und sei es noch so unauffällig und schlicht, strengt mich an. Warum?!

Ich vermute, dass ich überdreht konzentriert bin. Nicht sensibel, sondern hochsensibel und vielleicht noch mehr. Meine langsamen Bewegungen tragen dazu bei, ich gehe umher, als wären mehrere empfindliche Sonden gleichzei-tig in Aktion. Sie melden und registrieren alles in meiner Umgebung, bis ins kleinste Detail. Licht, Temperatur, Farben, Worte und Klänge.

Eigentlich sind das gute Bedingungen für mein Schrei-ben. Mir gelingt die Umsetzung der Wahrnehmungen in Schrift aber nicht. Das ist ein Elend. Meine Beobachtun-gen lassen sich einfach nicht speichern. Nach kaum einer halben Stunde habe ich sie wieder vergessen und laufe den nächsten hinterher.

Manchmal flüstere ich noch ein paar Sätze in das Diktier-gerät meines Smartphones. Beim Abhören kommen sie mir aber läppisch und ungenau vor, so dass ich sie sofort wieder lösche. Nur unkommentierte O-Töne in meiner Umgebung lasse ich vorerst gelten. Drei Minuten Geräuschkulisse. Zum Beispiel jetzt, hier, im Bistro!

Ich schalte das Gerät ein und zähle die vergehenden Sekunden still mit. Das also ist mein Dasein. Stummes Horchen und Warten. Ein Schluck aus einem Glas. Ein Räuspern.

Der Körper hat die Herrschaft übernommen, er lässt nicht mehr mit sich verhandeln. Ich werde ihm jetzt dienen müssen, und er wird mir höchstens erlauben, täglich ein paar Zeilen zu kritzeln.

Selbst das Telefonieren strengt mich an, so dass meine Gesprächspartner erschrecken. Was ist los? Geht es dir nicht gut? Solche Fragen möchte ich auf keinen Fall hören. Also lieber keine Telefonate.

Am besten, ich rühre mich nicht. Als Kind habe ich oft minutenlang leblos auf einem Stuhl gesessen. Wenn ich das Haus nicht verlassen durfte und mit der Mutter allein war.

Jetzt haben mich diese Kindheitsmanieren eingeholt. Als hätte ich nicht ein Leben lang alles getan, um ihnen zu entkommen. Denk an etwas anderes! Trink dein Glas langsam aus und bereite dich auf die ersten Untersuchungen vor! Was wird der behandelnde Arzt dich fragen? Bist du vorbereitet? Was könntest du berichten oder erzählen, um ihn abzulenken?

Du möchtest kein Patient sein, der nur Daten und Werte liefert. Die Geheimsprachen der Ärzte haben dich von Anfang an irritiert. Sie wurden erfunden, um die Patienten im Ungewissen zu lassen und sie zu Statisten zu degradieren.

9

DER CHEFÄRZTIN-STELLVERTRETER kennt mich. Er hat mehrere meiner Bücher gelesen und liebt vor allem die mit italienischem Ambiente. Während Blut abgenommen, Blutdruck gemessen und das EKG initiiert wird, erzählt er von seinen Reisen. Florenz, Siena, Rom, Venedig.

Einerseits bin ich erleichtert. Ihm wird nicht auffallen, wie schwach ich noch bin. Halb Italien vor Augen wird er mir einen glänzenden Einstieg ins Rehaleben attestieren. Ein Patient mit erstaunlichen Genesungssymptomen! Kaum einen Monat nach einer schweren Operation bereits munter und aufgeschlossen! Keine Anzeichen von Erschöpfung und nicht die geringsten depressiven Verstimmungen!

Andererseits ahne ich, dass sich aus diesem Raum rasch eine frohe Kunde verbreiten könnte: Unter uns weilt ein veritabler Schriftsteller! Mit dem man sich über Gott und die Welt fabelhaft unterhalten kann! Ganz zu schweigen vom realen Leben, in dem er als begnadeter Erzähler Tag für Tag über sich hinauswächst!

Bevor ich das Zimmer wieder verlasse (hat man mich überhaupt untersucht, reisten wir nicht vielmehr an den italienischen Küsten entlang?), wechsle ich vom launigen ins ernste Genre – und sage: Herr Doktor, eines noch. Ich möchte unerkannt bleiben! In dieser Klinik bin ich kein Schriftsteller! Ich bin ein Eisenbahnlandwirt vom nahen Land! – Der Chefärztin-Stellvertreter lächelt, als überhörte er gnädig, was ich gesagt habe. Er nickt und fragt: Darf ich Sie auch an unsere Psychologin überweisen? Ich vermute, Sie möchten sich das ersparen, oder? In Ihrem Fall bringt es doch nichts.

Hat er recht?! Mein erster Impuls sagt, ja, hat er. Um Psychologie und erst recht um Psychoanalyse habe ich, wie schon gesagt, immer weite Bögen gemacht. Jetzt jedoch ist das anders. Ich bin neugierig geworden, ja, ich wüsste nur zu gern, was mich eine Psychologin so alles fragen könnte und wie so ein Gespräch sich gestaltet.

Ehrlich gesagt habe ich nicht die geringste Ahnung von Psychologie, antworte ich. Gerade deshalb bin ich an einem Gespräch interessiert. – Wie Sie wünschen, antwortet der Chefärztin-Stellvertreter, dann setze ich Sie auf die Liste.

Wir geben uns die Hand, und ich biete meinem Gegenüber an, sich eines meiner Bücher als Dank für die aufmerksame Behandlung auszuwählen. – Oh, das wäre aber nicht nötig gewesen.

Als ich das Zimmer verlasse, ist mir erneut schwindlig. Unbeobachtet stütze ich mich gegen die Wand, atme durch und schließe die Augen. Was fehlt dem Jungen?, wird meine Mutter gefragt. – Nichts, er hat sich nur leicht überanstrengt, antwortet sie. – Kann man ihm helfen? – Danke, nein, ich kümmere mich um ihn, ich weiß, was er braucht.

Ich setze mich auf einen Stuhl im Flur und warte auf das Entspannungstraining. *HERZ heute* beantwortet Fragen von Herzkranken: Was ist von der EKG-Messung mit der *Apple Watch* zu halten? Oder: Ist eine Pulmonalvenenisolation bei einem Puls von 102 ratsam?

Ich lege das Heft beiseite und gehe zum Wasserspender. Ein kleines Glas, ein zweites, ein drittes, ich habe schon wieder einen trockenen Mund. Als hätte ich heute bereits zwei lange Vorträge gehalten. Habe ich das?!

Da kommt eine junge Sporttherapeutin auf mich zu (diesmal im hellblauen Kittel). Gehören Sie zur Entspannungsgruppe? – Ja, ich warte hier auf die Sitzung! – Dann kommen Sie bitte mit, Herr Professor, wir fangen gleich an, die anderen Patienten befinden sich schon im Übungsraum!

10

Etwa drei Stunden später sitze ich im Zug nach Hause. Ich habe mich fünfundvierzig Minuten bemüht, auf meinen Körper zu lauschen. Erst sollte mein rechter Arm schwer werden, dann mein linker, danach das rechte Bein, dann das linke. Einige Mitpatienten sind eingeschlafen. Mein Körper jedoch hielt dagegen. Was ließ sich mit den Füßen anstellen, rechts, links, und was mit Bauch und Rücken?

Rein gar nichts habe ich während dieses Trainings gespürt und mir eingeredet, dass es darauf nicht ankommt. Viel wichtiger ist das seltsame Erlebnis unendlich gedehnter Zeit. Schon nach fünf Minuten schaute ich heimlich auf die Uhr, in der Hoffnung, es wären bereits zwanzig vorbei.

Die Restzeit schwamm ich in Gedanken im Mittelmeer. Wäre es nicht ein guter Einfall, den Körper mit einem langen Strandaufenthalt zu ködern?! Er gibt mir frei und erspart mir die Rehawochen – und wir fahren zusammen nach Italien und gehen am Meer stundenlang auf und ab ...

Nach dem Entspannungstraining dachte ich: Herr, ich habe genug! Der Text der Bach-Kantate kam mir plötzlich in den Sinn, und ich hätte fast begonnen, die ersten, mir vertrauten Takte zu summen. Wäre ich bloß nicht derart müde gewesen! Anscheinend wirkten die Ent-

— 34 —

spannungsübungen nach und trieben mir alle noch vorhandenen Energien aus.

Was tun? Darf ich die Klinik als eingeschriebener Patient nach Gutdünken verlassen? Ich trank wieder etwas Wasser, setzte mich erneut auf einen Stuhl und schloss kurz die Augen. Das jedoch war ein Fehler, denn mir entging, dass Camille auf dem Flur unterwegs war.

Hallo, da sind Sie ja wieder!, rief sie mir zu. Sie haben jetzt das Aufbau- und Ausdauertraining, stimmt's? Kommen Sie mit, ich gehe mit Ihnen nach oben und stelle Sie meinen jungen Kollegen vor! Ich lächelte und erhob mich, und dann gingen wir einige Stufen hinauf in den obersten Stock, wo sich die jungen Kollegen die Hände rieben, mich verkabelten, meine Tret-, Lauf- und Stemm-Leistungen an einem Monitor verfolgten und mich nach zwei Stunden verabschiedeten: Das wird schon! Ein sportliches Ass sind Sie nicht! Aber Sie geben sich Mühe – und nur das zählt! Dürfen wir uns eines Ihrer Bücher wünschen?! Wir haben gehört, Sie lassen da mit sich reden.

Im Zug schlafe ich endlich ein. Ich träume davon, Fahrrad auf einer schmalen Straße am Meer entlangzufahren. Es gibt keine Steigungen, niemand ist hinter mir her oder kontrolliert mich, und Cecilia Bartoli singt in meine Kopfhörer *Ombra mai fu*, Händels Arie über das Glück eines Menschen, der im Schatten einer Platane liegt. Ich höre, radle und treibe davon. Als ich erwache, habe ich meinen Zielbahnhof verpasst und bin drei Stationen zu weit gefahren, bis in die nächste Kreisstadt. Erst in einer Stunde kann ich wieder zurück.

Ich setze mich in das kleine Bahnhofsrestaurant. Die Speisekarte?!, fragt mich die Kellnerin. – Nein, danke, ich habe gerade gegessen. – Bier oder Sprudel? – Gibt es auch Kölsch? – Aber ja, sogar null Komma drei! – Nein, bitte nicht. Null Komma zwei, so wie in Köln! – Ich bringe null Komma drei – und Sie trinken halt null Komma zwei …

Als das Kölsch vor mir steht, hole ich das Smartphone hervor, schalte die Videofunktion ein und flüstere leise: Das erste Kölsch nach der Operation! Mal sehen, wie es schmeckt!

Wie viele Kölsch haben Sie in Ihrem Leben getrunken?! – Ernsthaft, Frau Therapeutin?! – Ja, schätzen Sie mal! – Gibt es von Doktor Freud eine Kölsch-Diagnose samt Therapievorschlag?! – Natürlich, die gibt es! Nun beichten Sie schon!

Ich nippe an dem vollen Glas. Ich stelle es ab und betrachte es wieder und wieder. Dann schalte ich die Videofunktion erneut ein und flüstere: Das Kölsch ist verdorben. Ich kann es nicht trinken.

11

IN DEN Nächten sitze ich oft allein in der Küche meines Elternhauses. Ich zünde eine Kerze an und überlege, welche Musik ich hören sollte. Auch auf Töne und Klänge reagiere ich hochempfindlich. Die meisten Stücke ziehen mich in einen Strudel von sentimentalen oder tieftraurigen Regungen, so dass ich das Hören rasch abbrechen muss.

Möglich ist höchstens eine Musik, die nirgends um den Zuhörer buhlt, ihn auf Distanz hält und ganz mit sich selbst beschäftigt ist. Eine Musik, die sich Aufgaben stellt. Die in sich kreist und nichts preisgibt. Etwas konzentriert Hermetisches also.

Ich habe es mit vielen Kompositionen versucht und schließlich Bachs *Kunst der Fuge* entdeckt. Als ich die Eröffnung hörte, wusste ich sofort, dass es das Richtige ist. Frei schwebende Töne, balancierend, als loteten sie das Gehirn aus. Kein Laut und Leise. Leuchtende Pfade, atemlos gegangen, ein mildes Licht. Keine Sonnen oder andere Wetter. Ein zur Ruhe gekommener Kosmos.

Obwohl ich Tee nicht besonders mag, trinke ich Tee. Seit meine Freunde von meiner Krankheit wissen, schenken sie mir laufend neue Sorten. Einer schlug vor, eine Lehre bei einem Teemeister zu durchlaufen. Andere schenkten mir Bücher über den Teeweg. Ich nehme den ersten Schluck und lese einige der angenehm schlichten

— 37 —

Empfehlungen, die ihn eröffnen: Nimm dir Zeit. Atme durch. Entspanne die Schultern.

Asiatische Lehr- und Konversationsbücher sind Lektüren, die ich gegenwärtig bevorzuge. Unerträglich sind Erzählungen mit mehreren Handlungssträngen, komplizierten Charakteren und dramatischen Umbrüchen. Ich kann ihnen nicht folgen und gebe nach zwei, drei Seiten resigniert auf. So viel Leben und Welt! – Ich bin das nicht mehr gewohnt und kann es nicht stemmen.

Lieber also die asiatischen Maximen und Reflexionen, übersichtlich, nachvollziehbar: Herr Jedermann kam voller Unruhe zum Meister. Dieser bat ihn, Platz zu nehmen, dann fragte er ihn: Womit befasst du dich? – Herr Jedermann antwortete: Ich bemühe mich, weniger Fehler zu machen, aber es gelingt nicht. – Da sagte der Meister zu ihm: Du bist in Ordnung und kannst wieder gehen.

Ich lese solche Konversationen mehrmals und versuche, sie auf meine Situation anzuwenden. Manchmal gelingt es, und es kommt zu seltsamen Überschneidungen. Als schickte mich ein Schluck grüner Tee, bitter, stark, belebend, auf den Weg, während sich die Meister zurechtmachen, mich zu begleiten. Komm mit, wir helfen dir! Erzähl uns, was dir durch den Kopf geht!

Auch mit meiner Kleidung habe ich auf die neuen Herausforderungen reagiert. Ich sitze in einem grauen T-Shirt und einer dunkelblauen Trainingshose am Küchentisch. Seit ich die Rehaklinik besuche, trage ich zu Hause meist

Sportkleidung. Als sollte das Trainieren nicht mehr aufhören.

Nachts orientiert es sich spirituell, ab dem frühen Morgen eher körperbetont, mit Hilfe von Leibesübungen der alten Schule. Auch dafür frage ich möglichst schlichte Lehrbücher um Rat und vertiefe mich in ihr gelassenes, weises Gemurmel: Beim Aufwärmen solltest du die großen Gelenke über den gesamten Bewegungsradius mobilisieren, das regt die Bildung von Gelenkschmiere an!

So etwas passt und sitzt! Gelenk- und Gehirnschmieren sind die Stoffe, nach denen Körper und Geist sich gegenwärtig strecken und recken. Sie bilden sich durch einfache Übungen. Stück für Stück will ich meinen halb erstarrten Organismus beleben, bis er fähig ist, ganz aus eigener Kraft wieder lange Wege zu gehen.

Momentan ist das unmöglich. Nach meinem Morgentraining und zwei Tassen Tee schleppe ich mich zum Bahnhof und absolviere in der Rehaklinik ein achtstündiges Übungsprogramm. Mittags trinke ich Apfelsaftschorle und esse ein Eis. Vanille, Schokolade, zwei Kugeln. Danach fühle ich mich so gesättigt, als hätte ich ein aufwendiges Mittagessen zu mir genommen.

Die Kugeln kauern in einer Waffel. Wenn ich sie entgegennehme, schaue ich mich nach dem nächsten Bistro-Ausgang um. Unmöglich, dass ich mich mit einer Waffel und zwei Kugeln Eis durch das Bistro bewege. Ich würde auffallen, und die anderen Gäste würden sich an die Stirn tippen und leise flüstern: Das ist der verrückte Professor! Er lehrt angeblich Schreiben und spielt auch Klavier! Uns aber will er nichts vortragen! Dafür ist sich der Pinkel zu fein!

Niemand isst im Bistro der Rehaklinik noch Eis. Dabei lauert ein stattliches Aufgebot von Sorten in einer Vitrine, perfekt angestrahlt. Sie dämmern vor sich hin, legen sich abweisende Eiskrusten zu und ziehen sich immer mehr in sich zusammen. Bald ist Schluss damit!, sagt die Bedienung und schaut mich an, als hätte ich perverse Lüste: Wer isst im Spätherbst schon Eis?! – Kein Mensch außer mir, antworte ich, und dann lächeln wir beide. Sie wirkt gelassen, ich jedoch erscheine verkrampft. Leider kann ich ihr nicht erklären, dass Eis am Mittag meine einzige Nahrung ist. Sie glaubt, dass ich es als Dessert verspeise, wie ein Kindskopf, der sich die primitiven Kindersehnsüchte noch immer nicht abgewöhnt hat.

Verdammt, ich habe mir die Kindersehnsüchte nicht abgewöhnt, murmle ich mitten in der Nacht vor mich hin, höre weiter Bachs *Kunst der Fuge* und blicke die brennende Kerze an. Abrakadabra, antwortet die *Kunst der Fuge*, ich beginne jetzt mit den vierstimmigen Gegenfugen, der Comes tritt als Umkehrung des Dux auf den Plan! – Tut mir leid, antworte ich, ich verstehe kein Wort! – Die *Kunst der Fuge* beschäftigt das nicht, und so macht sie weiter. Notorisch in sich versponnen. Ein Vorbild für alle Dehnungsübungen der Rekonvaleszenz!

Hast du wenigstens am Abend etwas gegessen?, fragt meine Mutter. – Ich habe kaum Appetit, antworte ich. Ein Apfel, eine Birne, das war schon alles. – Welche Sorten?, hakt Mutter nach. – Elstar und Williams Christ. – Die mochtest du als Kind schon am liebsten. – Ich weiß, sprechen wir jetzt aber nicht darüber. – Warum nicht? – Solche Gespräche beunruhigen mich. Hinterher glaube ich, ich säße neben dir an unserem Küchentisch, um Äpfel und Birnen zu schälen. – Aber du sitzt an unserem Küchentisch! – Ja, ich weiß. – Du sitzt im Haus deiner Eltern. – Ja, aber hör jetzt damit auf! – Du zerteilst Äpfel und Birnen mit dem Obstmesserchen, das deine Eltern dir vor Jahrzehnten geschenkt haben! – Mitternacht ist längst vorüber. Ich kann nicht schlafen und versuche, das Durcheinander in meinem Kopf mit Bachs *Kunst der Fuge* und asiatischen Ritualen abzutöten. Sobald ich an die Kindheit denke, explodiert das Durcheinander und rast mit mir ins Dunkel. – Du übertreibst! – Tue ich nicht, du kannst es dir nur nicht vorstellen. – Kann ich wohl. Auch ich war mein Leben lang herzkrank, hast du das schon vergessen? – Nein, ich weiß es und denke oft daran. Und ich frage mich, ob ich dein krankes Herz geerbt habe. – Wie bitte?! – Vielleicht hat meine Krankheit etwas mit deinem kranken Herzen zu tun. – Solche Überlegungen sind lächerlich! – Ich höre gleich damit auf. – Gut so. Weißt du, wo Vater sich versteckt hat? Im Schlafzimmer ist er nicht. – Vater sitzt drüben in der Jagdhütte und hört Musik. – Zwei Männer, die nachts Musik hören, weil sie nicht schlafen können. Womit habe ich das verdient? – Schlaf bitte, Mutter, wenigstens du solltest schlafen. – Mein Junge! – Ja, hier bin ich! Ich lebe noch! –

Ja, da bist du! Zieh dir etwas über! Dir ist kalt! – Ja, ich ziehe etwas über, mir ist sehr kalt!

Sitzt Vater wirklich in der Jagdhütte und hört Musik? Ich bin nicht sicher, und so stehe ich auf, verlasse das Haus und gehe hinüber zur Hütte. Sie steht seit Jahrzehnten am Rand des Grundstücks, Vater hat sie erbaut. Dort hat er seine geodätischen Fachbücher untergebracht.

In der Hütte brachte er mir das Schreiben bei, vor etwa sechzig Jahren, als ich weder lesen noch schreiben konnte und in der ersten Volksschulklasse als amtlich erklärter Vollidiot galt. Unheilbar. Jemand für die Sonderschule. Ein Etwas, mit dem man nicht spricht. Abstoßend. Ekelerregend.

Ich klopfe an, da bittet mich Vater herein. Er raucht ein Zigarillo, hört Musik von Händel und liest. Was liest du?, frage ich und setze mich neben ihn hinter den Tisch, der die ganze Breite der Hütte einnimmt. Vater liest Goethes Tagebücher aus den Jahren nach seiner Ankunft in Weimar. Als er ins Gartenhäuschen an der Ilm einzog und einen Garten anlegte: morgens im Garten, mittags mit dem Herzog gegessen, abends geschwätzt – so in der Art.

Händel und Goethe …, sagt Vater, und beide sind sehr gut gelaunt. – Ich wollte, ich wäre es auch! – Tja, du schreibst nichts, und du spielst nicht Klavier. Habe ich dir nicht das Schreiben beigebracht? War das alles umsonst?! – Sag so etwas nicht, ich will mich nicht rechtfertigen. – Sollst du auch nicht. Rechtfertigungen gehören in Beichtstühle und nicht in unsere Hütte. – Aber was soll ich tun? – Wieder ganz von vorne anfangen. Mit unseren ersten Übungen. Dinge beschreiben, den Menschen auf den Straßen zuhören, eine Chronik anlegen: Was ist gestern geschehen? Wann bin ich aufgestanden? Was habe ich getan? Wem bin ich begegnet? Es ist so einfach, mein Junge. – Im Ernst? – Aber ja, eine Chronik ist die Urschrift des Lebens. – Ich zittere beim Schreiben. – Zittere ruhig, aber schreib, Zeile für Zeile, irgendwann wird deine Handschrift sich wieder beruhigen. So wie früher, als du wunderschön geschrieben hast. – Wie gestochen, hast du damals gesagt! – Wie gestochen! – Was meintest du eigentlich damit? Meintest du »wie gedruckt«? – Nein, ich meinte: gestochen von den Pfeilen der himmlischen Engel, so wie die Evangelisten! – Mach keine Witze! – Aber ich meinte es so! Nicht ganz so pathetisch, aber doch sinngemäß. – Hilfst du mir noch einmal? – Frag nicht so dumm! Komm zu mir, wann immer du willst. Wir setzen uns nebeneinander an diesen Tisch, so wie früher. Du schreibst und liest mir aus deinen Sachen vor. – Gute Nacht! – Gute Nacht, mein Junge, und zieh dir was über, dir wird kalt sein.

Ich setze mich für eine letzte halbe Stunde in die Küche und lasse Bachs *Kunst der Fuge* kreisen. Menetekel, sagt sie, zwei Kontrasubjekte werden in einer Tripelfuge verarbeitet. – Ich verstehe wieder kein Wort, antworte ich. Dann trinke ich die Tasse Tee aus und gehe hinauf in den ersten Stock. Ich lege mich ins Bett und lösche das Licht. Das Licht ist gelöscht, flüstere ich und drehe mich auf die rechte Seite. Nach wenigen Minuten träume ich unruhig. Jede Nacht ist das so.

Erhalte mich in deiner Huld, so, wie du willst, gib mir Geduld.

12

MIT DEN Tagen in der Rehaklinik wachsen die Herausforderungen. Nach einer kurzen Blutdruckkontrolle nehmen mich an jedem Morgen die Sporttherapeuten ins Visier. Ich radle eine Weile, beschleunige stetig und kämpfe um eine neue persönliche Bestmarke.

Danach überprüfe ich in einem Seminarraum zusammen mit etwa zwanzig anderen Patienten mein Ernährungsverhalten. Was habe ich falsch gemacht? Und was waren die schlimmsten Fehler? Fettorgien? – Nein, bestimmt nicht! – Süßigkeiten? – Auch nicht! – Alkohol? – Eine Flasche Wein am späten Abend wird man wohl trinken dürfen, wenn man vierzehn Stunden gearbeitet hat!

Nein, darf man nicht, weder eine Flasche noch eine halbe. Höchstens ein Glas an Weihnachten oder an Ostern oder an Pfingsten.

Gehen wir das ideale Tagesprogramm einmal Punkt für Punkt durch. Kaffee am Morgen? Nicht ideal, Tee wäre besser. Joghurt? Ja, aber auf keinen Fall Joghurt mit Früchten. Ein Apfel, eine Birne, das wäre perfekt. Nicht schälen, sondern in schmale Stücke zerlegen. Langsam kauen, Pausen machen.

Laufend werden den geduldigen Patienten zupackende Fragen gestellt. Erst in die Runde, dann einzeln: Der Herr in der weißen Trainingsjacke, erzählen Sie mal, wie sieht Ihr Frühstück aus?! – Normal. – Was verstehen Sie unter normal? – Na, eben normal. Kaffee, zwei bis drei Brötchen. Marmelade. So in der Art. – Haben Sie nicht zugehört? Kaffee am frühen Morgen ist schlecht, auf Brötchen sollten Sie ganz verzichten, ganz zu schweigen von überzuckerter Marmelade! – Ich mag aber weder Tee noch Joghurt, und Obst ist etwas für Kinder im Vorschulalter! – Ach ja, Obst ist also etwas für Kinder! – Im Vorschulalter! – Wie kommen Sie denn darauf? – Ich habe eine gute Beobachtungsgabe. – Ich verstehe! Wen beobachten Sie denn? – Stinknormale Leute, die wissen, was Sache ist. – Wollen Sie etwa behaupten … – Neinnein, ich behaupte nichts. Ich sage nur, was ich denke, und das deckt sich so ziemlich mit dem, was andere stinknormale Leute auch denken.

Wenn es unserer Lehrerin für Ernährungsverhalten zu viel wird, lässt sie kurz lüften. Um diesen Einfall beneide ich sie. Sie lässt es nie zum Streit kommen, sondern schaut in heiklen Situationen rasch zu den Fenstern und sagt: Wir sollten kurz lüften, atmen Sie tief durch und entspannen Sie!

Ich habe mir diesen Trick für ähnliche Situationen gemerkt. Komme ich in der Klinik einmal in eine peinliche oder unangenehme Lage, sage ich einfach: Wir sollten einmal kurz lüften! Dann werden die Fenster aufgerissen, der Wind fegt durch den Raum, die Notizblätter machen sich selbständig und müssen wieder eingefangen werden, und es herrscht ein paar Minuten ein kleines, luftig bewegtes Chaos. Danach weiß keiner mehr, wovon davor die Rede war. Ausgelöscht! Durchgelüftet!

Auf jede Seminarstunde folgt ein Sportprogramm. Von Therabändern habe ich noch nie etwas gehört und bin erstaunt, dass ich eine Ausnahme im Kreis meiner Mitpatienten bin. Vor allem die Mitpatientinnen wissen alle, was ein Theraband ist und wie man damit umgeht und Sport treibt.

Das Theraband und ich werden jedoch niemals Freunde. Ich schlinge es ums Knie, und prompt rutscht es ab. Oder ich ziehe etwas zu fest, und es leiert aus. Mit allen, die Gymnastik lieben, geht jedes Theraband dagegen eine intensive Verbindung ein. Es legt sich um Füße und Brust, vibriert sensibel, rollt sich vom Körper, dreht sich elegant und massiert den Po, als hätte es nie etwas anderes getan.

Noch ahnungsloser bin ich in den Qigong-Stunden. Wie spricht man das aus?, frage ich die Trainerin. Sie schaut mich an, als wäre ich ein störender Flegel, der absichtlich dumme Fragen stellt. Anstatt zu antworten, legt sie eine vorwurfsvolle Pause ein und sagt laut: Chigung! –

Man schreibt Kwigong und spricht Chigung?, wage ich zu fragen. – Sie haben es ja gehört! Detaillierte Lektionen in der Aussprache von Mandarin-Chinesisch gebe ich nicht!

Chigung …, Chigung … denke ich laufend und lausche einer Musik, die so leise mit sich selbst spricht, dass ich mein lädiertes Herz klopfen höre. Jetzt verstehe ich Chigung, denke ich, es macht das Herz zum Solisten, während die fast tonlose Musik Tempo und Takt vorgibt. Außer dem Herzen hört man nach einer Weile auch andere Organe: Die Mundhöhle sammelt Speichel, die Speiseröhre dehnt sich empfindsam, und der Magen baut einen Stausee.

In den Mittagspausen stehle ich mich ins Bistro, stecke eine Apfelschorle in meinen Rucksack, erwerbe meine zwei Kugeln Eis in der Waffel und verlasse die Klinik. Vor einem abgelegenen Seiteneingang sitzen die notorischen Raucher in der Sonne und winken: Auch eine mitpaffen? – Ich lehne freundlich ab und erhalte ein zweites Angebot: Kleiner Schnaps gefällig? – Ein zweites Mal ablehnen fällt nicht leicht. Ich deute auf meinen Rucksack und sage: Habe schon was Gutes dabei, vielen Dank! – Fast alle lachen, als wüssten sie genau, welche harten Sachen ich gerade ins Freie schleppe. Ich lache kurz mit, dann winke ich zum Abschied und steuere die nächste Bank im nahen Stadtpark an.

Dreißig Minuten Pause, danach hörst du einen Vortrag über Alltagsdrogen (was ist da bloß gemeint?), wechselst zum Gefäßtraining und beschließt den Tag mit einem zweistündigen Aufbauprogramm im Kreis der Geräte und Sporttherapeuten.

Die Chefärztin ist noch im Urlaub, und leider stehen keine Termine bei der Psychologin auf dem Tagesprogramm. Während der Zugfahrten gehe ich die Titel der Schriften von Doktor Freud durch. Über die Grundbegriffe der Psychotherapie möchte ich nichts erfahren, und in die Traumdeutung möchte ich auch nicht tiefer eindringen, ganz zu schweigen von der Psychologie des Liebeslebens. Ich suche eher nach Texten, die sich mit dem Alltag beschäftigen und ohne viel Theorie auskommen.

Nach einigem Suchen entdecke ich die Studien zur *Psychopathologie des Alltagslebens*. Das klingt einerseits hochtrabend (*Psychopathologie*), andererseits beruhigend schlicht (*Alltagsleben*). Einen Lektüreversuch ist es auf jeden Fall wert. Daher bestelle ich das Buch und nehme mir vor, während der Bahnfahrten darin zu lesen.

Nach dem zweiten Lektüretag meldet sich Doktor Freud bereits in meinen einsamen Küchennächten. Die brennende Kerze gefällt mir, flüstert er, Sie wirken erschöpft, aber entspannt. Hören Sie auf sich selbst und vermeiden Sie allzu intensive Kontakte mit Ihren Eltern!

13

NEIN. AUF gar keinen Fall! Ich denke nicht daran, die wiederbelebten Kontakte mit meinen Eltern gerade jetzt zu vermeiden. Seit wir uns in den Nächten unterhalten, geht es mir besser. Mutter lässt mich Obst schälen und Klavier üben, Vater erteilt Schreibaufgaben. Beide raten, ich solle mich mit konkreten Vorhaben beschäftigen, anstatt weiter ins Grübeln zu verfallen.

Wie gut, dass ich seit vielen Monaten ein großes Projekt verfolge! Als ich mich noch gesund fühlte, hatte ich es bereits gestartet. Im Zentrum meines ländlichen Kindheitsortes im Westerwald mietete ich damals einen leer stehenden Laden. Achtzig Quadratmeter. Mit großen Fensterflächen zur Straße und nach hinten, zum Hof.

Ich habe ihn nach italienischen Vorbildern *Sala Ortheil* getauft und an eine Ausstellung von Teilen unseres großen Familienarchivs gedacht. Eingerichtet wie ein privates Arbeitszimmer in Form eines *Studiolo*. Seit ich in Italien solche Studierzimmer gesehen hatte, hing ich an dieser Idee. Den Dichter Francesco Petrarca hatte ich auf einem Gemälde in einem solchen *Studiolo* entdeckt, umgeben von seinen Büchern, bei geöffnetem Fenster mit Blick auf eine hügelige Landschaft!

Die Idee wurde konkret, als ich unsere Familienarchive durchforstete. Im Keller meines Elternhauses und in einem großen Lager außerhalb schlummern immense

— 49 —

Schätze. Zigtausend Blätter mit meinen Aufzeichnungen seit den Kindertagen! Alben, Chroniken, Tagebücher, Reiseerzählungen! Nichts, was ich irgendwann einmal in die Finger bekommen hatte, wurde weggeworfen.

Diese Sammelleidenschaft geht auf Vater zurück. Seit meiner Geburt hortete er alles, was sein einziger überlebender Sohn berührte und anpackte. Und integrierte es in das bereits vorhandene Familienarchiv, das seine eigenen Funde und Materialien beherbergte. Als er den elterlichen Bauernhof als Student Richtung Bonn verließ, entstand dieses Archiv und wuchs kontinuierlich.

Zunächst hob er alles auf, was sein Studium der Geodäsie betraf. Lehrbücher und Vorlesungsmitschriften, Fotografien von Freunden, Eintrittskarten von Veranstaltungen, Ausschnitte aus Zeitungen. Dann sammelte er auch Gegenstände aus seinem Elternhaus. Alte Teller, ein Besteck, Bilder und Fotografien, die Schulbücher, seine seit den Kindertagen getragenen Mützen. Das Bonner Studierzimmer war bald voll von diesen Dingen, und wenn man ihn fragte, was eine alte Sense dort verloren habe, antwortete er: Sie hilft gegen Heimweh!

Vier Söhne haben Mutter und er später im Zweiten Weltkrieg und in den ersten Nachkriegsjahren verloren. Nichts blieb von ihnen übrig, außer den Särgen tief in der Friedhofserde. Deshalb bewahrte Vater danach alles auf, was sein fünfter Sohn in die Hände bekam. Fotos, Spielsachen, Kritzeleien – sie wurden datiert und in Ordnern und Kästen verstaut. Mehrmals im Jahr holte Vater welche hervor und ging sie in seinen einsamen Jagdhüttenstunden durch. Ich war nie dabei, aber ich bekam sie manchmal zu sehen, wenn ich als Kind meine Schreibübungen machte.

Damals entstand, ohne dass es geplant oder beabsichtigt gewesen wäre, mein Empfinden für Zeit. Jeder gespeicherte Augenblick bedeutete Leben! Hier, da und dort – auf Bildern, Fotos und Texten war die Zeit gegenwärtig und anwesend, eng verbunden mit den mir nahen Menschen und Dingen. Welche Kleidung trug ich? Waren meine Haare gekämmt? Welches Buch hielt ich in der Hand? In welchem Zimmer saß ich auf dem kleinen Fahrrad mit den beiden Stützrädern? Für wen hatte ich Blumen gepflückt und welche genau waren es?

Solche Fragen klammerten sich an die verrinnende Zeit und verlangsamten sie. Die Augenblicke erhielten eine Geschichte und einen unermesslichen Wert. Alles war ein Teil von mir, Teil eines verängstigten Körpers, der seine ersten Schritte machte. Eine winzige Gestalt der großen Weltgeschichte, im Westerwald und in Köln ins Leben geschickt: Bewege dich, nimm deine Umgebung wahr, stell etwas damit an und sag, was dir dabei durch den Kopf geht!

Denke ich heute daran zurück, verstehe ich, woher mein jahrzehntelanges Schreiben kommt. Schon als Kind spürte ich instinktiv, dass mein Dasein erst durch die Schrift vollständig wurde. Zu einem zweiten Leben erweckt, das niemand auslöschen konnte. Das war eine starke Empfindung: im Schreiben und in der Schrift gerettet zu sein! Wohl deshalb habe ich seit den Grundschultagen jeden Tag etwas notiert. Manchmal nur wenige Zeilen, einen Beweis, dass ich lebte und existierte: *Pfefferminztee getrunken. Allein zur Schule gegangen. Unterwegs einen Apfel gegessen.*

Solche Chroniken hatten für mich eine große Bedeutung. Ihre Fixierungen kleinster Details hielten mein Fühlen und Denken provisorisch zusammen. In ihnen war mein Dasein gespeichert. Nachvollziehbar, gut zu erkennen.

Schon als Kind habe ich manchmal in den eigenen Aufzeichnungen gelesen. Um mich zu vergewissern, dass und wie ich gelebt hatte. Was für eine starke Beruhigung ging davon aus! Niemand und nichts konnten mir etwas anhaben, wenn ich die Tage fixiert und aufgehoben hatte. Mochte man mich für verrückt oder idiotisch halten — solche häufig vorkommenden Beschimpfungen und Hänseleien berührten den zweiten, geheim bleibenden Teil meines Lebens nicht. Er bestand aus Schreibübungen und dem täglichen Kritzeln, das ich aufgehoben habe bis jetzt.

14

ZU BEGINN dieses Jahres war ich in den Familienarchiven unterwegs und stöberte in ihnen herum. In einem der Lager befanden sich die Möbel unseres alten Wohnzimmers. Kurz vor der Heirat hatten die Eltern sie gekauft, um die erste gemeinsame Wohnung in Berlin einzurichten. 1939, mitten in der Hauptstadt, wo mein Vater als Geodät bei der Deutschen Reichsbahn seine erste Anstellung erhalten hatte.

Ein kleiner kreisrunder Tisch! Drei Sessel, Stühle, ein Sofa, eine Uhr, ein Radio, eine Bibliothek mit Fachbüchern, Ölgemälden, Aquarellen und Zeichnungen mit heimatlichen Motiven, viele Fotografien. Und außerdem noch das alte Küchenbüfett.

Das alles ließ Mutter kurz vor Kriegsende von Berlin aus in den Westerwald schaffen. Später fanden diese Möbel ein neues Zuhause in unserer Kölner Nachkriegswohnung. Unter dem kleinen Tisch spielte ich als Kind, und auf den Sesseln und Stühlen lümmelte ich mich herum.

Ich erinnere mich an meinen Gang durch das Archiv. Plötzlich stand ich wieder zwischen den alten, vertrauten Dingen, setzte mich auf das Sofa, stellte das Radio an, zog die Uhr auf und geriet ins Nachdenken. Warum hatte ich all diese Sachen weggesperrt und vernachlässigt? War ich ihnen nichts schuldig? Sie hatten das Familienleben in Köln mitgestaltet, waren redlich gealtert und standen jetzt vereinsamt herum! Wie konnte ich sie wiederbeleben? In meinem Elternhaus gab es längst neue, andere Möbel, dort war für Archivgegenstände kein Platz. Wohin also mit ihnen?

Als ich den leer stehenden Laden in der Mitte meines Kindheitsortes entdeckte, sprang der Funke über. Ich nahm Kontakt mit dem Besitzer auf, schaute mir den Laden genauer an und mietete ihn. Kaum hundert Meter entfernt standen das Wohn- und Geschäftshaus meiner mütterlichen Großeltern, das bestärkte mich darin, das Projekt anzugehen. Die Wände wurden weiß gestrichen, der Fußboden dunkelrot, ein Elektriker kümmerte sich um die Lampen und Deckenleuchten. Nur die Tür gefiel mir nicht. Es war eine einfache Glastür, schmuck- und glanzlos.

Auch für dieses Problem ergab sich jedoch eine Lösung. Im Archiv entdeckte ich die alte Wohnungstür meines Elternhauses aus den fünfziger Jahren. Erst vor kurzem hatte ich sie gegen eine neue ausgetauscht. Ich zeigte sie dem Schreiner, der für meine *Sala* die Regale entwarf, und er nahm die alte Tür mit in die Werkstatt. Eine Woche später hatte er sie eingepasst und übergab mir die Schlüssel. Wenn ich die *Sala* betrat, ging ich durch die alte elterliche Haustür in den großen, leeren Raum. Es war, als käme ich wieder wie früher nach Haus.

15

DIE RENOVIERUNGS- und Einrichtungsarbeiten dauerten Monate. Dann zogen die Möbel und zwei Glasvitrinen ein. In der einen kauerten meine alten Schreibmaschinen, in der anderen lag Spielzeug, verstreut. Die Vitrinen rahmten eine lange, vorläufig noch leere Wand. Die

Regale daneben füllte ich mit Büchern der väterlichen Bibliothek und mit meinen eigenen, sofern sie im Westerwald spielten. Die *Sala* begann zu leuchten, dunkelrot, weiß und möbliert.

Manchmal setzte ich mich nachts hinein. Vor den Fenstern hingen Stoffpaneelen, von außen konnte mich niemand sehen. So saß ich in einem Versteck, bei den Eltern zu Haus und doch mutterseelenallein. Ich hörte Musik, notierte meine Eindrücke und war überwältigt. Statt wie bisher nur im Haus der Eltern zu leben, besaß ich nun einen eigenen Zufluchtsraum in der Mitte des Ortes. An der leeren Wand wollte ich alte Fotografien anbringen.

Und welche? Fotografien vom Gasthof meiner väterlichen Großeltern, wo mein Vater mit seinen zehn Geschwistern als Kind gelebt und ich selbst nach stummen Kinderjahren sprechen gelernt hatte. Fotografien vom Wohnhaus meiner mütterlichen Großeltern, wo meine Mutter mit ihren vier Geschwistern aufgewachsen war und ich als Kind oft übernachtet hatte.

Fotografien des Ortes aus der Vogelperspektive, Häuser, Straßen, der Kirchplatz und die alte Bibliothek, in der meine Mutter als junge Bibliothekarin gearbeitet hatte. Fotografien meiner Eltern vor meiner Geburt: Bilder des Verliebtseins und einer märchenhaft aussehenden intimen Nähe, einschließlich des Hochzeitsfotos.

Und zuletzt Fotografien von mir selbst: als Kind in der elterlichen Wohnung, auf dem Schoß des Vaters, mit der

Mutter am Küchentisch und am Klavier. Immer wieder schreibend, unermüdlich.

Ein zusätzlicher Themenblock sollte in der Nähe der alten Möbel in einem separaten Teil des großen Ausstellungsraums angebracht werden. Fotografien aus den Berliner Weltkriegsjahren der Eltern: das frisch verheiratete Paar. Vater als Soldat im Osten, an einem Tisch, tief über seine Notizen gebeugt. Mein kleiner Bruder, der in den letzten Kriegstagen durch eine Granate der deutschen Artillerie ums Leben gekommen war.

Die alten Abzüge dieser Fotografien waren sehr klein, ich ließ sie auf ein einheitliches Maß vergrößern und von einer Spezialfirma rahmen. Als sie in die *Sala* gebracht wurden, legte ich sie auf den nackten Boden und ordnete sie entsprechend den Themenblöcken.

Nach sechs Monaten Arbeit dachte ich daran, meinen Ausstellungsraum an einem Sonntag im Herbst zum Leben zu erwecken. Die Fotografien würden hängen, der Raum hätte Bestand. Ich würde Freunde aus dem Ort und Gäste von außerhalb begrüßen und durch den Raum führen. Als Ergänzung und schriftlichen Kommentar würde es ein schmales Buch geben: *Im Westerwald*. Eine Sammlung von Szenen und Geschichten, die in meine Kindheit zurück- und in die *Sala* hineinführten!

Wer aber sollte die Fotografien an die leere Wand montieren und hängen? Es war keine leichte handwerkliche Arbeit, und ich traute sie mir selbst am wenigsten zu. Im

Hochsommer saß ich in meinem *Studiolo*, überflog die auf dem Boden und auf den Möbeln liegenden Fotografien und wartete auf einen Einfall.

Manchmal spürte ich das Herz. Als zöge es sich angesichts dieser Erinnerungsfluten auf ein schmales Eiland zurück. Zur Beruhigung trank ich oft etwas Wein. Das half, wie fast immer. Dann traten die kleinen Attacken häufiger auf. Halt still, sagte ich zu meinem Körper, lass mir Zeit, bis die Fotografien aufgehängt sind.

Dazu jedoch kam es nicht mehr. Nach der Herzoperation empfahlen die Ärzte, alle Termine abzusagen. Den Eröffnungstermin für die *Sala* und den für die geplante erste Lesung. Ich sagte nichts. Im Stillen aber dachte ich: Redet nur! Ich werde die *Sala* eröffnen, an genau jenem Tag, der vorgesehen und seit langem geplant war. Und danach werde ich aus dem *Westerwald*-Büchlein lesen!

Ich würde mir das noch einmal überlegen, sagt Vater nachts, als wir in der Jagdhütte sitzen. – Es gibt nichts zu überlegen, antworte ich, ich möchte die *Sala* jetzt wie vorgesehen eröffnen, und ich möchte aus dem *Westerwald*-Büchlein lesen. – Nach meinem eigenen Herzinfarkt habe ich über ein halbes Jahr mit der Arbeit ausgesetzt, sagt Vater. – Ich hatte keinen Herzinfarkt, antworte ich. – Aber du hattest eine lebensgefährliche Herzoperation! – Ich habe einen Kampf mit meinem Körper verloren. Seit einigen Wochen diene ich ihm jedoch in der Rehaklinik von morgens bis abends. Er ist zufrieden und arbeitet wieder mit mir zusammen. Fünf Tage Klinikbesuche mit körperlichem Training, an den Wochenenden habe ich frei. – Um was zu tun? – Um die Eröffnung der *Sala* und eine sich anschließende Lesung vorzubereiten. – Und wer soll die Fotografien aufhängen? – Eine Person, die so eine Millimeterarbeit beherrscht. Jemand von außerhalb, neutral und sachlich, ohne nostalgische Erinnerungen an all diese Geschichten. – Aha, und wer könnte das sein? – Ich werde Matteo fragen, ob er mir hilft. – Matteo, den Restaurator aus Venedig? – Ja, genau den, Matteo, der in meinem Roman *Der Typ ist da* vorkommt. Momentan lebt er in Köln. Er arbeitet dort, er restauriert, er ist genau der Richtige. – Ist er das?! – Ja, ich glaube es fest! – Also gut. Dann mach dich an die Arbeit, mein Junge!

16

DIE CHEFÄRZTIN ist aus dem Urlaub zurück. Sie empfängt mich entspannt und gut gelaunt in ihrem Behandlungszimmer und rückt die Gegenstände und Papiere auf ihrem Tisch zurecht. Links von ihr steht ein leicht gekippter Monitor, den sie im Auge behält. Rechts lauert das Modell eines Herzens aus Kunststoff, rot, blau, mit feinen Adern. Meine Blicke bleiben sofort daran hängen, und ich spüre, dass mir heiß wird. Die Chefärztin scheint das Modell jedoch nicht zu interessieren, anscheinend ist es für sie ein bloßes Relikt, eine Erinnerung daran, wie die verschiedenen Komponenten des Herzens miteinander verbunden sind.

Wir stellen uns einander vor, sie kennt mich und weiß, dass ich im Hauptberuf Schriftsteller bin. Ich wiederum erfahre, dass sie aus Griechenland kommt und eine ausgewiesene Herzspezialistin ist. Die Nachricht regt meine Fantasien an, und ich wittere die Chance, in ein Gespräch über Griechenland einzusteigen.

Vor genau einem Jahr, würde ich sagen, war ich in Athen und habe dort meinen Geburtstag gefeiert! Von Venedig bin ich mit dem Schiff angereist und danach durch das halbe Land gefahren. Griechenland ist eine Urliebe von mir, seit ich im Gymnasium Altgriechisch gelernt habe. Große Teile von Homers *Odyssee* kenne ich noch heute auswendig und könnte sie rezitieren, wollen Sie eine kleine Passage hören?

Das aber sage ich nicht. Die Sätze bleiben in meinem Kopf stecken. Sie stiften Unruhe und wollen nach draußen, doch die Chefärztin blickt ernst und nachdenklich auf die ärztlichen Mitteilungen über meine operative Behandlung, die sie vom Monitor abliest.

Da haben Sie einiges mitgemacht, sagt sie. Wie fühlen Sie sich? – Ausgezeichnet, antworte ich, ich denke nicht mehr an die Operation und habe wieder Pläne für die nahe Zukunft. – Sie sollten sich schonen, antwortet sie. Bloß keine Übereilung, wir werden Ihnen helfen, Schritt für Schritt zu genesen. Lassen Sie uns einen kurzen Blick auf das Herz werfen, es ist das Zentralorgan des Körpers!

Bloß das nicht!, würde ich am liebsten entgegnen, aber ich sage: Gern, ja, das interessiert mich! Sie zieht das Kunststoffmodell näher an sich heran und lässt ihre rechte Hand darauf ruhen. Als wäre es ein Küken, das man sanft streicheln und dem man gut zureden muss. Der grellrote Bereich ist die Aorta, legt sie los, die Lungenschlagader schmiegt sich dicht an, darunter der Herzmuskel mit den feinen Adern.

Ich spüre, wie die Wärme in meinem Kopf wächst und mein Mund rapide austrocknet. Aorta, Lungenschlagader und Herzmuskel – ich höre die Worte, aber sie bleiben nicht hängen, ich verbinde sie nicht mit den dazu gehörenden Partien des Modells. Innerlich schiebe ich sie weit fort, als wären es Kunstbegriffe einer fremden Artistik, mit der ich nie etwas zu tun hatte.

Ist Ihnen nicht gut?, fragt die Chefärztin, und ich öffne den Reißverschluss meiner Sportjacke. – Hier ist es etwas stickig, antworte ich schnell, können wir einen Moment lüften? – Aber gern, sagt die Chefärztin und räumt ein, dass der Raum während ihrer Abwesenheit selten oder gar nicht gelüftet wurde. Sagen Sie, wenn Ihnen zu kalt wird! – Mir ist nicht kalt, sage ich, die Frischluft ist sehr angenehm. Fast so wie in Griechenland vor einem Jahr. Ich habe dort meinen Geburtstag gefeiert!

Die Chefärztin schiebt das Modell ein wenig beiseite und fixiert mich zum ersten Mal länger. Ich erkenne sofort meine Chance und lege los. Als handelte es sich um das eigentliche Thema der Untersuchung, erzähle ich von den Tagen im vergangenen Herbst.

Seit meiner Gymnasialzeit ist Griechenland eine große Liebe von mir, sage ich, drei Jahre vor dem Abitur bin ich mit meinem Vater zum ersten Mal dort gewesen. Auf einem alten Frachtschiff sind wir gereist, von Antwerpen durch die Meerenge von Gibraltar, an der nordafrikanischen Küste entlang, bis Patras. Über diese Schifffahrt habe ich damals nach meiner Rückkehr eine Reiseerzählung geschrieben, vor einem Jahr ist dieser alte Text sogar als Buch erschienen. *Die Mittelmeerreise*, das ist der Titel. – Erstaunlich, sagt die Chefärztin und erkundigt sich nach den Häfen, die ich als junger Mann mit meinem Vater angesteuert habe. Als ich die Stadt Volos nenne, ist es um sie geschehen. Da komme ich her!, ruft sie begeistert, und dann tauschen wir uns aus, über den Hafen von Volos, die Stadt und das sich anschließende hohe Gebirge.

Von meinem Griechenlandaufenthalt als Schüler blende ich geschickt über zu meiner Griechenlandreise im vergangenen Jahr und erzähle, wie ich auf den Spuren meiner Jugendreise unterwegs war. Um die vor Jahrzehnten gesehenen Orte und Reisestationen noch einmal zu sehen, mit den alten Aufzeichnungen im Rucksack. Die Chefärztin beachtet den Monitor nicht mehr, und das bunte Herzmodell steht da wie erstarrt.

Ich erzähle vom Gymnasialunterricht, der Lektüre von Homers *Odyssee*, den Texten der griechischen Philosophen und den Spaziergängen mit Sokrates auf der Agora von Athen. – Haben Sie als Junge auch darüber geschrieben?, fragt die Chefärztin. – Aber ja, antworte ich, während der Schifffahrt habe ich täglich Notizen gemacht, und zu Hause entstand anhand dieses Materials die Reiseerzählung. – Wie alt waren Sie da? – Ich war fünfzehn, fast sechzehn. – Noch so jung, und Sie haben täglich geschrieben? – Ja, ich war bereits damals ein Schreiber und vielleicht schon ein halber Schriftsteller. Ohne es zu wissen oder gar zu behaupten. Die Reiseerzählung habe ich nur für meine Eltern geschrieben. – Und genau diesen Text gibt es als Buch? – Ja, ich schenke Ihnen ein Exemplar. – Oh, danke, darauf freue ich mich! Wie viele Seiten hat denn der Text? – Sechshundertvierzig. – Sechshundertvierzig?! Und die haben sie abgetippt? – Richtig. – Wieviel Zeit haben Sie dafür gebraucht? – Etwa drei Monate.

Die Chefärztin sagt nichts mehr, anscheinend geht sie alles im Kopf noch einmal durch. Ihr Blick wandert zum Monitor zurück, sie packt ihn an einer Seite, als wollte sie ihn wecken und durchrütteln. In Volos gibt es nahe am Hafen ein sehr gutes Fischrestaurant, möchte ich sagen, doch die Chefärztin steht auf und schließt das Fenster. Prompt machen sich die stickigen Atmosphären wieder breit, und ich schweige.

Sie haben nach der Operation ungewöhnlich lange auf der Intensivstation verbracht, setzt die Chefärztin die Besprechung fort. – Ich habe einige Tage im Koma gelegen, antworte ich, die Ärzte auf der Intensivstation befürchteten sogar, dass ich nicht überleben würde.

Einer von ihnen, er ist übrigens ebenfalls Grieche und kümmerte sich besonders häufig um mich, erzählte mir später, die Chancen für das Überleben hätten fünfzig zu fünfzig gestanden. – Erinnern Sie sich an den Moment, als Sie aufgewacht sind? – Ja, ich erinnere mich sogar sehr genau. Der griechische Arzt ertrug mein langes Komadasein nicht länger und schrie mich am vierten Morgen regelrecht an: Aufwachen, Herr Ortheil! Die Operation ist vorbei! So wachen Sie endlich auf! – Und, was ist geschehen?! – Ich wachte wahrhaftig auf. Ich habe die Augen geöffnet und geflüstert: Warum schreien Sie so? – Das haben sie wirklich gesagt?! – Ja. Warum schreien Sie so?

Die Chefärztin wendet sich zur Seite und dreht sich um, als wollte sie nachschauen, ob das Fenster geschlossen ist. Sie schaut nach draußen, als passierte dort etwas Unvorhergesehenes. Ich hätte das nicht erzählen sollen, denke ich, aber jetzt ist es zu spät. Wenn ich davon erzähle, packt mich selbst die Rührung, und dahinter macht sich ein bitteres Angstgefühl breit. Mein zusammengeflicktes Herz schlägt schneller, und ich denke im Stillen: Jetzt nicht ohnmächtig werden, bitte nicht!

Sprechen wir nicht länger von der Vergangenheit, lenke ich ab, Sie haben doch sicher die neuen Daten der letzten Tage. Sind Sie zufrieden mit dem Genesungsprozess? – Die Chefärztin widmet sich wieder dem Monitor und liest vor. Pulswerte, Blutdruck, Sauerstoffsättigung, was eben so alles ansteht. Dann fragt sie: Bekommt Ihnen die Sporttherapie? – Glänzend, antworte ich. – Übertreiben Sie es bitte nicht. Noch ist Schonung angesagt. Hatten

Sie schon einen Termin bei unserer Psychologin? – Leider nein. Ich warte auf die Gespräche. – Sind Sie manchmal depressiv, lustlos, ohne Motivation? – Nein, keine Minute. Ich fange gerade an, die Ursachen meiner Erkrankung Stück für Stück selbst zu erforschen. Haben Sie dazu auch eine Vermutung? – Nein, das wäre spekulativ, und dafür ist es zu früh. Ab jetzt werden wir uns häufiger sehen, später kann ich dazu vielleicht etwas sagen. – Ich bin gespannt!

Sie steht auf, umrundet den Tisch, gibt mir die Hand und wirkt etwas verlegen. Sie haben viele Bücher geschrieben, sagt sie zum Abschied. Leider kenne ich kein einziges. Ich werde mit Ihrer *Mittelmeerreise* anfangen. Danach lese ich mehr. – Ich berate Sie gern, antworte ich.

Und dann greife ich nach meinem Rucksack, packe ihn am Schlafittchen und will das Behandlungszimmer verlassen. Da bleibt mein Blick an dem Kunststoffmodell hängen. Eine Bitte habe ich noch, sage ich, darf ich ein Foto davon machen? – Die Chefärztin lächelt: Aber ja. Vom Äußeren oder vom Inneren? – Vom Inneren? Kann man das Modell öffnen? – Ja, schauen Sie.

Und dann öffnet sie das Modell und hebt die äußere Hülle ab, und ich schaue ins Innere. Sie beginnt zu erklären, aber ich kann die Details nicht behalten. Ich höre die Wörter, Vorhof, rechts, links, Herzkammer, rechts, links, Herzklappen, eins, zwei, drei, vier. Mit dem rechten Zeigefinger imitiert sie den Blutfluss, schauen Sie, sagt sie, hier entlang geht es, und dort hinauf, schauen Sie!

Aber ich kann nicht hinschauen. Ich halte mich mit der rechten Hand heimlich am Rand des Tisches fest und denke: Herr, lass es vorbeigehen! Und dann höre ich, wie die Chefärztin sagt: Mit diesem starren Modell kann ich den Blutfluss nur unzulänglich erklären. Beim nächsten Mal zeige ich Ihnen etwas Besseres. Eine Animation des bewegten Herzens. Sie werden staunen!

Sie lächelt wieder, und ich denke: Jetzt ist sie in ihrem Element. Sie ist mit dem Herzen verwachsen und erkennt jede Unpässlichkeit, ich kann mich auf sie verlassen. – Und ich antworte: Die Animation möchte ich unbedingt sehen! Ich will alles über das Herz wissen. Nie mehr im Leben möchte ich Wochen auf einer Intensivstation verbringen, nur weil ich meinen Körper vernachlässigt habe. – Sie werden rasch Fortschritte machen, antwortet die Chefärztin. Folgen Sie aber bitte meinen Empfehlungen: keine weiten Wege zu Fuß. Kein Fahrrad, keine Autofahrten. Keine schweren Gegenstände heben und transportieren. Keine Gartenarbeit. – Das alles nicht?!, frage ich nach, als hätte ich sie nicht gut verstanden. – Vorerst nicht, vielleicht aber bald. – Was darf ich denn überhaupt noch? – Kehren. Langsam einen Weg oder einen Hof mit einem guten Besen kehren. Leichte Gymnastik, nach den Anleitungen unserer Sporttherapeuten. Gesunde Ernährung, nach den Anleitungen unserer Ernährungsexpertinnen. – Ein Glas Wein am Abend? – Ein Glas ist erlaubt. Aber nicht jeden Tag. – Weißwein oder Rotwein? – Einen *Malamatina* aus Griechenland. Wie wäre das?! – Wir lachen zum Abschied, und dann ist das erste Gespräch vorbei.

Ich gehe langsam über den Flur und suche einen Gang, wo ich allein bin und ein Fenster öffnen kann. Zuerst trinke ich ein paar Gläser Wasser. Eines halte ich gegen das Licht und rezitiere im Stillen den Anfang der *Odyssee*, diesmal auf Deutsch: *Sage mir Muse die Taten des vielgewanderten Mannes, der so weit geirrt nach des heiligen Troja Zerstörung.* Richtig? Genau so?! Vielleicht nicht genau, aber so, wie ich es in Erinnerung habe. Wie schön! flüstere ich und atme tief durch. So weit bin ich gereist! Bis nach Griechenland, als junger Mann während der Gymnasialzeit und als älterer Mann auf den Spuren des jungen im vergangenen Jahr. Heute Nacht werde ich davon träumen.

Waren Sie auch einmal in Griechenland, Herr Doktor?, frage ich Freud. – Und Doktor Freud antwortet: Es geht nicht um mich, sondern um Sie! Den Odysseus-Komplex habe ich übrigens sehr gut erforscht. Wir werden darüber sprechen.

17

AN DEN Wochenenden sitze ich nachts in der *Sala*. Ich habe mir einen Beamer ausgeliehen und projiziere mit Hilfe eines Laptops Videos an Teile der frisch gestrichenen Wand. Da ich Fernsehen nicht vertrage – die Bilder beunruhigen mich – führe ich mir stillere, ruhigere zu. Sie wirken wie visuelle Genesungsprogramme.

Früher habe ich besonders Sportübertragungen von Tennisspielen gerne gesehen, selbst solche übersichtlichen Ballwechsel sind aber vorerst zu viel. Stattdessen starre ich auf den grünen Filz eines Billardtisches und verfolge die langsamen Aktionen der Snookerspieler. Wie sie um den Tisch streichen, lauernd, abwägend, den nächsten Stoß kalkulierend. Wie sie ihre Fliege spazieren führen und Eleganz kultivieren, als wären sie Teil eines sakralen Programms. Keinen Laut geben sie von sich, keine Miene wird verzogen. Mit einer fast somnambul wirkenden Geste bringt das Queue eine Kugel zum Rollen. Zielsicher treibt sie auf die Öffnung zu und versinkt, vom Lauf ermattet, mit leichter Verzögerung in der Tasche.

Das statische Bild des grünen Tischs prägt sich beruhigend ein, und die bunten Kugeln lassen sich mühelos verfolgen. Es gibt nichts Aggressives, keinen offenen Kampf, keine Anfeuerungsrufe der Zuschauer. Alles verläuft so, als befände man sich in einem dunklen Raum tief unter der Erde. Eine Geheimgesellschaft trifft sich und begeht ihre Riten. Keine Musik, kein Alkohol, Spieler, die sich in jedem Moment beherrschen und ihren Körper auf die feinen Bewegungen des Queues abgestimmt haben.

Die Bilder sind gut für mein Hirn, sie setzen sich fest. Meinem Körper führen sie vor, wohin seine Entwicklung verlaufen könnte. Im Idealfall bis zu derart graziösen Bewegungen! Momentan folgt er mir noch nicht willig, verschleppt oft den Gang, zwingt mich zum Stehenbleiben und lässt mich warten. Ich hoffe, dass er sich an den Snookerspielern ein Beispiel nimmt.

Ich konfrontiere ihn mit noch höheren Anforderungen. Ballettaufführungen habe ich bisher eher selten gesehen. Jetzt aber spiele ich ihm längere vor. Ich mag die meist leeren Bühnen, den Verzicht auf theatralische Kleidung, das Schweigen aller Beteiligten und die enorme Konzentration auf die körperliche Bewegung. Mit offenem Mund studiere ich die gekonnten Figuren, über die ich zusätzlich Fachliteratur lese. So offenbart Ballett das utopische Ideal von Körpern unter absoluter Kontrolle, jedes Teil durchtrainiert und bereit, sich willig einem ästhetischen Spiel unterzuordnen.

Das wird mir niemals gelingen, denke ich. Darauf kommt es jedoch auch nicht an. Vorerst tut es gut, sich an Idealen zu orientieren, die etwas Positives ausstrahlen und weitgehend unkommentiert bleiben. Die Zuschauer und die Betrachter sind mucksmäuschenstill, sie versenken sich in das Studium der Bewegungen und lassen die zeitlupenhaften Aktionen wirken, als wären es visuelle Massagen.

Mein eigenes Ballett besteht in dem Fegen von Gehwegen und Sitzplätzen rund um mein westerwäldisches Elternhaus. Ich habe drei Reisstrohbesen mit bunten Nähten und hellen Holzstielen gekauft. Jeden Tag kommt ein anderer zum Einsatz, die beiden restlichen dürfen sich ausruhen und trocknen. Dazu trage ich eine grüne Schürze bis zu den Knien. Beim Überstreifen verwandelt sie mich in einen Zeremonienmeister, der entspannt nach dem Besenstiel greift und ihn in langsamen, regelmäßigen Bewegungen über den Bruchsteinteppich führt. Schon bald zeigt er ein mattes Grau.

Ich liebe diese Monotonie, das Verschwinden der dunkleren Farben und die herbstlichen Fantasien, die sich damit verbinden. Sie werden begleitet von imaginären Klängen in Moll, als spielten die Besen mit dem Boden wie Finger, die straffe Saiten berühren und zupfen. Ich kehre und fege eine halbe Stunde, dann gehe ich wieder ins Haus und trinke mehrere Gläser Wasser, als Salut an die Klinik.

Nachts in der *Sala* würde ich am liebsten schreiben, aber es gelingt nicht. Stattdessen arbeite ich weiter mit dem Diktiergerät. Ich nehme die leisen Gespräche der Menschen auf, die auf der Straße vorbeigehen und oft vor der breiten Fensterfront stehen bleiben. Sie tuscheln: Was ist da drinnen los? Wann erfahren wir etwas? Es könnte ein Spielsalon werden. Oder ein Nagelstudio. Ein Nagelstudio hier auf dem Land? Eher eine Versicherung, die machen sich jetzt überall breit. Ein schönes Bild bieten die nicht. Grün, weiß, langweilige Fensterfronten, und drinnen ist auch nichts Richtiges los, außer dass ein einsames Männlein vor seinem Computer sitzt und tut, als verstünde es die Tabellen vor seinem Schnauzer.

An den Samstagen kommt Matteo aus Köln. Er hat einen Rucksack mit seinen Geräten dabei. Viele Bleistifte und einen Skizzenblock DIN A3, eine Wasserwaage, mehrere kleine Hämmer und Nägel in den verschiedensten Größen. Er öffnet den Block und zeigt mir seine Entwürfe für die Hängung der Fotografien.

Die thematischen Blöcke sollen wie Schwarz-Weiß-Friese erscheinen und von knapp unter der Decke bis zu einem Meter über dem Boden verlaufen. Sie werden von Ministrahlern in der Decke beleuchtet. Betritt man den vor sich hin träumenden Raum und schaltet die Beleuchtung ein, bleibt man ergriffen stehen. Die Menschen und Dinge auf den alten Fotografien scheinen sich zu bewegen. Man glaubt einen französischen Film mit viel Landleben zu sehen, etwas aus den fünfziger Jahren. Matteo schüttelt den Kopf. Nein, das ist kein französischer Film, sondern ein italienischer. Das Schwarz-Weiß des Neorealismo. Ein Film von Roberto Rossellini.

Er spricht nur wenig Deutsch, wir unterhalten uns auf Italienisch und wechseln ins Englische, wenn Bekannte aus dem Ort den Raum betreten. Viele verfolgen die Belebung des großen Raums mit Staunen. Andere haben Fragen: Wozu ist das gut? Wird hier etwas verkauft? Was soll hier sonst noch geschehen?

Ich erkläre, dass die *Sala* einerseits ein Arbeitsraum ist. Fast wie ein Atelier. Und dass sie andererseits eine kleine Galerie mit einer Installation ist. – Wie ein Museum? – Nein, kein Museum! Als Atelier und Galerie ist die *Sala* ein aktiver, lebendiger Raum, in dem Altes studiert wird, gleichzeitig aber auch Neues entsteht. – Aber wie?! – Ich werde Sprechstunden für Besucher einrichten. – Um mit ihnen über meine Bücher zu sprechen? – Nein, die Besucher sollen mir Geschichten ihres Lebens erzählen. Über das, was sie täglich so tun, was sie denken und glauben, mit wem sie sprechen, welche Feste sie feiern. Ich werde die Gespräche mit dem Diktiergerät aufzeichnen und später verschriftlichen. Am Ende könnte daraus eine vielstimmige Chronik des dörflichen Alltags entstehen. Ein ganzer Ort spricht, berichtet, erzählt. Das wäre mein Traum.

Matteo beschäftigt das nicht. Sein ganzes Interesse ist auf die Hängung der Fotografien konzentriert. Der spätere Platz jeder einzelnen Aufnahme wird zunächst mit feinen Bleistiftstrichen fixiert. So bilden sich Reihen und Gruppen. Dann werden die Fotografien probeweise gehängt. Erzählen sie kleine Geschichten? Gehen sie Verbindungen ein? Spielen ihre Motive zusammen?

Matteo geht auf und ab, korrigiert seine Komposition und betrachtet die Hängung aus den verschiedensten Blickwinkeln. Laufend macht er Notizen und fertigt von jeder Fotografie eine Skizze an. Nachts geht er die Hängung im Kopf noch einmal durch. Ich vermute, dass ihn die Fotografien bis in die Träume verfolgen. In der Kindheit lebte ich auch auf dem Land, erzählt er. Daher weiß ich, wie es ist, in einem kleinen, übersichtlichen Ort zu wohnen. Die Gerüche eines Dorfes im Veneto sind gar nicht so verschieden von denen im Westerwald.

Ich habe meine Freude daran, wie der Raum sich verändert. Er entwickelt sich zu einem Schausaal mit großer Wand, von Fotografien überzogen. Die alten Möbel strömen einen intensiven Geruch aus. Meine Kindheit entsteht vor meinen Augen wieder, die Eltern nehmen mich an der Hand und wandern als zweisames Paar zurück in die Zeiten noch vor dem Krieg. In mehreren Büchern habe ich diese Zeiten beschrieben. Ich hole sie in die *Sala* und fülle mit ihnen ein großes Regal. Wenn ich nachts allein bin, lese ich manchmal darin.

So fange ich an, mich langsam wieder an mich selbst zu erinnern. Wie es war, als ich diese Bücher schrieb. Wo und wie ich lebte. Was mein Leben einmal gestaltet und ausgemacht hat.

Ich sage Matteo, dass ich sehr dankbar bin für das, was er derart umstandslos tut. Das hätte niemand so hingebracht. Du bist hier erschienen wie vom Herrgott bestellt, als ein Mann des Bleistifts, so wie mein Vater, der als Geodät auch das Zeichnen und Fixieren liebte! Wie oft habe ich ihn mit Bleistiften notieren sehen!

Matteo freut sich, bleibt aber bescheiden und zurückhaltend. Er tut so, als wäre sein Erscheinen wie aus dem Nichts selbstverständlich und keineswegs »eine höhere Fügung«, wie ich es manchmal nenne.

Seit ich die Operation überstanden habe, sind mir solche Wendungen nicht mehr ganz fremd. Ich rede darüber nicht lange, aber ich freunde mich allmählich mit höheren Fügungen an. Mutter hat oft gesagt, meine Geburt sei eine höhere Fügung gewesen. Vater hat nie zugestimmt, aber auch nicht widersprochen. Meine mütterlichen Großeltern sprachen oft von höherer Fügung, und ein Bruder meiner Mutter, von Beruf Pfarrer, stellte die höhere Fügung über alles.

Höhere Fügungen entstehen nach intensiven Gebeten. Viele Menschen müssen um etwas bitten. Sie zünden Kerzen an und glauben, dass etwas sehr Unwahrscheinliches gegen alle Vernunft doch noch geschieht. Ohne zu zweifeln oder zu zögern, leben sie in einem festen Glauben. So stark und nicht zu beirren ist dieser Glaube, dass er Wunder bewirkt.

Spätabends beendet Matteo nach vielen Stunden die Arbeit, um am nächsten Tag wieder früh zu erscheinen. Bevor er geht, schaut er mich an. Ich sitze in einem alten Elternsessel. Erschöpft, unglaublich blass und schmal, auch etwas hilflos. Leider kann ich dir nicht helfen, sage ich. Er lächelt und antwortet, ich solle so etwas nicht sagen. Und dann packt er seine Geräte zurück in den Rucksack und setzt sich ebenfalls in einen Sessel.

Ich weiß, was jetzt kommt. Ich soll eine kleine Passage aus einem meiner Westerwald-Bücher lesen. Den Roman *Hecke* habe ich ihm geschenkt, leider versteht er kaum ein Wort. Doch er möchte unbedingt, dass ich eine Passage auf Deutsch lese.

Ich schlage das Buch auf und lese den Anfang: *Gestern Abend habe ich meine Mutter zur Bahn gebracht, nun bin ich allein. Als sie mich am Telefon fragte, ob ich während ihrer Abwesenheit das Haus hüten wolle, habe ich sofort zugesagt. Es ist März, und an den Abenden hält sich die Wärme schon auf der kleinen Anhöhe, auf der das Haus mitten im Wald steht. Ich habe im Winter viel gearbeitet, die Ruhe hier wird mir guttun …*

Später bin ich dann wirklich allein. Bevor ich den Beamer zum Einsatz bringe, höre ich Bachs *Kunst der Fuge*. Die Töne kehren und fegen den Raum und mustern die Bildarchitekturen an den weißen Wänden. Wenn doch schon März wäre, denke ich und überlasse alles Weitere der gleichförmigen, stillen Musik. Erst nach Mitternacht verlasse ich die *Sala*.

Habe Mut, mein Junge, sage ich, es geht weiter, glaube daran und sei nicht traurig. Ich helfe dir, so gut ich kann.

18

DIE ANFORDERUNGEN in der Rehaklinik wachsen. Zum Wochenbeginn starte ich jedes Mal mit einem Belastungs-EKG, das ich lieber umgehen würde. Ich sitze halb nackt auf einem Rad, angeschlossen an mehrere klebrige Strippen, und erhöhe stetig das Tempo des Tretens und Strampelns. Ove, der Sporttherapeut, steht neben mir und beobachtet die Datenlage genau. Ein klein wenig schneller, wenn es geht! Tief durchatmen! Den Rücken gerade! Und langsam entspannen! Nun wieder schneller!

Wenn ich lostrete, geht das leicht, nach spätestens zehn Minuten ackere ich aber einen steilen Berg schwitzend hinauf, und nach fünfzehn Minuten führt die wacklige Fahrt zum Gipfel des Mont Ventoux. Ich weiß und erinnere mich, dass der drahtige Philosoph Peter Sloterdijk diesen Berg mit seinem Karlsruher Rennrad spielend bewältigt. Ich aber bleibe leider nicht locker, sondern verziehe anscheinend immer mehr das Gesicht. Dabei möchte ich lächeln und den Eindruck erwecken, dass ich mühelos unterwegs bin.

Geht es noch?, fragt der Sporttherapeut. Und ich flüstere: Aber ja, das macht richtig Spaß! – Ove starrt weiter auf die Monitore, notiert etwas und macht der Tortur endlich ein Ende: Langsam ausklingen lassen! Noch fünf Minuten, immer langsamer, dann sind Sie erlöst!

Verschwitzt und überanstrengt darf ich mich wieder ankleiden und einige Minuten auf einem Stuhl verbringen. Ich trinke die inzwischen obligatorischen Gläser Wasser und höre auf Ove: Bleiben Sie noch etwas sitzen und entspannen Sie sich! Ich hole Sie gleich ab und bringe Sie zu Ihrem ersten Terraintraining! – Vielen Dank! Aber was ist ein Terraintraining? – Eine kleine Patientengruppe wird von unserer Walking-Assistentin durch die nähere Umgebung geführt. Es ist ein Spaziergang von einer Stunde. Das wird Ihnen guttun! Soll ich Ihnen ein paar Stöcke mitbringen? Walking-Stöcke könnte ich anbieten, samt Handschlaufen! – Wieso denn mit Handschlaufen? – Die professionellen Walker tragen Handschlaufen. Vergessen Sie nicht, eine Trinkflasche mitzunehmen! Eine Sonnenbrille wäre auch nicht übel.

In meiner Fantasie sehe ich mich als maskierten Walker durch den kleinen Ort schleichen. Mit Stöcken, Handschlaufen, Sonnenbrille, Trinkzubehör und einer Bauchtasche mit integriertem Geldbeutel. Eine komische Bühnenfigur, wie aus einem Film von Jacques Tati! Da ich nicht gut vorankomme, werde ich bald der Letzte der Gruppe sein. Die Assistentin wird aber ein kleines Stöckchen dabeihaben und den Letzten Beine machen: Nicht so bequem! Sie können viel mehr! Auf, auf!

Und dann stehe ich zusammen mit elf weiteren Patienten vor der Klinik, und es geht wirklich los. Die Walking-Assistentin heißt Miga und geht nicht wie erwartet am Ende, sondern ganz vorn, am Anfang der Gruppe. Manchmal dreht sie sich um und gibt die neusten Meldungen durch: Zügiges Gehen! Nicht schnell, aber zügig! Wir sind keine Schnecken, sondern Ausdauersportler! – Fast alle Walkenden lachen, und die muntersten erzählen die ersten Witze.

Es gibt die Alleinunterhalter und solche, die sofort Anschluss suchen. Sie sprechen leise und nehmen Kontakt auf: Stinkt Ihnen auch die Stretchinggruppe? Ich ertrage sie nicht. Gestern habe ich mir beim Training die Hüfte gezerrt! – Ich überlege, ob ich auch etwas zu bieten habe. Ich mag das Theraband nicht besonders, sage ich, es ist eher etwas für Frauen. – Nein, ist es nicht! Es wurde von einem Mann erfunden, einem Fabrikanten mit Rückenproblemen! – Sind Sie sicher? – Absolut. Männer mit Rückenproblemen haben viel von Therabändern, glauben Sie mir. – Okay. Wenn Sie es sagen! – Heute gibt es am Mittag überbackenen Rosenkohl! Finde ich klasse, habe ich lange nicht mehr gegessen. Die lassen sich wirklich viel einfallen! – Stimmt, ein sehr guter Einfall!

Überbackenen Rosenkohl werde ich auf keinen Fall essen, denke ich. Ich bleibe bei zwei Kugeln Speiseeis und einer Apfelsaftschorle. Allein verzehrt und getrunken und keinesfalls im Bistro! Während des Walkens bilden sich laufend weitere Zweiergruppen, die nach gemeinsamen Themen suchen: Spielen Sie Schach? – Bejaht man das, hat man mindestens drei Partien am Hals. Abends, nach den Behandlungszeiten. – Nein, leider nicht. Ich habe früher einmal gespielt, aber alles verlernt. – Schade, sehr schade.

Eine Frau mittleren Alters fragt: Haben Sie bald eine Lesung hier in der Nähe? – Leider nein, ich setze jetzt mal einige Zeit mit Lesungen aus. – Das ist sehr verständlich. – Wieso ist das schwer verständlich?! – Neinnein, *sehr* verständlich! Schreiben Sie am Morgen oder lieber in der Nacht? Ich habe gehört, es gibt Morgenanbeter unter den Schriftstellern, aber auch Nachtschwärmer. – Momentan schreibe ich überhaupt nicht. Auch in dieser Hinsicht ist Schonung geboten. – Im Ernst? Aber wie schaffen Sie das? *Müssen* Sie nicht schreiben? Ich meine, ist Schreiben für Sie nicht lebensnotwendig? – Doch, aber ich lebe ja momentan nicht. – Wie meinen Sie das?! – Na, ich bin nicht richtig da. Das hier ist nicht mein Leben! Weder das Walken noch das Belastungs-EKG noch das Theraband, gar nicht zu reden von der Stretchinggruppe! – Ah ja, so sehen Sie das! Interessant! Und wie würden Sie Ihren jetzigen Zustand bezeichnen? – Als Zustand eines Patienten! Ein Patient ist geduldig, aufmerksam, lernwillig, er gibt sich Mühe! Letztlich aber ist und bleibt er eine Null! – Oh, jetzt sind Sie aber ungerecht gegen sich selbst! – Entschuldigen Sie, aber manchmal platzt mir so ein Wort mal heraus. Ich kann es nicht bändigen, es will an die frische Luft, vor allem nach einem Belastungs-EKG. – Da gibt es nichts zu entschuldigen! Ich verstehe Sie gut. Trinken wir später zusammen einen Kaffee? Heute gibt es Erdbeertorte! – Grundsätzlich gern, aber heute werde ich abgeholt, ich habe am frühen Abend noch einen Termin! – Sicher mit jemandem aus Ihrem Verlag! – Nein, eine Buchhändlerin will sich mit mir unterhalten! – Verstehe, dann einen schönen Abend!

Es ist mein erstes Einstundenterrain-Training, beruhige ich mich, die anderen haben bereits mehrere Einheiten hinter sich! Nur so kann ich mir erklären, dass ich wirklich der Letzte bin. Miga gesellt sich zu mir und fragt: Brauchen Sie eine Pause? – Nein, ich bewege mich von Natur aus etwas langsamer. Zügiges Gehen bin ich nicht gewohnt. – Sie beobachten die Umgebung und brauchen dafür Zeit, richtig? – Ja, ich bleibe oft stehen, mache ein Foto und notiere einen Eindruck. – Fabelhaft! Sie sind immer aktiv! Wo würden Sie zum Beispiel hier in der Nähe stehen bleiben? – Dort, an der Bushaltestelle. – Aber was gibt es da zu sehen? – Ich würde ein Foto von den Fahrplänen machen. – Weil Sie später mit dem Bus fahren? – Nein. Der Fahrplan interessiert mich an und für sich. – Das verstehe ich nicht. – Mich interessieren Namen, Bezeichnungen, Texte aller Art. Ich sammle sie, irgendwo könnte ich sie verwenden. Unsere Umgebung ist voller sprachlicher Zeichen. Als Kind habe ich sie abgeschrieben. – Bei Spaziergängen mit den Eltern? –

Genau. – War das nicht langweilig? – Im Gegenteil, es war das Spannendste überhaupt. Nach jedem Spaziergang habe ich die Worte und Begriffe gezählt, die ich aufgeschrieben hatte. – Und wenn gegessen wurde, zum Beispiel in einem Lokal? – Dann habe ich die Speisekarte und den Text auf den Bierdeckeln abgeschrieben. – Das hört sich an wie eine Krankheit. – Ja, ist es auch, aber eine sehr kreative. – Sie wollen sagen, es gibt kreative und weniger kreative Krankheiten? – Unbedingt. – Und wie würden Sie unser Terraintraining einstufen? – Auf der oberen Kreativitätsskala. – Und wieso? – Weil ich so viele Fotos machen und notieren kann, ganz einfach.

Miga löst sich von mir und wechselt wieder an die Spitze des dahinwalkenden Trupps. Einen Moment herhören, ruft sie nach hinten. Einer unserer Patienten hat von Berufs wegen ein anderes Tempo. Ich mache in diesem Fall eine Ausnahme. Er darf etwas langsamer gehen und Pausen einlegen. Wir anderen gehen zügig voran und warten an bestimmten Ruhepunkten auf ihn.

Perfekt! Ich nutze meine Sonderstellung aus und schleiche hinter dem Trupp her. Unterwegs fotografiere ich mit dem Smartphone und tue so, als schriebe ich mit dem integrierten Stift etwas auf. In Wahrheit wackelt er über das Display und hinterlässt irre Spuren.

Miga unterhält sich derweil mit den Schnellsten vorn, an der Spitze des Zuges. Eine von ihnen lässt sich später nach hinten fallen und geht an meiner Seite. Darf ich mal zuschauen? – Wobei? – Die Assistentin sagt, Sie arbeiten hochkreativ. Ich kann mir darunter nichts vorstellen. – Sie übertreiben ein wenig. Ich mache hier und da ein Foto und kritzle vor mich hin. Ich kann es Ihnen leider nicht zeigen. Sobald jemand zuschaut, verschließen sich die kreativen Synapsen. Sie fühlen sich dann kontrolliert. – Ist das so? – Ja, sie sind sehr empfindlich. – Entschuldigen Sie, dann lasse ich Sie lieber allein.

Nach einer Stunde kommt der Trupp wieder vor der Klinik an. Ich schaue auf meinen Schrittzähler, den ich seit neustem statt einer Uhr an der Hand trage. 9346 Schritte habe ich gerade zurückgelegt. Miga möchte die genaue Zahl wissen, und ich sage sie ihr. – Alle Achtung! lobt sie mich. Sie haben sich einen Kaffee oder eine andere Belohnung verdient. – Ich werde mir ein kleines Eis bestellen, sage ich und denke: Lieber würde ich ein eiskaltes Kölsch testen, vielleicht schmeckt es mir wieder. – Prima Gedanke! Essen Sie in Ruhe ein Eis und dann kommen Sie hinauf in den zweiten Stock. Dort wartet die Antistress-Gruppe auf Sie. – Puuh! Ich lerne nicht aus. Auch gegen Stress gibt es eine Gruppentherapie? Und was lerne ich dort? – Ich will nichts vorwegnehmen. Untersucht wird Ihr Stressverhalten, also Ihre gedanklichen, emotionalen und körperlichen Symptome. – Habe ich so viele Symptome? – Allerdings, aber meine Kollegin wird es Ihnen genauer erläutern. Bis bald!

19

AN EINEM Sonntagnachmittag warten vor der *Sala Ortheil* Scharen von Menschen. Mit einem solchen Andrang habe ich nicht gerechnet. Ich sitze drinnen, hinter einem kleinen Schreibtisch, den mir ein Bekannter zur Eröffnung geschenkt hat. Das alte Möbel stammt aus der Erbmasse eines Gasthofes in der Nähe meines Elternhauses, ich kann mich gut an ihn erinnern. In meinen Kinderjahren habe ich auf ihm die geleerten Bierflaschen der Maurer abgestellt, die unser Haus gebaut haben.

Jetzt liegen meine Notiz- und Skizzenbücher darauf sowie die Seiten, auf denen ich mit dem Laptop Stichworte für meine Begrüßungsrede getippt habe. In den gesunden Tagen wäre das nicht nötig gewesen, jetzt aber fühle ich mich unsicher. Ich könnte steckenbleiben, Wichtiges vergessen oder durcheinandergeraten.

Freunde haben mir empfohlen, den Eröffnungstermin zu verschieben, aber ich lasse nicht mit mir reden. In der Rehaklinik weiß niemand von meinem ersten öffentlichen Auftritt seit der Operation. Die Ärzte hätten ihn strikt verboten, und wenn ich darauf bestanden hätte, wären sie angereist und hätten mir alle zehn Minuten den Blutdruck gemessen.

Am Vormittag habe ich das selbst getan. Die Werte waren nicht gut, ich habe sie gelöscht, anstatt die Daten wie üblich in mein Patientenbuch einzutragen. Wenn ich am

Montag in der Klinik nach der Leerstelle gefragt werde, erfinde ich eine Ausrede. Ein Gottesdienst im Fernsehen war schuld – oder ein langes Telefonat mit einer Schwägerin. Ich sehe weder Gottesdienste im Fernsehen noch telefoniere ich lange mit meinen Schwägerinnen. Notlügen sind in meinem Fall jedoch erlaubt, besonders wenn sie andere zum Nachdenken anregen.

Nach der Blutdruckkontrolle notiere ich die Stichworte für meine Rede und höre diesmal statt Bachs *Kunst der Fuge* Kompositionen von Händel. Die *Suiten*, auf dem Klavier gespielt von Ragna Schirmer. Wie erhofft, setzen sie die gleichförmigen Bach-Meditationen auf einem Level fort, das um eine Nuance luftiger ist. Diese minimale Nuance vertrage ich jedoch anscheinend nicht. Ich lege mich hin und tue nur so, als belebten mich die Klänge. Sie wirbeln durch mein Hirn, als wäre Vorfrühling. Es ist aber Herbst, tiefer Herbst.

Ein Freund hat mir Quitten gebracht, die liebe ich angeblich. Ich habe mich freundlich bedankt, aber ich mag keine Quitten. Jede andere Obstsorte ist mir willkommen, aber leider keine einzige Quitte. Die Ursachen der Abneigung scheinen in der Kindheit zu liegen. Meine Eltern hielten Abstand zu Quitten, sie empfanden sie als fremd und exotisch, dabei gab es in den Dorfgärten am Flussufer viele Quittenbäume. Wenn wir daran entlanggingen, übersahen wir sie und hüteten uns, das Wort »Quitte« in den Mund zu nehmen. Selbst mein Vater hielt sich an diese Regel. Hätte er das Wort ausgesprochen, wäre es ein internes Signal gewesen, Quitten von nun an Beachtung zu schenken und zumindest einen ersten Quittenbaum zu pflanzen.

Herrgott! Warum denke ich, während ich Händels *Suiten* höre, laufend an Quitten? Wieder so ein Wort, das mich belagert, große Partien des Hirns für sich reklamiert und andere Obstsorten in aggressiver Manier verdrängt. Wie, verdammt, heißen noch die gelbgrünen Früchte, die meist als erste geerntet werden?! Diese kleinen, runden, die in Massen auf den Boden kollern, wie Murmeln, mit einer matten Patina! Wie ... verdammt, ich komme nicht drauf, die Quitten haben sie einfach gelöscht! Mein Hirn befindet sich noch im posttraumatischen Zustand. Es arbeitet nach undurchsichtigen Gesetzen und Regeln.

Ich hätte am späten Vormittag gern etwas geschlafen und wenigstens eine Kleinigkeit gegessen. Nein, keine Quitte, verdammt, sondern einen Hering mit sauren Gurken! Bin ich schwanger? So ein Unsinn, für den Hering und die sauren Gurken sind ausschließlich meine Appetitsynapsen verantwortlich, die sich jeden Tag etwas Neues ausdenken.

Es sind kapriziöse Nervenkonzentrationen, die das Unterbewusstsein laufend neu polen und mir Mahlzeiten einreden, die ich an den gesunden Tagen nie zu mir genommen hätte. Als ich über die Ursachen dieser Metamorphosen nachdenke, kann ich weder schlafen noch essen. Hellwach liege ich wie festgetackert auf meiner Couch, schließe krampfhaft die Augen und trete den Rückweg in die Intensivstation an. Der Patient ist bettflüchtig, murmelt der griechische Arzt zur Pflegerin, es kann aber nichts passieren, zum Glück ist er festgeschnallt!

Mit leerem Magen werde ich in den Ort gefahren und schleiche eine Stunde vor Eröffnung der *Sala* in den überhitzten großen Raum. Ich brauche Wärme, viel Wärme. Ich gehe meine Notizen noch ein letztes Mal durch, und dann ist es so weit. Ich öffne die alte Haustür aus Kindertagen und lasse die Scharen hereinströmen. Es sind zu viele Menschen für die achtzig Quadratmeter, die meisten sind der Einladung gefolgt, die ich schon vor Wochen in meinem Blog annonciert habe. Einige nennen die Stadt oder Gegend, aus der sie gekommen sind. Belgien, Frankreich und Luxemburg westlich, Osnabrück und Cuxhaven im Norden, Warschau im Osten und das Veneto südlich ... – diese Namen markieren die erstaunlichen Grenzen der Einzugsbereiche.

Ich lasse den Gästen Zeit, sich in der *Sala* umzuschauen: Die Fotografien! Die Vitrinen! Die Möbel! Die Bücher! Nach etwa zwanzig Minuten klammere ich mich mit der rechten Hand an dem kleinen Schreibtisch fest und lege los. Ich fixiere keine Besucher, wohl aber die Fotografien an den Wänden. Meine Blicke heften sich an die Details und laufen an den schwarz-weißen Friesen entlang.

Mit jedem Bild kommt der innere Film in Bewegung, und ich erkenne die Vergangenheit genau: meine Mutter als junge Frau, lesend in einem Kahn, mein Vater während einer geodätischen Berechnung, inmitten seines Vermessungstrupps, meine Eltern in Bonn vor einem Konzert, festlich gekleidet, mein in den letzten Weltkriegstagen getöteter Bruder, mit seinem kleinen, munter wirkenden Hütchen – und ich selbst, hinter einer Gardine, in einem der vielen Verstecke, aus denen meine halbe Kindheit bestand!

Ich benötige meine Notizen nicht, sondern spreche fließend und relativ deutlich. Mit jeder Minute werde ich jedoch schwächer. Setz dich hin!, raunt mein dominanter Körper, aber ich bin resistent und rede fast eine Stunde, ohne ein einziges Mal steckenzubleiben. Würde mich danach jemand fragen, was ich gesagt habe, könnte ich mich nicht erinnern. Schon im Moment der Mitteilung vergesse ich alles. Ich spiele in einem Film, und wenn er zu Ende ist, geht im Kino das Licht an, und die Erinnerungen stürzen ab, zurück ins Dunkel der Leere. Schnallen Sie den Patienten wieder fest!, sagt der griechische Arzt, und die hilfsbereite Pflegerin streicht mir mit einem kühlen Lappen über die Stirn und schnallt mich wieder fest.

Als ich aus dem Erinnerungsstrom auftauche, klatschen die Gäste, anscheinend konnten sie meinen Worten gut folgen. Sie blättern in Exemplaren des *Westerwald*-Buches, das gerade rechtzeitig zu diesem Anlass fertig geworden ist. Ich kann es kaum aus der Hand legen, mehrmals am Tag vertiefe ich mich hinein, sein Erscheinen macht mir enorme Freude.

Wenn ich still in ihm lese, schreiben sich die Erinnerungen in meinem Kopf wieder auf die innere Hirntafel. Je häufiger ich das gerade erschienene Buch aufschlage, um so ruhiger werde ich. Die Bilder der Vergangenheit blühen auf und verknüpfen sich in manchen Hirnpartien zumindest für die Leseminuten mit den Bilderfolgen der Gegenwart.

Nur langsam leert sich der Saal, und die vielen Besucher wandern danach in einer langen Prozession durch den Ort hinüber zum Kulturwerk der Stadt. In der Festhalle haben sie alle Platz, und sicher werden noch weitere hinzukommen. Auch Freunde und Bekannte aus dem Ort wollen die Lesung hören. Ich werde lesen. Das auch noch?!

Eine halbe Stunde habe ich Zeit zur Erholung. Ich trinke viel Wasser, das Glas in der Hand zittert stark. Dann werde ich mit einem Wagen zur Lesung gefahren. Die Veranstalterin führt mich in eine Garderobe mit Liege. Sie ist nervöser als ich und bringt vieles durcheinander. Kurze Zeit später wird sie sogar vergessen, in welche Garderobe sie mich gebracht hat. Sie wird in einer anderen nachschauen und annehmen, ich hätte mich in Luft aufgelöst oder wäre geflohen. Da sie mich nirgends findet, werden die Besucher unruhig. Ist etwas passiert? Geht es ihm nicht gut? Hat es ihn endgültig erwischt?

Als es mir zu bunt wird, öffne ich meine Garderobentür selbst und gehe nach draußen. Starker, rasch anwachsender, erlöster Applaus! Da ist er! Er lebt!

Ich setze mich auf das Podium, mitten ins grelle Licht der Scheinwerfer. Mein Gott, sieht er schlimm aus!, stöhnt

– 86 –

eine Frau in der ersten Reihe. Ich darf nicht hinhören, nein, ich sollte mich ausschließlich auf die Texte des *Westerwald*-Buches konzentrieren. Den öffentlichen Auftritt bin ich nicht mehr gewohnt. Alles erscheint fremd und macht Angst. Ich könnte die Stimme verlieren, mein Mund könnte austrocknen, und mein Hemd könnte aufplatzen und den Blick auf die Operationsnarben freigeben!

Ich lese und höre eine andere Stimme. Sie ist etwas höher als meine eigene, es ist die Stimme eines Schülers, der seine Schulaufsätze vorliest. Die Eltern sitzen in der ersten Reihe und schauen zu ihm auf. Die Rektorin der Schule ist stolz auf den wortgewandten Knaben und wird ihm nach der Lesung ein Gesellschaftsspiel schenken. Damit er wieder den Kontakt mit anderen Schülern sucht und hoffentlich intensiviert!

Wohin bin ich geraten? Ich reise durch die westerwäldische Landschaft und bin erleichtert, als ich meinen mütterlichen Großvater erkenne. Während der Schulzeit hat er mir viele Briefe geschrieben. Er geht durch das Dorf und winkt mir zu.

Und plötzlich ist auch mein dreijähriger Bruder da, mit dem bekannten Hütchen auf dem Kopf. Er steht an einem Wegrand und schaut mich an. Als die Passage näher rückt, in der ich von seinem frühen Tod erzähle, spüre ich, dass ich diese Sätze nicht herausbringen werde. Ich muss mehrmals schlucken, und es entsteht eine kleine Pause. Ich räuspere mich, überspringe die Passage und lese weiter. Was macht mein Bruder? Er schaut mir hinterdrein und winkt. Gott, warum winkt Ihr denn alle?!

Nach etwa anderthalb Stunden lese ich den letzten Satz. Der Applaus brandet auf und dauert lange, aber ich kann vor Schwäche nicht aufstehen, um mich zu verbeugen. Also bleibe ich sitzen. Erst nach einigen Minuten ziehe ich mich an der Kante des Tischs in die Höhe. Jetzt die Beine etwas vertreten! Tief durchatmen! Ruhig bleiben! Ich werde zu einem anderen Tisch im Parterre geführt, an dem ich Exemplare meines *Westerwald*-Buches signiere. Die anstehende, lange Schlange verläuft durch den ganzen Saal, bis an sein hinteres Ende.

Eine Zuhörerin ruft: Bringt ihm doch ein Glas Wasser! Eine andere schneidet einen Apfel in kleine Scheiben und rückt den Teller dicht an mich heran: Essen Sie, das ist gut gegen Blutarmut. – Wie bitte?! War das eine blutarme Lesung?!, frage ich mich im Stillen. Nein, war es nicht. Die Lesung war gut, ja, das war sie! Der erste Schritt zurück ins öffentliche Leben ist getan: ein Vortrag in der *Sala*, eine Lesung im Kulturwerk und danach das Signieren – insgesamt ein Programm von vier Stunden!

Ich leere das große Wasserglas und esse die Apfelscheiben. Vielen Dank!, sage ich zu der freundlichen Helferin, vielen Dank für die Quitte! Quitten habe ich schon als Kind gerne gegessen!

– 88 –

20

AM NÄCHSTEN Morgen wartet nach dem Belastungs-EKG in der Rehaklinik die Psychologin auf mich. Sie ist aus dem Urlaub zurück und freut sich auf die Gespräche mit ihrem neuen Patienten. Zunächst halte ich sie für eine Ärztin, denn sie trägt einen weißen, lässig geöffneten Kittel. Auffällig ist ihre Frisur, sie hat die Haare glatt und streng nach hinten gekämmt, die Stirn ist frei. Ich frage mich kurz, was eine solche Frisur signalisiert. Entschlossenheit, Strenge? Ich vermute, dass sie Sport treibt. Langlauf. Schwimmen. Ausdauersport.

Ich komme mit meinen Fantasien nicht weiter und erfahre nach der Begrüßung, dass sie bereits von mir gehört hat und auch einige meiner Buchtitel kennt. – Lassen wir die Bücher beiseite, antworte ich, sie sollten uns nicht in die Quere kommen. – Das denke ich auch, sagt sie und führt mich in ein kleines Zimmer, in dem sich außer einem Schreibtisch, einem Regal und einem Stuhl keine weiteren Gegenstände befinden. Das Regal ist voller Ordner und Bücher, und alles steht so ordentlich nebeneinander, als wäre es Material für eine hochkontrolliert arbeitende Behörde. Außerdem fällt mir auf, dass es in diesem Raum keinerlei Schmuck gibt. Keine Bilder oder Fotografien, nicht einmal Blumen. Wohl aber ein großes Fenster nach draußen zum Hof.

Dass ich ihr in meinem Sportdress gegenübersitze, gefällt mir nicht. Ich sähe lieber ernster aus. Psychologie,

– 89 –

denke ich, ist eine separate Spezialdisziplin und berührt die sonstigen Behandlungsprogramme nicht direkt. Die Psychologin ist jedoch anderer Ansicht und stellt gleich zu Beginn klar, dass unsere Gespräche eine notwendige Ergänzung zum körperlichen Aufbauprogramm und den informativen Vorträgen sind.

Wir behandeln hier den seelischen Bereich, sagt sie und führt weiter aus, dass man den seelischen Bereich auch das weite Terrain der Empfindungen, Gefühle und Emotionen nennen könnte. Je weiter wir auf diesem Gebiet vordringen, behauptet sie, umso leichter wird Ihnen das körperliche Training fallen. – Ich habe da so meine Zweifel, sage das aber nicht. Im Grunde habe ich keine Ahnung, wovon sie spricht. »Seelischer Bereich« – das wirkt auf mich noch sehr diffus, und dass ich ihr irgendwann einmal freiwillig davon erzählen werde, welche Empfindungen, Gefühle und Emotionen ich habe, kann ich mir nicht gut vorstellen.

Haben Sie sich früher einmal einer Psychoanalyse unterzogen?, beginnt sie ungewöhnlich direkt, und ich antworte wahrheitsgemäß: Nein, niemals. Über psychische Themen und Probleme spreche ich, wenn es sein muss, mit Freundinnen und Freunden, denen ich vertraue. – Mit wem zum Beispiel? – Ich telefoniere fast jeden Morgen gegen 9.18 Uhr mit meinem Lektor, er ist eine besondere Vertrauensperson. – Warum gegen 9.18 Uhr? – Es hat sich so ergeben. Vor vielen Jahren haben wir unsere Telefongespräche einmal um 9.18 Uhr begonnen und beide versehentlich auf die Uhr geschaut. Damals haben wir uns gesagt, dass wir ab sofort immer um 9.18 Uhr telefonieren. – Und das klappt? – Perfekt! Mein Lektor ist fast so alt wie ich, wir haben einen vergleichbaren biografischen Horizont, und außerdem ist mein Lektor einer der erfahrensten Telefonierer des Literaturbetriebes. – Wieso glauben Sie das? – Er hat jahrelang mit dem Schriftsteller Ernst Jandl telefoniert und diese Telefonate in einem Buch veröffentlicht. Ich empfehle Ihnen die Lektüre, es ist ein Meisterwerk der indirekten Signale. – Indirekte Signale? Was verstehen Sie darunter?

Ich lehne mich etwas nach vorn und hole aus: Im Gespräch zwischen Schriftstellern und Lektoren spielen die indirekten Signale eine wichtige Rolle. Erzählt der Schriftsteller von den Erdbeeren, die er gestern in seinem Garten geerntet hat, antwortet der Lektor im Idealfall mit einem kurzen Verweis auf all die Erdbeeren, die im Werk des Schriftstellers einmal geerntet wurden. Das hört sich der Schriftsteller gerne an, denn ein solcher Verweis hebt seine Laune und bildet eine gute Grundlage für das weitere Gespräch. So entsteht Vertrauen. – Und wie geht es weiter? – Vielleicht damit, dass der Lektor Stachelbeeren ins Spiel bringt. – Stachelbeeren?! – Stachelbeeren, sage ich einmal, spielten bisher im Werk des Schriftstellers noch keine Rolle. Ihre Erwähnung bedeutet einen Verweis auf den neuen Text, den der Lektor von dem Schriftsteller erwartet. – Und wie ist dessen Reaktion im Idealfall? – Er wird sagen: Mit Stachelbeeren beschäftige ich mich in der Tat gerade, ich mache da ganz neue Erfahrungen! Und schon geht die Post ab, und die beiden Telefonierer beackern den fruchtbaren Boden eines in Entstehung befindlichen Werkes!

Kurze Pause. Die Psychologin hat anscheinend vorerst keine Fragen mehr und sortiert sich neu. Den Beginn der zweiten Phase unseres Gesprächs signalisiert sie durch das Aufklappen ihres Notizblocks und das Zücken eines Bleistifts. Die Blätter sind kariert, sage ich, können Sie gut auf kariertem Papier schreiben? – Ich habe damit keine Probleme, antwortet sie und schaut mich fragend an. – Ehrlich gesagt mag ich kariertes Papier überhaupt nicht, sage ich. Auch liniertes stößt mich ab. Ich dulde, was gutes Papier zum Schreiben betrifft, weder Karos noch Linien. Es sollte ein naturweißes Blankopapier sein, hundertzwanzig Gramm.

Ich warte eine kurze Pause ab und mache dann weiter: Die Spiralbindung Ihres Blocks dagegen gefällt mir sehr. – Was ist denn daran Besonderes? – Der Einsatz von Spiralbindungen bei Blöcken verweist auf das flexible Denken des Schreibers. Er kann nach Belieben Seiten entfernen und neu zuordnen, so schöpft er die Möglichkeiten multiplen Denkens voll aus. Nichts ist schlimmer als das stur gebundene Notizbuch. Reißen Sie da eine Seite heraus, kann das gesamte Gedankengebäude zusammenbrechen. Und das wäre doch wirklich schade.

Die Psychologin schaut mich nachdenklich an. Gegen meinen Bleistift haben Sie aber nichts einzuwenden, oder?, fragt sie. – Aber nein! Ich freue mich über den Bleistift! Stellen Sie sich vor, Sie säßen mir mit einem Laptop gegenüber und würden unser Gespräch digital aufzeichnen! Ihre Finger würden in Windeseile wie eifrige, hungrige Hamster über die Tastatur eilen, und ich würde das leise Klappern der Anschläge hören. Das könnte ich nicht ertragen, ich würde keinen Satz herausbringen. Der Bleistift dagegen ist, so altmodisch er sein mag, als Schreibgerät nichts anderes als ein treuer Geselle. Kaum hörbar macht er die Bewegungen Ihrer Hand mit und hinterlässt auf dem naturweißen Papier die unauffälligen Spuren einer gemeinsamen Wanderung!

Wiederum kurze Pause. Die Psychologin blickt auf die vor ihr liegenden weißen Seiten, als hätte sie den Faden verloren und versuchte, sich zu erinnern. Ich gehe in die Offensive und sage: Dass sich in diesem Raum kein Monitor befindet, empfinde ich übrigens auch als sehr angenehm! Eine psychologische Beratung ohne Monitor! Keine abgelesenen Lebensdaten gleich zu Beginn! Wir starten mit einer unbeschriebenen Seite und einem Bleistift – das gefällt mir!

Die Pause wird länger, und das Schweigen ist unangenehm. Daher versuche ich, das Gespräch neu zu beleben: Was möchten Sie denn als Erstes von mir wissen? – Die Psychologin antwortet nicht, sondern greift in die rechte Tasche des weißen Kittels. Sie zieht einen Bleistiftspitzer hervor, und ich erkenne sofort, dass es sich um meinen Lieblingsspitzer handelt. *Faber-Castell*, eine flache, leicht gewölbte Scheibe aus Aluminium, unauffällig, sehr elegant. Fast hätte ich seinen Auftritt begeistert kommentiert, aber ich sage lieber nichts, um der Psychologin die Gelegenheit zu geben, selbst aktiv zu werden.

Sie führt den Bleistift in den Spitzer, dreht ihn mehrmals um die eigene Achse, kehrt die entstandenen Kringel zusammen, nimmt den Haufen in die linke Hand und lässt ihn in einen Papierkorb rieseln. Ich verfolge das Geschehen, es sieht souverän aus, und ich spüre, wie mein Vertrauen wächst.

21

ICH HATTE Sie gefragt, ob Sie bereits eine Analyse hinter sich haben, beginnt sie endlich von neuem, und Sie haben das verneint und darauf hingewiesen, dass Sie psychische Probleme mit bestimmten Vertrauenspersonen besprechen. Habe ich das richtig verstanden? – Ja, antworte ich, genau so ist es. – Nun gut, dann lassen Sie uns gleich zu Beginn unserer Gespräche festlegen, wie wir vorgehen. Ich bin keine Analytikerin, sondern Psychologin. Psychoanalytische Untersuchungsmethoden werden in unseren Gesprächen keine Rolle spielen. Wir untersuchen vielmehr zusammen all jene psychischen Probleme, die durch Ihre Erkrankung entstanden sind. Solche Probleme treten sehr häufig auf, meist bleiben sie aber unbehandelt und werden nicht einmal erwähnt, geschweige denn besprochen. Genau dafür jedoch bin ich da. Ich werde mit Ihnen über die Empfindungen und

Stimmungen sprechen, die den Genesungsprozess begleiten. Nicht mehr und nicht weniger. Verstehen Sie mich?

Ich nicke: Ja, ich verstehe. Aber welche Empfindungen und Stimmungen meinen Sie genau? – Zum Beispiel Angststörungen oder Panikattacken oder Belastungen jeder Art bis hin zu starken Depressionen. Darüber sollten wir reden und gemeinsam versuchen, sie zu beschreiben und zu erforschen. – Und wie machen wir das? – Ich stelle Ihnen einfache Fragen und bitte Sie, mir so ehrlich wie möglich zu antworten. Ich frage nach und mache mir kurze Notizen. Wir sehen uns mindestens einmal, eher sogar zweimal in der Woche. Jedes Gespräch dauert ungefähr eine Stunde. Wie genau es verläuft, kann ich Ihnen jetzt noch nicht sagen. Wir fangen irgendwo an, bei einer Empfindung oder Stimmung – und dann analysieren wir, wodurch sie entsteht und von welchen Fantasien, Gedanken oder Träumen sie begleitet wird.

Das hört sich präzise und wohltuend bescheiden an, denke ich. Keine psychoanalytischen Gesamtdeutungen des bisherigen Lebens, eher Analysen von fixierbaren Gefühlen oder Stimmungen. Sprechen wir auch über meine Träume?, frage ich nach. – Ja, wenn Sie einverstanden sind. Aber, noch einmal: Traumdeutung mit Methoden der Psychoanalyse betreiben wir nicht. Ich betone das, damit in dieser Hinsicht Klarheit herrscht. – Und wenn mir selbst Deutungen meiner Träume einfallen? Was machen wir dann? – Das werden wir im Einzelfall entscheiden. Erinnern Sie sich momentan denn überhaupt an

Ihre Träume? – Ja, aber nur an bestimmte, die übrigens häufig wiederkehren. – Zum Beispiel? – Zum Beispiel an den Traum, in dem ich mit der französischen Schauspielerin Fanny Ardant in Paris zu Fuß unterwegs bin. – Sie gehen zusammen spazieren? – Ja, wir gehen spazieren und trinken ein Glas Weißwein in einem Bistro. – Kennen Sie das Bistro? – Ja, es ist ein Bistro im sechsten Arrondissement von Paris, nahe der Seine. – Sie waren dort häufiger? – Ja, aber immer allein. In meinem Traum sitze ich mit Fanny Ardant in der Nähe des Eingangs. Ein Kellner kommt, und ich bestelle zwei Gläser Weißwein. – Einen bestimmten? – Seltsam, ja, ich bestelle sogar einen bestimmten. Einen *Pouilly-Fuissé* eines kleinen französischen Weinguts. – Trinken Sie diesen Wein häufiger? – Ja, aber nie in Paris, sondern in Köln. In einem französischen Restaurant, dessen Besitzer ich kenne.

Die Psychologin fragt nicht mehr weiter, das finde ich schade, sage es aber nicht. Wieder entsteht eine Pause, diesmal nutzt sie unser Schweigen, um sich erste Notizen zu machen. Ich erkenne ihre beeindruckend klare Handschrift, es ist die Handschrift einer Person, die viel schreibt und Seiten mit einer sicheren, ausdrucksstarken Grafik bedeckt.

Ich spüre, dass mein Vertrauen sich stabilisiert. Dann warte ich, bis sie mit dem Notieren aufhört und mich wieder anschaut. Ich versuche zu lächeln, worauf sie sofort reagiert. Sie lächelt auch, aber verhalten und, wie mir scheint, unter Vorbehalt.

Stört Sie das Schweigen?, fragt sie. – Anfangs schon, jetzt nicht mehr, antworte ich, ich muss mich erst daran gewöhnen. – Das Schweigen ist normal, wir müssen nicht laufend reden. Wir können uns Zeit lassen, für das Schweigen und für das Nachdenken. Das sollte nicht peinlich, sondern selbstverständlich sein. Schweigen kann wohltuend wirken. Wenn es Sie aber doch einmal stören oder beunruhigen sollte, dann sagen Sie es! Tun Sie bitte überhaupt, wonach Ihnen gerade der Sinn steht. Wenn Sie reden wollen, reden Sie. Wenn Sie ein Gespräch beenden wollen, beenden wir es. Wichtig ist, dass unsere Gespräche so zwanglos wie möglich verlaufen. Und wenn Sie lieber ganz darauf verzichten wollen, ist auch das in Ordnung. Es gibt Patienten, die einer psychologischen Beratung aus dem Weg gehen. Aus den verschiedensten Gründen. Ich muss Sie daher ausdrücklich fragen, ob Sie eine Beratung wünschen oder nicht.

Unbedingt wünsche ich eine. – Danke! Sie scheinen mir zu vertrauen. Bestimmt noch nicht so sehr wie Ihrem Lektor, aber anscheinend doch genug. – Ja, das stimmt. Ich vertraue Ihnen und freue mich auf unsere Gespräche. Wenn es Ihnen recht ist, würde ich dieses Vorgespräch jetzt aber gerne beenden. Ich bin etwas müde, und ich möchte so frisch und aufmerksam wie möglich sein, wenn wir uns unterhalten. – Gern, ich bin einverstanden! In ein paar Tagen sehen wir uns wieder.

Ich stehe auf und gebe ihr die Hand. Sie bleibt hinter dem Schreibtisch stehen, und ich ahne, dass sie noch etwas notieren möchte. Und zwar anscheinend sofort, wenn ich das Zimmer verlassen habe. Ist das so? Oder fantasiere ich? Ich lasse meinen Rucksack neben meinem Stuhl stehen, verabschiede mich und gehe hinaus.

Draußen warte ich zwei, drei Minuten. Dann klopfe ich wieder und kehre zurück. Die Psychologin sitzt an ihrem Schreibtisch und schreibt. Wie gern würde ich lesen, was sie gerade notiert! Entschuldigen Sie, ich habe meinen Rucksack vergessen, sage ich. – Sie steht auf und macht einen Schritt zur Seite, um nach dem Rucksack zu schauen. – Da steht er!, sage ich und deute auf ihn. – Sie lächelt wieder, freundlich, aber zurückhaltend. Ah ja! sagt sie, haben Sie Lektüren für die freien Minuten dabei? – Ja, antworte ich, ein paar Bücher habe ich wirklich dabei. – Darf ich erfahren, welche?! – Bücher über das Alltagsleben! Damit ich allmählich wieder dorthin zurückfinde. – Fühlen Sie sich dem Alltag entfremdet? – Oh ja, ich weiß nicht einmal mehr, was Alltag überhaupt ist. Ich spreche mit Menschen, die in der Vergangenheit leben, und ich konsultiere ferne Experten, die mir gespenstische Ratschläge geben. Es ist, als lebte ich in mehreren Zeiten zugleich, am wenigsten aber in einem normalen Alltag.

Ich sehe, dass sich ihr Mund einen kleinen Spalt öffnet. Ist sie erstaunt? Oder habe ich sie überrumpelt? – Das ist hochinteressant, antwortet sie, darüber werden wir uns bald unterhalten. – Gern, sage ich, ein paar Geheimnisse behalte ich aber für mich.

Sie lacht, ich habe es geschafft, ihr ein Lachen abzuringen, das mehr ist als das konventionelle Lächeln. Wie mich das freut! Ich streife meinen Rucksack über und will hinausgehen.

Eigentlich bin *ich* ja der Schreiber, sage ich, jetzt aber sind *Sie* es! Ich habe Konkurrenz bekommen, daran muss ich mich erst noch gewöhnen!

Sie lacht wieder, und ich höre sie noch immer verhalten lachen, als ich den Behandlungsraum längst verlassen habe. Ich schleiche den Flur entlang und biege wieder in einen der schmaleren Gänge ein. Ein Glas Wasser! Das Fenster öffnen! Tief durchatmen!

Zehn Minuten später sitze ich im Bistro, trinke meine Apfelschorle und spreche in mein Diktiergerät: *12 Uhr. Das psychologische Vorgespräch liegt hinter mir. Ich sollte vorsichtiger agieren und mir vor den Gesprächen genauere Gedanken darüber machen, worüber ich rede und worüber nicht. Es reizt mich, auch die Psychologin etwas zu fragen. Wovon sie träumt, was sie liest. Ob ich ihr etwas entlocken kann? Während des Vorgesprächs ist mir das nicht gelungen. Nicht einmal ihren Namen weiß ich, oder habe ich ihn überhört? Ihre Frisur hat mich irritiert, es könnte sein, dass sie ihren Namen genannt und die Frisur mich abgelenkt hat. Mit der Frisur hat es etwas auf sich, ich spüre es. Aber was? Kann ich sie so etwas fragen? Die Gespräche könnten interessant werden. Ich bin gespannt, wie es weitergeht.*

22

AN DEN folgenden Tagen begegne ich der Psychologin einige Male auf den Fluren der Rehaklinik. Sie grüßt kurz, eilt aber jedes Mal an mir vorbei, ohne mich weiter zu beachten.

Ich wiederum eile selbstvergessen herum und glaube, sie fragen zu hören: Was beschäftigt Sie gerade auffallend oft? Wie ernähren Sie sich? Mit welchen Personen leben Sie momentan zusammen? Würde ich auf solche Fragen wahrheitsgemäß antworten? Ganz klar ist mir das nicht, denn mich könnte auch ein gewisser Übermut packen. Eine Freude an Fiktionen, die für einen Schriftsteller doch eine reizvolle Aufgabe sind. Wahrscheinlich würde ich mich an solche Erfindungen aber schon bald nicht mehr erinnern oder mich in Widersprüche verwickeln. Das aber wäre gefährlich, die Psychologin könnte es bemerken und versucht sein, die Gespräche abzubrechen: Sie widersprechen sich, Sie haben anscheinend eine diebische Freude daran, sich Geschichten auszudenken. So kommen wir aber nicht weiter, verstehen Sie?!

Während meiner Zugfahrten konsultiere ich Doktor Freud und lese in seiner Schrift *Zur Psychopathologie des Alltagslebens.* Sie hat ein denkwürdiges Motto aus dem zweiten Teil von Goethes *Faust: Nun ist die Luft von solchem Spuk so voll, / Dass niemand weiß, wie er ihn meiden soll.* Die Luft ist voller Spuk – das kann ich ohne Weiteres auf mich beziehen. Der Spuk entsteht dadurch, dass mich

viele Personen mehr oder minder therapeutisch begleiten. Die Angestellten der Klinik, aber auch die Geister-
stimmen unterwegs oder zu Hause. Und niemand hat
einen Rat, wie man diesem Dickicht von Sätzen und Mei-
nungen entkommen könnte.

Doktor Freud beginnt seine weiteren Überlegungen mit
dem Vergessen von Eigennamen. Warum vergisst man –
und welche Namen im Besonderen? Ich bin sicher, den
Namen der Psychologin nicht nur überhört, sondern
bewusst vergessen zu haben. Irgendeine Nuance dieses
Namens muss mich irritiert und dazu geführt haben,
dass ich ihn ausblendete. In der Rehaklinik bearbeite
ich diesen Aussetzer, indem ich mich an der Rezeption
nach dem Namen erkundige. Tut mir leid, sage ich zu
einer freundlichen Angestellten, ich habe bald wieder
einen Termin mit Ihrer Psychologin. Leider habe ich den
Namen vergessen. – Kein Problem, ist die Antwort, Sie
meinen sicher Frau Dr. Werth. – Werth?! Mit e?! – Ja,
Werth mit e und th. – Danke, ich notiere es mir, zur Sicherheit. – Tun Sie das!

Werth mit e und th – das sollte ich mir ab sofort merken.
Was aber ist das Besondere an diesem Namen, dass ich
ihn anscheinend mit Absicht vergessen habe? Doktor
Freud bringt Motive ins Spiel: Was könnte mich ver-
anlasst haben, den Namen Werth zu verdrängen? Hat er
mich an einen anderen Namen erinnert, der die Vorherr-
schaft übernommen hat? Im Hintergrund scheinen bestimmte Assoziationen aus der Vergangenheit eine Rolle
zu spielen, aber ich ahne nicht, welche es sein könnten.

– 101 –

Als ich vormittags während einer kurzen Pause im Bistro sitze, nähert sich Camille meinem Tisch und fragt, ob sie sich zu mir setzen dürfe. Natürlich, gerne, bitte setzen Sie sich! Camille hat einen kleinen Joghurt mit Früchten und Paranüssen dabei und setzt ihn ab. Machen Sie Fortschritte?, fragt sie und schaut mich vorsichtig an. – Ja, antworte ich, ich komme voran. Inzwischen haben auch die Gespräche mit Frau Dr. Werth begonnen. Die sind bestimmt eine ideale Ergänzung zu den vielen Trainingsprogrammen. – Ja, sind sie. Ich kann mir gut vorstellen, dass diese Gespräche Sie besonders interessieren. Sie sollten aber auch ihrem Körper weiter starke Aufmerksamkeit widmen. Sie sprachen davon, dass Sie ihn sträflich vernachlässigt hätten. – Sträflich habe ich nicht gesagt. – Ich hörte es aber heraus, sagt Camille. Während der Atemgymnastik habe ich Sie im Auge behalten. Und das hat mir gar nicht gefallen. – Wieso nicht? – Sie sind in Gedanken woanders. Sie achten nicht auf Ihren Körper. Sie machen die Übungen mit, sind aber mit ganz anderen Themen beschäftigt. – Das sieht man mir an? – Ja. Sie bewegen sich, als müssten Sie einer lästigen Pflicht genügen. Habe ich recht? – Es stimmt, ich bin nicht ganz bei der Sache. – Sehen Sie, ich ahnte es. Haben Sie früher einmal Yoga gemacht? – Nein, nie. Sollte ich? – Es wäre einen Versuch wert. – Yoga steht aber nicht auf dem Programm. – Hier in der Klinik nicht, Sie sollten es außerhalb versuchen. – Und wo? – Ich betreibe an den Wochenenden ein Gymnastik- und Yogastudio in Köln. Als Ergänzung zu meiner Tätigkeit hier in der Klinik. – Oh, das wusste ich nicht. Geben Sie mir die Adresse?

– 102 –

Camille lächelt, als hätte sie genau mit dieser Frage gerechnet. Sie meint es gut mir mir, denke ich, aber ich kann mir nicht vorstellen, an Gymnastik- oder Yogakursen teilzunehmen. Camille ahnt davon nichts, sie nennt eine Straße, die ich seltsamerweise genau kenne. Es ist eine Seitenstraße der viel befahrenen Neusser Straße in Köln-Nippes. Na sowas, sage ich, wenige hundert Meter davon entfernt bin ich aufgewachsen. In Köln-Nippes! – Das macht alles noch leichter, antwortet Camille, dann sind Sie ja fast zu Hause. Melden Sie sich bald einmal, dann sehen wir weiter.

Sie steht auf und lässt den Joghurt mit Früchten und Paranüssen ungeöffnet stehen. Vergessen Sie Ihren Joghurt nicht, sage ich. – Der ist für Sie, antwortet Camille, essen Sie mal einen Joghurt, kann nicht schaden. – Ich muss schlucken und spüre, dass mich ihre Art sprachlos macht. Ich werde beobachtet. Den Angestellten in dieser Klinik entgeht scheinbar nichts. Wahrscheinlich weiß Frau Dr. Werth bereits mehr über mein Innenleben als ich selbst. Man verabreicht mir Joghurt und fordert mich auf, Yoga zu treiben. Joghurt und Yoga – das passt zusammen, es ist Teil des Spuks, der auch diese Klinik infiziert hat. Ist das so?

Ich stecke den Joghurt in meinen Rucksack und gehe nach draußen. Camille hat ja recht. Während des Gymnastikprogramms höre ich nicht richtig zu. Die Anweisungen fliegen an mir vorüber, und ich behalte höchstens die im Kopf, die mir besonders komisch erscheinen. »Stärken wir die seitliche Rumpfkraft!« ist so eine Wendung. »Die

Arme nach hinten, die Schulterblätter küssen sich!« ist eine weitere, die ich nicht vergesse. Das hört sich alles gut an, aber ich weiß, dass meine seitliche Rumpfkraft lethargisch ist und meine Schulterblätter weit davon entfernt sind, sich zu küssen. Wenn Camille die gymnastischen Übungen vormacht, sieht dagegen alles leicht und gekonnt aus. Jedes Körperteil bewegt sich autonom, als behauptete es ein Eigenleben. Und alle Körperteile zusammen treiben ein elegantes Spiel, das etwas Unkompliziertes, Schwebendes hat.

Davon bin ich weit entfernt. Vielleicht sollte ich zu diesem Thema einen Theoretiker der Gymnastik befragen. Einen aus dem alten Griechenland, einen Lehrer der Olympioniken. Gibt es so etwas? Existieren Texte von solchen Meistern?

Du sollst nicht so viel nachdenken, sage ich mir und gehe auf dem Bahnsteig konzentriert auf und ab, während ich auf den nächsten Zug warte. Die Füße langsam abrollen, zwischendurch die Knie auch einmal seitlich bewegen. Ich schaue um mich, ob mich jemand beobachtet. Ich könnte ein seltsames Bild abgeben: ein verspannter Mensch mit Rucksack, der herumzappelt, als würde er von Hummeln verfolgt!

Vielleicht tut mir die Beschränkung auf den kleinen Lebensraum nicht gut. Ich pendle zwischen meinem Westerwaldhaus und der Rehaklinik Tag für Tag hin und her – und bewege mich nie darüber hinaus. Die Menschen in der Klinik erscheinen bereits in meinen Träumen, als ließen sie mich nicht mehr los. Selbst die täglichen Nachrichten verfolge ich nicht mehr, aus Furcht, sie könnten bedrohliche Meldungen enthalten. Was kann helfen? Köln ist nicht weit entfernt, kaum zwanzig Minuten. Warum riskiere ich nicht einen Ausflug dahin? Ja, warum denke ich nicht daran, die vertrauten Kölner Ecken meiner Kindheit aufzusuchen? Das liegt doch nahe und drängt sich geradezu auf! Aber nein, ich wage nicht einmal, daran zu denken. Köln scheint weit entfernt, wie eine Sehnsuchtsinsel, auf der die Menschen ein anderes, freieres Leben führen. Ist das so? Warum denke ich in solchen Kategorien, die mir den Zugang zu entlegeneren Welten ausreden und verbieten? Weil ich extrem vorsichtig, ängstlich und keinen Deut risikofreudig bin.

Ich bleibe stehen und diktiere in mein Smartphone: *Ich habe Sehnsucht nach Köln. Nach dem Erzbergerplatz und den Kneipen ringsum. Bald werde ich hinfahren, es geht so nicht weiter ...*

23

ZUVOR ABER sitze ich Frau Dr. Werth zum zweiten Mal gegenüber, und das psychologische Gespräch soll beginnen. Der Raum erscheint vollkommen unverändert, als hätte ich ihn gerade verlassen. Die Ordner in den Regalen machen den Eindruck von stummen Zeugen, die gierig auf jedes Detail unseres Gesprächs warten. Frau

Dr. Werth wiederum hat die Haare erneut glatt nach hinten gekämmt, so dass die breite Stirn freiliegt. Ich selbst trage keinen Sportdress, sondern habe mich vorher eigens umgezogen. So sitze ich in einem dunkelgrünen Polohemd mit kurzen Armen da, was Frau Dr. Werth jedoch nicht zu beachten scheint.

Ich bin leicht nervös und spüre die Nervosität. Ich hätte etwas Wasser trinken sollen, der Mund ist schon trocken, bevor das Gespräch beginnt. Frau Dr. Werth schaut mich an. Was genau denkt sie gerade? – Das ist eine der Fragen, die mich beschäftigen.

Wie geht es Ihnen?, legt sie los. – Es geht mir eigentlich recht gut, antworte ich, aber mir fällt auf, dass ich nichts riskiere und mich nur in einem kleinen Umkreis bewege. Mein Zuhause und die Klinik hier, das sind die zentralen Räume, andere laufe ich nicht an. – Welche würden Sie denn gerne anlaufen? – Köln zum Beispiel. Ich wurde dort geboren und bin dort auch aufgewachsen. Es würde mich beruhigen, die frühere Familienwohnung einmal wieder zumindest von außen zu sehen. – Was gäbe es da zu sehen? – Die Fenster der Wohnung im ersten Stock! Und den Erzbergerplatz! Ich weiß nicht, ob Sie ihn kennen. Es ist ein großer, heller, freundlich wirkender Platz mit vielen Miethäusern ringsum. Als Kind habe ich häufig aus den Fenstern auf diesen Platz geschaut, stundenlang. Es gab noch kein Fernsehen, aber es war ähnlich, wie Fernsehen. Ich hatte eine bunte, lebendige Welt mit vielen Menschen vor Augen. Ich sah einen Spielplatz und die Bänke, auf denen die Mütter der spielenden Kleinkinder saßen. – Sie haben auch dort gespielt? – Nein, habe ich nicht. Ich war der Beobachter, der auf Distanz blieb. Ich hatte Freude am Schauen und Sehen. – Hat es Sie nicht gelockt mitzuspielen? – Nein, eigentlich nicht. – Und warum nicht? – Ich war beschäftigt, ich habe viel Klavier geübt und andere Sachen gemacht. Aber ich möchte darüber nicht sprechen. Vielleicht später einmal, jetzt bitte nicht. – Gut, dann sprechen wir jetzt darüber nicht. Sprechen wir darüber, was Sie bedrückt. Und über alles, was Ihnen durch den Kopf geht.

Soll ich über meine Kindheitsgeschichten sprechen, brauche ich viel Zeit, denke ich. Sie sind nicht leicht zu erzählen, und sie haben mit den Geschichten meiner Eltern zu tun. Zu Beginn des Gesprächs mit Frau Dr. Werth scheinen sie mir fehl am Platz, fraglich ist, ob ich überhaupt darüber sprechen sollte.

Ich räuspere mich, der Mund ist noch trockener als zuvor. Hinter dem Fenster des Zimmers bewegt sich eine schlanke Birke im Wind. Ich verfolge ihr leichtes Schwanken und vergesse einen Moment, dass ich das Gespräch fortsetzen sollte. Soll ich? Oder soll ich auf Fragen warten?

Woran denken Sie gerade?, fragt Frau Dr. Werth nach einer Pause. – Ich frage mich oft, warum ich noch immer so fassungslos bin, antworte ich. Ich verstehe nicht, wie es zu meiner Erkrankung gekommen ist, ich begreife es einfach nicht, ich habe dafür keinerlei Erklärung. Das macht mich sehr unruhig, ich komme nicht weiter. – Sie sind fassungslos, weil Sie nicht mit einer Erkrankung gerechnet haben? – Ja. Ich habe mich jedes Jahr im Frühjahr von meinem Hausarzt untersuchen lassen, krank war ich nie. Die Werte waren in Ordnung, es gab nichts zu beanstanden. Ich habe mich gesund und motiviert gefühlt, ich hatte viel Freude am Leben. – Wann haben Sie bemerkt, dass etwas nicht stimmte? – Ich habe es gar nicht bemerkt, erst mein Hausarzt hat es während einer Routineuntersuchung festgestellt. Ich hatte sie in diesem Jahr um ein paar Monate nach hinten verschoben. – Einen Moment bitte. Wie kam es zu dieser Verschiebung? – Ich habe an einem Roman gearbeitet, und ich wollte ihn unbedingt fertigstellen. – Haben Sie ihn fertiggestellt? – Ja, habe ich. Der Roman ist gerade erschienen. – Um was geht es in diesem Roman? – Um Ernest Hemingway und einige Nachkriegsmonate, die er in Venedig verbracht hat. Nach seinen Weltkriegserlebnissen hatte er eine schwere Depression und versuchte, sich dort zu erholen. – Warum gerade in Venedig? – Er zog sich in eine einsam gelegene Locanda in der Lagune zurück und begann dort wieder zu schreiben. Die extreme Ruhe war ideal für das Vorhaben. Über zehn Jahre hatte er darauf gewartet, wieder einen Roman schreiben zu können. – Und davon haben Sie erzählt? – Ja. Es war ein Stoff, den ich seit Jahrzehnten im Kopf hatte, ich wollte unbedingt davon erzählen. Vor einem Jahr habe ich ernst damit gemacht. Ich bin nach Venedig gefahren, habe Hemingways frühere Freunde getroffen und mich in der Locanda einquartiert, in der er gewohnt hat. – Sie haben Hemingways Nähe gesucht. – Ich habe sie gesucht und gefunden, ich hatte schließlich sehr genaue Vorstellungen und Fantasien darüber, was in

Venedig und der Lagune früher passiert und in ihm vor-
gegangen war. – Sollen wir darüber sprechen? – Vielleicht
später einmal. Jetzt bitte nicht.

Kann Frau Dr. Werth mit diesen Andeutungen etwas anfangen? Ich weiß, dass der Hemingway-Stoff noch in mir
lebt und ich selbst mir nicht darüber klar bin, ob er in
meine Krankheit hineinspielt.

Frau Dr. Werth schiebt das Thema vorerst beiseite und
fragt weiter: Ich habe verstanden, dass Sie die jährliche
Routineuntersuchung bei Ihrem Hausarzt verschoben
haben, um Ihren Roman zu beenden. Was genau ist dort
passiert? – Ich bin wie immer sehr gelassen zu meinem
Hausarzt gegangen und habe mich auf die bekannte Liege gelegt. EKG, Blutabnahme, die üblichen Untersuchungen. – Und weiter? – Als mein Arzt die EKG-Werte sah,
brach er die Untersuchungen sofort ab. Ich habe noch im
Ohr, wie er die Praxisräume verließ und hinauf in den
obersten Stock lief. Dort gibt es eine herzdiagnostische
Praxis. – Er hat einen Kollegen konsultiert? – Ja, hat er. –
Und was passierte währenddessen mit Ihnen? – Ich lag
auf der Liege und begriff nicht, was meinen Hausarzt
so antrieb. – Sie hatten keine Vermutung? – Nein, ich
war wie gelähmt. Als er mit seinem Kollegen zurück-
kam, musste ich mich rasch anziehen. Der Herzspezialist
hatte die EKG-Daten gecheckt und ordnete eine Untersuchung für den nächsten Tag im Krankenhaus an. – Was
genau hat er gesagt? – Er sagte, es sei fünf vor zwölf.
Wenn man mich nicht bald operiere, werde ich in wenigen Monaten nicht mehr leben. – Das hat er Ihnen so

offen gesagt? – Ja. Ruhig und bestimmt, tiefernst. – Und wie war Ihre Reaktion? – Ich war konsterniert. Ich bin ein anderer Mensch, habe ich plötzlich gedacht. Ich bin nicht mehr der gesunde, entspannte Mann, der ich zu sein glaubte. – Was geschah danach? – Ich erhielt einen Untersuchungstermin in der Herzklinik. – Sie haben sich angezogen und sind nach Hause gegangen? – Ich habe mich angezogen, aber ich bin nicht nach Hause gegangen. Ich bin durch die Stadt gelaufen und habe mich in den Spiegeln der Läden beobachtet. – Warum das?! – Wie soll ich es Ihnen erklären? Ich habe mir plötzlich misstraut. Glotz nicht so lebendig, habe ich zu mir gesagt. Du hast nur noch wenige Monate zu leben. – Sie haben sich angeklagt. – Ja. Ich habe mir vorgeworfen, zu lange an dem Roman gearbeitet zu haben. Ich habe es Hemingway vorgeworfen. Und ich habe es Oberst Cantwell, der Hauptfigur in seinem Venedig-Roman, vorgeworfen. – Warum gerade ihm? – Oberst Cantwell ist schwer herzkrank, er hat nur noch wenige Monate zu leben, am Ende des Romans stirbt er. Leise und unauffällig. Als schliefe er schmerzfrei ein. Und als hätte er nicht einmal etwas dagegen. – Sie haben Hemingways Nähe gesucht und die Nähe seines herzkranken Obersts gefunden. – Wie bitte?! – Spreche ich zu leise? – Ja, Sie sprechen sehr leise. – Tut mir leid. Lassen wir den Oberst vorerst beiseite, ich möchte auf etwas anderes hinaus. Sie hatten in der Praxis Ihres Hausarztes ein Schockerlebnis. Nichts war mehr so, wie es zuvor gewesen war. Der Frieden war verloren, die Gelassenheit, die Freude am Leben, alles. Stimmen Sie mir zu? – Ja, genau so war es. – Von diesem Schockerlebnis an datiert ihr Bewusstsein, krank zu sein. Jetzt erscheint es Ihnen als der Anfang einer Suche nach dem, was mit Ihnen los war und los ist. Wie ein privater Epochenschnitt: die Zeit davor und danach. – Stimmt, dieses Erlebnis ist der Anfang der Geschichte, nach der ich jetzt die ganze Zeit suche. – Sie suchen eine Geschichte, die Ihnen die Krankheit erklärt? So etwas wie die Geschichte der Krankheit? – Ja, ich glaube, dass mir diese Geschichte helfen könnte, ein zweites Leben zu führen. – Ein Leben, das die Krankheit hinter sich gelassen hat? – Vielleicht nicht ganz und gar, aber doch teilweise. – Gut, dann haben wir unser Thema gefunden: Wir suchen nach einer Erzählung oder Geschichte. Wie alle Erzählungen oder Geschichten wird sie aus vielen Details bestehen. Aus Figuren. Aus verschiedenen Zeitebenen. Nach alldem suchen Sie, so jedenfalls glaube ich Sie zu verstehen. – Sie haben mich genau verstanden, ganz genau.

Eine kleine Pause. Ich sehe, dass Frau Dr. Werth sich Notizen macht, mit einem gut gespitzten Bleistift, auf Blankopapier. Sie notieren auch in Kurzschrift?, frage ich. – Ich versuche es, antwortet sie, aber ich beherrsche es nicht besonders gut. Mit der Zeit habe ich meine eigene Kurzschrift entwickelt. – Sieht aus wie eine Geheimschrift, sage ich. – Vielleicht ist sie das auch, ich glaube nicht, dass viele Menschen sie lesen können. – Sie selbst aber schon? – Ich selbst manchmal auch nicht, antwortet sie und lacht zum ersten Mal auf.

Ich bleibe ernst und schaue genauer hin. Ich beneide Sie, dass Sie so flüssig und rasch schreiben können, ich kann es nicht mehr, sage ich. – Und warum nicht? – Meine rechte Hand macht nicht mit, sie hat keine Kraft, der Stift entgleitet mir dauernd. Beim Klavierspielen ist es noch schlimmer. Beide Hände gehorchen mir nicht mehr. Sie lassen sich nicht führen. Es ist schlimm. – Sie haben viel Klavier gespielt? – Seit dem fünften Lebensjahr, ich wollte Pianist werden. Dazu kam es aber nicht, ich musste die Ausbildung abbrechen. Danach habe ich nur noch für mich selbst gespielt. Einfache Stücke, das aber beinahe täglich. – Und Ihre Bücher schreiben Sie mit der Hand? – Ja, alles mit der Hand, seit der Kindheit. Wenn etwas veröffentlicht und gedruckt werden soll, tippe ich es ab. Früher mit Schreibmaschinen, jetzt mit einem Laptop. – Das heißt, Ihnen fehlen jetzt Ihre wichtigsten Ausdrucksmöglichkeiten? – Ja. Die Krankheit hat mich auf ein Minimum reduziert. – Und worin besteht dieses Minimum? – Ich diktiere dann und wann etwas ins Diktiergerät meines Smartphones. Ich mache kurze Videos und fotografiere. Das ist alles. – Immerhin etwas. – Ja, aber es macht keine Freude und hinterlässt in mir keine Spuren. Ich fühle mich ausgebremst, die kreativen Energien sind erloschen.

Jetzt ist es heraus, denke ich, so deutlich habe ich es mir selbst gegenüber noch gar nicht eingestanden. Es ist wie ein Urteil: Ich bin am Ende, es geht nicht mehr weiter, ich werde mich nach einer Beschäftigung umsehen müssen, die mich zumindest provisorisch am Leben erhält. Früher habe ich in solchen Notzeiten gekellnert, das war nicht einmal schlecht und hat mir fast immer geholfen. Guten Tag! Was darf ich Ihnen bringen? Worauf haben

Sie Lust? Mit solchen Sprüchen habe ich die Gäste unterhalten, und ich war recht geschickt darin, solche Unterhaltungen zu führen. Aber jetzt?! Ich habe nicht einmal den Schwung, die einfachsten Fragen zu stellen. Ich wäre ein schweigsamer, verdrossen und verbissen durchhaltender Weinservierer.

Ich schaue Frau Dr. Werth weiter an, und sie schaut zurück. Währenddessen schiebt sie ihren fein gespitzten Bleistift auf dem Blankopapier hin und her, was mich etwas unruhig macht. Lassen Sie das bitte!, würde ich am liebsten sagen, aber ich sage es natürlich nicht, es gibt keinen Grund, sich so harsch zu äußern. Ganz im Gegenteil, das Gespräch ist angenehm, Frau Dr. Werth lässt mich erzählen und reden, und ich wittere immerhin einige Spuren, denen ich folgen könnte. Die Fenster unserer Wohnung in Nippes, meine Zeit mit Hemingway in Venedig, der Verlust meines Schreibens und Klavierspielens – darüber sollte ich länger nachdenken.

Dann aber passiert etwas Unerwartetes. Frau Dr. Werth zieht den Bleistiftspitzer der Marke *Faber-Castell* aus ihrer rechten Tasche, spitzt ihren Bleistift erneut und schiebt mir ihren Blankopapierblock hin. Hier, sagt sie, nehmen Sie meinen Bleistift und zeigen Sie mir, wie Sie schreiben. Ich starre auf das mattweiße Papier, es ist das alte Rechteck der Kindertage. Wie eine Tafel, auf der ich meine Zeichen hinterlasse. Neben mir sitzt mein Vater und schaut zu. Langsam, sagt er, mit leichtem Nachdruck, die Mine darf auf keinen Fall brechen.

Ich nehme den Bleistift in die rechte Hand und ziehe das Papier an mich heran. Langsam, sage ich, die Mine sollte nicht brechen. – Mit wem sprechen Sie? – fragt Frau Dr. Werth. – Wie bitte?! – Mit wem sprechen Sie? Sie sprechen doch mit jemandem! – Ich spreche mit dem Bleistift, sage ich, die Mine sollte auf keinen Fall brechen. Ich ziehe jetzt eine Linie auf das Papier, ohne Druck, ganz leicht, sehen Sie?

Ich setze an und versuche, eine möglichst gerade Linie aufs Papier zu bringen. Sie gerät aber ins Schlingern, büxt aus, richtet sich auf, ich zeichne Schlangenlinien, dann gebe ich auf. – Sie schreiben zu hastig, sagt Frau Dr. Werth. – Ich schreibe nicht, ich ziehe Linien, antworte ich. – Sie sollten sich mehr Zeit lassen. – Zeit? Für dieses Gekritzel? Meinen Sie das im Ernst?

Frau Dr. Werth nimmt den Bleistift und das Blankopapier wieder an sich. Wir schauen uns erneut sehr direkt an, als könnten wir in den Gesichtszügen des anderen lesen. Ich habe ein heißes Gesicht und vermute, die Backen sind stark gerötet. Die mickrigen Schlangenlinien zu ziehen – das hat mich überanstrengt. Ist das zu fassen?! Frau Dr. Werths breite Stirn glänzt ein wenig, ich bemerke es genau, spürt auch sie eine Anstrengung? Was ist nur mit ihren Haaren?! Wenn ich doch endlich wüsste, woran mich ihr Name, die Haare und ihre Art, sich zu kleiden, erinnern.

Sie kommen jeden Morgen mit dem Zug?, fragt Frau Dr. Werth. – Ja, antworte ich. – Sie verlassen den Bahnhof und gehen auf dem direkten Weg hierher? – Ja. – Sie schauen nicht weiter um sich, Sie interessieren sich nicht für die Geschäfte am Bahnhofsplatz? – Nein. Sollte ich? Welche Geschäfte meinen Sie denn? – Zum Beispiel die Bäckerei neben dem Bahnhof. Sie könnten hineingehen und einen Kaffee trinken. – Die Bäckerei habe ich nicht bemerkt. – Und direkt gegenüber dem Bahnhof gibt es einen großen Schreibwarenladen. Sie könnten dort Blankopapier und einige Bleistifte kaufen, in allen nur denkbaren Härtegraden. – Der Laden ist mir auch nicht aufgefallen. – Sie verlassen also den Bahnhof, schauen anscheinend auf den Boden und gehen auf dem schnellsten Weg hierher. – So in etwa. – Wie wäre es, nach der Ankunft einen Kaffee zu trinken, etwas Kleines zu essen und danach gut gelaunt hinüber zum Schreibwarenladen zu gehen? – Das empfehlen Sie? – Ja, tue ich. Damit Sie Ihr Verhalten ändern. Und das so bald wie möglich. – So bald wie möglich, ich verstehe.

Ich ziehe ein Taschentuch aus der Hosentasche und fahre mir durchs Gesicht. Ich schwitze und komme mir bloßgestellt vor. Als wäre ich ein Idiot, der die Welt ignoriert. Könnten Sie das Fenster ein wenig öffnen?, frage ich. Frau Dr. Werth steht sofort auf und öffnet es. Sie bleibt davor stehen und schaut hinaus. Sie regt sich minutenlang nicht. Woran denken Sie gerade?, würde ich sie gerne fragen, aber ich möchte sie nicht stören. Denn im Grunde ist es ein schöner, stiller Moment. Wir sind beide etwas erschöpft, wir haben das Terrain der Krankheit bereits ein wenig vermessen.

Ich möchte das Gespräch gerne beenden, sage ich. – Einverstanden, antwortet Frau Dr. Werth, das wollte ich Ihnen auch vorschlagen. Sie kommt zurück an ihren Platz, setzt sich wieder, lässt das Fenster aber offen. – Schreiben Sie, wenn ich draußen bin, wieder auf, was Ihnen aufgefallen ist? – Mal sehen. – Ist Ihnen denn überhaupt etwas Markantes aufgefallen? – Ich werde drüber nachdenken. – Sprechen Sie mit jemandem über die Krankheiten Ihrer Patienten? – Nein, niemals. – Geht Ihnen unser Gespräch noch weiter durch den Kopf? Mir fiele es schwer, mich intensiv mit anderen Menschen zu unterhalten und danach alles gleich wieder zu verdrängen oder zu vergessen. Wie machen Sie das?! – Moment, sagt Frau Dr. Werth, wir wechseln gerade die Positionen, merken Sie? Jetzt stellen *Sie* die Fragen, und *ich* soll antworten. Leider ist das nicht möglich. – Ich fände es gar nicht schlecht, die Rollen auch einmal zu tauschen. – Kann ich mir denken. Lassen wir dieses Thema aber lieber vorerst auf sich beruhen. Auf Wiedersehen! – Auf Wiedersehen, Frau Doktor … Ach, ich habe Ihren Namen schon wieder vergessen. – Ich heiße Werth, mit e und th. – Richtig, mit e und th. Und einen Vornamen haben Sie auch? – Habe ich. Ich heiße Alice. – Haben Sie noch ein paar konkrete Aufgaben für mich? Einen Text, den ich lesen sollte oder Themen, über die ich nachdenken sollte? – Denken Sie über unser Gespräch nach. Ich bin sicher, dass Ihnen von allein etwas einfällt. – Gut, werde ich tun. Auf Wiedersehen, Frau Dr. Werth!

Ich habe es eilig, die Klinik zu verlassen. Jetzt die Fäden aufgreifen und nicht schon wieder alles vergessen!

In einem kleinen Park setze ich mich auf eine Bank und nehme das Smartphone heraus: *Erstens: Der starke Augenblick, der mir in Erinnerung geblieben ist: als mein Hausarzt seinen Kollegen hinzuzog. Damit hat meine neue Zeitrechnung schlagartig begonnen. Ich war nicht mehr der Mensch von früher, sondern ein anderer, einer, den ich nicht kannte. Zweitens: Der Hemingway-Stoff, der mich dazu gebracht hat, die jährliche Routineuntersuchung zu verschieben. Seit Tagen liegt die Postsendung mit dem Roman auf meinem Schreibtisch. Warum packe ich das Erstexemplar nicht aus und schaue es mir an? Lange habe ich mich sehr darauf gefreut, jetzt ignoriere ich es. Drittens: die Bäckerei neben dem Bahnhof und der Schreibwarenladen direkt gegenüber. Hineingehen und etwas kaufen, egal was. Viertens: nach Köln fahren! Die Fenster der Wohnung fotografieren, nach alten Fotografien suchen, auf denen ich am Fenster stehe und hinunter auf den Platz schaue. Fünftens: Gymnastik! Den Körper trainieren, aufmerksam, ernsthaft! Immerhin ... – ein Fünfpunkteprogramm!*

24

DAS GESPRÄCH mit der Psychologin war hilfreich, ich spüre, wie ich etwas lebhafter werde. In meinem Kopf kreisen einige Bausteine, die zu der Suche nach meiner Krankengeschichte beitragen könnten: die Überweisung in die Herzklinik und was dort als Nächstes geschah. Der Abschluss der Arbeit an meinem Roman und die Rolle, die Hemingway und sein Oberst spielten. Die Kindheitsaugenblicke in Köln am Fenster unserer früheren Wohnung. Die Läden und Geschäfte in der Umgebung des Bahnhofs auf dem Weg zur Rehaklinik.

Ich denke diese Bausteine oft durch, ahne aber nicht, wie und ob ich sie miteinander verbinden sollte. Das Sprechen in dem schmalen, monoton wirkenden Raum erscheint mir wie ein tonloser Dialog, den ich mit mir selbst geführt habe. Die Fragen der Psychologin wirkten dabei wie kurze Impulse, die ihn in Bewegung hielten. Dass sie nicht stärker eingreift, empfinde ich als wohltuend. Als säßen wir beide lauschend da, unaufgeregt, aber angespannt, neugierig darauf, was ich rede und freigebe.

Gebe ich etwas frei? Ja. Wenn ich so spreche, löst sich etwas in mir. Episoden von Geschichten entstehen, ich folge ihnen ohne langes Nachdenken, sie bahnen sich ihren Weg wie von selbst. Ist das nicht ein Fortschritt? Vielleicht, denn so entstehen zusammenhängende Pfade oder Spuren. Wie schade, dass ich noch nicht schreiben und Klavierspielen kann!

Wenn ich morgens auf dem Bahnhof in der Nähe der Rehaklinik ankomme, bleibe ich jetzt einige Minuten auf dem Bahnhofsvorplatz stehen. Schau an, es gibt dort wahrhaftig eine Bäckerei und einen türkischen Imbiss und ein Modegeschäft und einen Schreibwarenladen, ja, es stimmt! Ich mache ein Foto von der Bäckerei und gehe hinein. Zwei Verkäuferinnen schauen mich an, und die ältere fragt: Was darf es sein?

Was darf es sein? Ich höre so aufmerksam hin, als ginge es um etwas Bedeutendes. Mein Gott, ich soll etwas bestellen. Einen Kaffee, ein Croissant, irgendwas! Das kann doch nicht allzu schwer sein, oder?! Nein, schwer ist es nicht, aber es ist nicht so wie früher. Ich muss nachdenken: Was will ich denn überhaupt? Was könnte schmecken? Schmecken wird mir wahrscheinlich nichts, so weit bin ich noch nicht. Auf jeden Fall sollte ich Speisen und Getränke meiden, die stark, bitter oder scharf schmecken.

Moment, sage ich zu der Verkäuferin, ich schaue mich etwas um. – Tun Sie das, junger Mann!, antwortet sie und grinst. Wir schauen beide etwas länger auf die Angebote in der Auslage, dann wird es der Verkäuferin zu viel. Als wäre ich ein Kind, das erst wenige Bäckereien betreten hat, zeigt sie mit dem Finger auf das, was ich sehe: Mürbehörnchen, Croissants mit Käse oder Schokolode oder Marmelade, belegte Brötchen mit … – Ah ja!, sage ich, jetzt hab ich's! Ich möchte ein kleines Mürbehörnchen und dazu eine Tasse Tee. Grünen Tee! Haben Sie so etwas? – Na klar, sagt die Verkäuferin, wollen Sie drinnen oder draußen sitzen? – Drinnen oder draußen? wiederhole ich. Ich glaube, lieber draußen. Ja, draußen. – In Ordnung, sagt die Verkäuferin, nehmen Sie draußen Platz, ich bringe Ihnen die Sachen.

Eine harmlose Bestellung bringt mich fast durcheinander, und ich muss mich konzentrieren, als sollte ich eine komplizierte Aufgabe lösen. Die einfachsten Verhaltensformen sind mir fremd geworden, ich muss sie erst langsam wieder erlernen. In der Klinik sagt man mir genau, was ich zu tun habe. Ich folge und mache mit, so gut ich kann. Draußen aber ist alles anders, ich bewege mich so, als befände ich mich in einem fremden Land, in dessen Alltag ich mich erst vorsichtig einfädeln muss.

Ich schaffe es, das Hörnchen zu essen und den Tee zu trinken, dann gehe ich hinüber zum Schreibwarenladen. Als ich die Türe öffne, erschlägt mich der Geruch: Ein Dunst von Grafit, Tinte und Ölfarben! Daneben Stifte aller Art, Papier, ein großes Angebot von Heften, Kladden und Schreibzubehör! Es riecht wie in der kleinen Stube unserer früheren Kölner Wohnung, in der ich als Kind meine Aufgaben gemacht und täglich geschrieben habe. Ich gehe an den Regalen entlang und nehme ein paar Sachen in die Hand. Eine Federmappe, Filz- und Buntstifte, ein Ringbuch. Suchen Sie etwas Bestimmtes?, fragt eine Verkäuferin. Ich stutze kurz und antworte, dass ich etwas für mein Patenkind suche. – Mädchen oder Junge? – Ein Mädchen. – Es gibt chice, neue Füllfederhalter und Wachsmalstifte in glänzenden, leuchtenden Farben. Neinnein, sage ich, schreiben kann sie, sie schreibt sogar ausgezeichnet. Nur das Zeichnen und Malen, das fällt ihr schwer!

Solche schlichten Sätze wirken, als öffneten sie Türen und Tore. Schon liegen Pinsel unterschiedlichster Länge vor mir und lauter Wasserfarbkästen, darunter auch sehr kleine, mit wenigen Farben, wie Spielzeug. Ich entscheide mich schnell für diese Miniaturgebilde und wähle drei Pinsel aus, außerdem kaufe ich noch einen Block,

— 120 —

DIN A3. Sind Sie sicher, dass es diese Größe sein soll? fragt die Verkäuferin. – Ja, antworte ich, DIN A3, unbedingt, mein Patenkind hat mich darum gebeten. – Na denn!

Der Einkauf wird in einer großen Tüte verstaut, und ich trage sie so beschwingt über den Bahnhofsvorplatz, als stünde der Kindergeburtstag meines Patenkindes bevor. Das sind wertvolle und passende Geschenke, denke ich, und Vater sagt: Zeichnen und Malen mochtest du noch nie! Ich wundere mich! – Stimmt, antworte ich, das mochte ich nie. Ich mochte auch weder Pinsel noch strahlende Farben. Bleistifte schwarz auf weiß waren mir lieber. Ich mag schwarz auf weiß sehr. – Und wofür sind dann der große Block und die Farben? – Warte ab, es ist eine Überraschung!

In der Rehaklinik läuft mir Camille über den Weg. Oh, staunt sie, großer Einkauf! – Ja, sage ich, mein Patenkind hat Geburtstag! Ich habe drüben im Schreibwarenladen ein paar kleine Geschenke gekauft. – Da wird sich ihr Patenkind freuen! – Hoffentlich.

Camille erzählt, dass sie am Nachmittag vertretungsweise die Antistress-Gruppe übernimmt. Ich solle teilnehmen. – Warum gerade ich? – Sie sehen heute sehr entspannt aus. – Im Ernst? – Ja, richtig entspannt, glauben Sie mir. – Ich verspreche, in die Antistress-Therapie zu kommen, und verschweige, dass ich gerade diese Gesprächsrunden bisher meist gemieden habe.

Das Kompliment, ich sehe entspannt aus, wirkt sofort nach. Wie eine kleine Droge, die mich rascher und freundlicher werden lässt. Ich ziehe mich leise vor mich hin pfeifend um und erlaube mir vor Beginn der sportlichen Aufbautherapie im Bistro ein großes Glas Mineralwasser. Ove eilt durch den Raum, erkennt mich und setzt sich gegenüber an den Tisch. Gut sehen Sie aus, sagt er, und ich antworte: Bloß keine Komplimente! – Sie sind gleich dran, oder?! So, wie Sie aussehen, können wir die Gewichte für das Krafttraining erhöhen. Trinken Sie in Ruhe aus, dann legen wir los, okay?! – Okay. Aber sagen Sie noch eins: Warum hat man Sie Ove getauft? – Oh, ganz einfach. Meine Eltern waren vor meiner Geburt in Norwegen, sie hatten dort Freunde. Einer hieß Ove, und der Name gefiel ihnen angeblich sofort. Kurz. Nordisch. Etwas geheimnisvoll. – Ove, der Nordländer! sage ich, und Ove schaut mich interessiert an, als wären wir dem Geheimnis auf der Spur. – Ove sollten Sie mal eine Ihrer Romanfiguren nennen! Statt Klaus oder Norbert oder Hans! Das sind Namen von gestern! – Gute Idee, sage ich, ich mache mir gleich mal eine Notiz! Ove gefällt mir!

Er steht auf und lächelt zufrieden, als wäre er sicher, dass ich bald eine meiner Figuren so nennen werde. Als er verschwunden ist, diktiere ich ins Smartphone: *Ove, der Nordländer. Rudert in seiner Freizeit im Einer. Bereitet sich auf den nächsten Triathlon vor. Singt häufig unmotiviert. Spielt Gitarre. Flirtet mit den Patientinnen. Nichts Ernstes, aber doch mit Methode. Hat keine Freundin. Lebt für den Sport. Kommt gut alleine klar. Trinkt keinen Alkohol. Kennt die neusten Mus-*

kelpräparate, nimmt aber angeblich keine. Hat mich vor kurzem zu einer Fahrradtour eingeladen. Die Sieg entlang bis zur Mündung. Werde ich ohne regelmäßiges Training auf einem Heimrad nicht schaffen. Sollte ich mir eins kaufen? Vielleicht miete ich eins.

Ich leere das Wasserglas und gebe der Versuchung nach: *www.amazon.de*! Ist mein Hemingway-Roman schon im Handel? Noch nicht, aber in zwei Tagen! Höchste Zeit, das Erstexemplar zu Hause in Augenschein zu nehmen. Noch hält kein Käufer das Buch in Händen. Wie wäre es mit einer kleinen abendlichen Séance? Der Autor und sein neues Buch, zu zweit, in intimem Dialog. Dazu sollte ich etwas Gutes trinken. Und was?! Bei so schönen Gelegenheiten habe ich meist Champagner getrunken, eine kleine Flasche, 0,375 Liter, genau zwei Gläser! Zur Begleitung Musik! Und welche?! Jazz, Klavier solo!

Ein Glas Wasser nach einem winzigen Teefrühstück versetzt mich in eine lange nicht erlebte Aufregung. Plötzlich fügt sich vieles zusammen. Der Einkauf im Schreibwarenladen, Camilles freundliche Einladung zur Antistress-Gruppe, Oves Ankündigung eines erhöhten Krafttrainings, die Beschäftigung mit seiner Person. Ich bin bereit, jetzt könnte ich riskieren, was ich lange vor mir hergeschoben habe: den Anruf im Verlag, eine kurze Plauderei über mein in zwei Tagen erscheinendes Buch!

Ich wähle die Nummer der Presseabteilung, ich weiß sie sogar noch auswendig. Der Kontakt wird erstaunlich schnell hergestellt. Worüber soll ich reden? Habe ich Fragen? Ich überlege kurz, aber mir fällt nichts ein. Hallo, sage ich, da bin ich wieder. Ist alles in Ordnung, geht es meinem Roman gut? – Meine Ansprechpartnerin ist überrascht: Oh ja, aber wie geht es *Ihnen*? Sie sind wieder gesund? – Ja, antworte ich, gesund, motiviert, flott unterwegs. Was kann ich für das Buch tun? – Die Premierenlesung in Köln steht bevor. Sie ist bereits ausverkauft. Bleibt es dabei? Oder soll ich doch lieber absagen? – Absagen?! – Ja, aus Krankheitsgründen. – Auf keinen Fall. Der Termin ist fest vereinbart, nicht wahr? – Natürlich, seit Monaten. Das wissen Sie doch. – Das weiß ich, ja. Es wird nichts geändert, ich komme zur Lesung, auf die Minute. – Oh, das freut uns alle, ich sage es gleich dem Team. Wo sind Sie denn gerade? – Jetzt, gerade?! – Ja, gerade eben. – Ich … Ich bin auf Fahrradtour, entlang der Sieg, Richtung Bonn. Am Abend wird ein wenig mit ein paar Freunden gefeiert. Ich habe das Erstexemplar des Romans dabei. – Gratulation! Ich freue mich mit Ihnen. Bis dann! – Bis bald!

Ich puste tief durch. Bin ich wahnsinnig geworden?! Wie konnte ich so schnell zusagen? Wann ist überhaupt die Lesung?! Mit zittrigen Fingern recherchiere ich und entdecke das Datum, die Uhrzeit, den Ort: den großen Sendesaal des *WDR* in Köln! Dort soll ich aus einem Roman lesen, der mir unheimlich geworden ist und an dessen inhaltliche Details ich mich kaum noch erinnere.

Herr, hilf!

25

AM FRÜHEN Abend hat mich eine leichte Unruhe befallen. Wo habe ich die Briefsendung meines Erstexemplars hingetan? Anscheinend habe ich sie vor mir selbst versteckt. Weil sie Themen enthält, an die ich jetzt nicht rühren will? Etwas, das mit der Krankheit zu tun hat oder mir peinlich ist?

Ich schließe die Haustür meines Elternhauses nach der Rückkehr von der Rehaklinik von innen ab und durchstreife fast alle Räume. Wo verdammt liegt die Briefsendung? Ich habe keine Ahnung, dabei sehe ich sie genau vor mir.

Hellbraun, eine Versandtasche, mit blauer Tintenschrift hat jemand meine Adresse geschrieben.

Die Räume erscheinen mir stiller als sonst, als hielten sie den Atem an. Ich sollte hier und da etwas Musik machen. Zumindest leise, in jedem Raum etwas anderes. Klaviermusik von Scarlatti, Bach, Händel – und Jazz, ebenfalls Klavier solo. In den Räumen, in denen Musik läuft, entzünde ich eine Kerze. Was soll das?! Das Kerzenentzünden entsteht intuitiv. Als wollte ich die Räume mit Musik und Licht beleben. Damit ich mich nicht allein fühle. Oder gar einsam. War ich je einsam?! Schwierige Frage. Allein war ich oft, aber einsam?! Darüber sollte ich nachdenken.

Ich kann die Briefsendung nicht finden und lenke mich ab, indem ich die kleine, kurz zuvor eigens gekaufte Flasche Champagner ins Eisfach des Kühlschranks schiebe. Sollte man nicht tun, ich weiß. Ist barbarisch. Ein Schock, eine Überrumpelung für den kostbaren Stoff. Ich mag aber nicht warten, sondern möchte ihn wenig später kosten und trinken. Vorausgesetzt, dass ich ihn herunterbekomme.

Esse ich etwas dazu? Lieber nicht, oder?! Ich habe zu Champagner nie etwas gegessen, dabei sollte ich bleiben. In der Speisekammer neben der Küche schaue ich mich dennoch um. Marmeladen, Eingemachtes, nein, da ist nichts Passendes. Neben der Brotdose entdecke ich aber immerhin etwas, das ich gesucht habe: Die Briefsendung mit dem Erstexemplar meines Romans! Wie kommt sie dorthin? Was will mir mein durcheinandergeratenes Gehirn damit sagen? Dass der Roman etwas Nahrhaftes ist? Nahrhaft wie Brot? Gesund wie getrocknetes Obst?

Wenig später setze ich mich an den Küchentisch und öffne die kleine Flasche Champagner. 0,375 Liter. Er schäumt lässig in das hingehaltene Glas, die wenigen Perlen machen ein paar muntere Sprünge, dann atmet er aus, genießerisch, als behagte ihm die Küche. Zwei Kerzen stehen daneben, rot und weiß. Das Temperament und die Unschuld. So, es kann losgehen …

Halt, noch nicht. Ich gehe noch einmal durch die Räume und schaue nach dem Rechten. Ob die Musik noch läuft, ob die Kerzen noch brennen. Ja, tun sie, alles in Ordnung, das Haus und die Zuhörer sind bereit. Dann setze ich mich und öffne die Briefsendung. Ich ziehe das Buch aus der Tasche und lege es auf den Tisch. Auf dem schwarzweißen Cover sitzt Ernest Hemingway in einer Barke und hält ein Gewehr in den Händen. Ein junger Mann steht hinter ihm und bewegt ein Ruder, wie ein Gondoliere. Die beiden sind in der venezianischen Lagune unterwegs. Vielleicht auf Entenjagd.

Ich weiß genau, wo die beiden sich befinden. Vor ein paar Monaten war ich dort unterwegs. Ebenfalls in einer Barke, aber ohne Gewehr. Mit einem Mann, der ein Ruder bewegte. Wir kreuzten zu zweit durch die Lagune, und der Mann erzählte davon, wie er seit Jahrzehnten durch die grünen Kanäle fährt. Auf Entenjagd, auf Fischfang, seit Kindesbeinen. Wenn ich auf das Buchcover schaue, tauchen meine eigenen Bilder aus der Versenkung auf und überblenden das Hemingway-Foto. Ich kann nicht länger hinschauen, die Bilder werden zu stark.

Stattdessen blättere ich in meinem Buch. Seltsamerweise fange ich hinten an, lese die letzte Seite und gehe dann zurück bis zum Anfang. Ich mache keinen Halt und schaue nur flüchtig auf das Gedruckte. Als überprüfte ich kurz, ob nichts fehlt. Fehlt etwas? Was könnte denn fehlen? Ich schließe das Buch und nehme den ersten Schluck. Er schießt mir ins Gehirn, als würden kleine Salven gezündet. Wochenlang habe ich keinen Alkohol getrunken, das bekomme ich nun zu spüren. Die Wirkung ist enorm. Ich muss aufstehen, um mich zu beruhigen.

Durch die Zimmer kreisen, hier und da der Musik folgen! Das Herz schlägt heftig und immer schneller. Kann mir etwas passieren?!

Die alte, noch nicht losgewordene Frage! Die Angst, die Selbstbescheidung, die Kontrolle! Ich bin es leid. Mein Herz sollte sich freuen! Ich komme an den Tisch zurück und nehme einen zweiten und dritten Schluck. Dann zwinge ich mich, das Buch wieder zu öffnen. Ich schlage irgendeine Seite in der Mitte auf und fange an zu reden: *Guten Abend, meine Damen und Herren, ich lese aus meinem neuen Roman. Vielen Dank, dass Sie so zahlreich erschienen sind. Ich war einige Zeit unpässlich, das ist zum Glück vorbei. Wie schön, Sie wiederzusehen und Ihnen etwas vorlesen zu können! Wir befinden uns in Venedig, im Jahr 1948. Ernest Hemingway kommt mit seiner Frau Mary in die Stadt. Er ist schwerkrank, starke Depressionen machen ihm zu schaffen. Seit Jahren hat er kein Buch mehr geschrieben. Er kommt nach Venedig, um in der Stille der Stadt wieder zum Schreiben zu finden ...*

In der Stille wieder zum Schreiben finden ... – Das ist es. Als hätte ich in diesem Roman mein eigenes Schicksal vorweggenommen. Starke Depressionen kenne ich inzwischen auch. Und schreiben kann ich ebenfalls nicht mehr. Was aber bedeutet das alles?! Wieso berühren der Roman und mein Leben sich derart offensichtlich und beinahe aufreizend? Ich will einige Sätze des Buches laut in die Stille der Küche hinein lesen, breche aber sofort ab. Was ich höre, ist nicht meine gewohnte Vorlesestimme, sondern die einer Person, die den Text nicht gut kennt. Sie korrigiert sich mehrmals, bleibt hängen, fängt von

— 128 —

neuem an, wird schwächer ... Ich kann meinen eigenen Text noch nicht lesen. Als wäre es gar nicht mein Text.

Ich stecke das Buch wieder in die Versandtasche und verschließe sie mit einem Gummi. Dann gehe ich in mein Arbeitszimmer und lege die Briefsendung auf meinen Schreibtisch. Ich habe noch etwas Zeit, mich auf die Lesung vorzubereiten. Momentan kommt das Lesen zu früh. Ich muss lernen, die Erinnerung an meine Venedigreise auszublenden und mich auf den Text zu konzentrieren. Aus dem Roman soll ich vorlesen, anstatt mich zwanghaft daran zu erinnern, was ich auf den Spuren Hemingways erlebt habe.

Stopp. Ich war nicht auf seinen Spuren. Nein, so einfach war es nicht. Es war mehr, viel mehr. Doch jetzt genug, denn solche Gedanken beunruhigen mich. Ich gehe zurück in die Küche und leere die kleine Flasche Champagner. Dann beende ich die Feier, räume die Flasche weg und lege mich in meinem Arbeitszimmer auf die Couch.

Doktor Freud, übernehmen Sie bitte! Leide ich unter einem Hemingway-Komplex? – Nehmen Sie sich nicht so wichtig, junger Freund! Und überlassen Sie solche Fragen der Zeit. Rasch sind sie nicht zu beantworten, sondern nur mit sehr viel Geduld. Konzentrieren Sie sich lieber auf Köln, wohin Sie bald aufbrechen wollen. Vor Ihrer Lesung sollten Sie dort gewesen sein. Damit Ihre Heimatstadt sie nicht überfällt. Kommen Sie wieder nach Hause, fahren Sie auf den Erzbergerplatz, schauen Sie hinauf zu den Fenstern im ersten Stock, von denen aus Sie oft auf den Platz geschaut haben. Wir nähern uns den Rätseln, wenn wir sie von ihren frühsten Ursachen her erforschen. Aber wem sage ich das?! Das wissen Sie doch sehr genau.

Er soll nicht so lange auf dich einreden, sagt mein Vater, ich mag das nicht. Was kommt dabei heraus? Als Kind hast du oft aus dem Fenster auf den Platz geschaut. Und warum? Es hatte eine ganz einfache Ursache. Du hast auf mich gewartet, um mir zu winken, wenn ich von der Arbeit nach Hause kam! Das war der Grund. So einfach ist das, nicht wahr? Sag das bitte Herrn Doktor Freud und geh hinüber zu Mutter. Sie sitzt am Klavier und wartet auf dich.

Vater ist etwas eifersüchtig auf meinen Kontakt mit Doktor Freud, ich merke es. Er hält nicht viel von Psychoanalyse, ach was, er hält gar nichts von ihr. Sein Glaube, er wisse alles über meine Kindheit, reagiert heftig auf jene Personen, die ebenfalls glauben, etwas über meine Kindheit zu wissen.

Mutter hat eine Sonderrolle. Natürlich weiß sie mindestens ebenso viel über meine Kindheit wie Vater, spricht darüber aber nie. Selbst nicht mit Vater. Sie besitzt, glaube ich, ein Geheimwissen, vielleicht ist sie sogar die Psychologin meiner Kindheit, ich vermute das seit langem, wage aber nicht, sie darauf anzusprechen.

Jetzt sitzt sie wohl am Klavier, jedenfalls behauptet das Vater. Ich lasse sie noch etwas warten und packe in der Küche die Geschenke aus, die ich angeblich für mein

Patenkind gekauft habe. Der DIN-A3-Block, die Pinsel, der Wasserfarbenkasten! Ich ziehe den Pullover über den Kopf und gehe ins Schlafzimmer, um ein leichtes Hemd überzustreifen. Ärmellos, nicht das Richtige für die Jahreszeit, aber notwendig für das, was ich vorhabe. Ich möchte mich leicht und luftig fühlen, wie eine junge Person, die ihren Hobbys nachgeht. Kritzeln, Zeichnen, Malen mit hellen Farben. Ich fülle mehrere Gläser mit Wasser und tauche die Pinsel ein. Dann schlage ich den Block auf und starre einen Moment auf das flirrende Weiß.

Nicht nachdenken! Ich rühre die erste Farbe mit einem Pinsel an. Dunkelrot, grell, aufdringlich. Der Pinsel wird eingespeichelt und saugt sich voll. Dann führe ich seine spitz zulaufenden, dichten Haarkuppen über das Papier. Langsam, geduldig, eine möglichst gerade Linie. Ich ziehe sie von links nach rechts außen und mache von rechts nach links außen weiter.

Die beiden Linien sind nicht gerade, sie sehen aus, als schwebten sie wie Lianen über einem hellen Grund. Na und?! Dann schweben sie eben. Den hellen Grund könnte ich mit grünen Linien beleben. Los. Tu es. Ich präpariere einen zweiten Pinsel und ziehe mehrere, dicht übereinanderlagernde Linien, ganz unten auf der Seite. Nicht schlecht. Jetzt fehlen noch ein paar Akzente in der Mitte. Fehlen sie? Bloß keinem Vollständigkeitswahn folgen, indem man das ganze Blatt mit Linien überzieht. Mut zur Lücke. Vorerst nicht weiter. Lieber ein zweites Blatt angehen!

Ich löse das gerade bemalte und lege es zur Seite. Der Künstler betrachtet sein Werk. Ein interessanter Entstehungsprozess, oder?!

Ich liebe das Nachdenken über Entstehungsprozesse, früher war ich ein Spezialist für solche Fragen. Schaute ich mir Kunst, Architektur oder auch Filme an, dachte ich oft an ihre Entstehung, von Literatur ganz zu schweigen. In jedem Text witterte ich einen Entstehungsprozess. Vielen jungen Studenten konnte ich auf den Kopf zusagen, wie ihre ersten Arbeiten entstanden. Werden, Entstehen, Wachsen, Erweitern – das waren die zündenden Worte.

Ich bearbeite die leeren Blätter des Blocks mit allen Farben. Ich mische sie und ziehe Linien: staccatohaft unterbrochen, schräg, steil wie Ausrufezeichen, verschlungen. Allmählich wird die rechte Hand ruhiger und tut, was ich will. Ich halte den Pinsel nicht einmal besonders fest, sondern mache lockere, entspannte Bewegungen.

Was ist das?! Wie könnte ich es nennen? Dieses Malen besteht aus Gymnastikübungen des Schreibens – ja, so kommt es mir vor. Die Körpergymnastik in der Rehaklinik hat die Vorgabe geliefert, ich übersetze sie in die Bewegungen der Hand. So arbeite ich an Vorstudien des Schreibens. Wie bin ich darauf gekommen? Ich?! Bin *ich* darauf gekommen? Nein, es war anders. Der Körper hat Signale gesendet, die mein Hirn auf kuriose Weise in ein Eigenleben verwandelt hat: Transformation. Übertragung.

Sagten Sie Übertragung?, höre ich Doktor Freud in meinem Arbeitszimmer fragen. – Ja. Mein Unterbewusstsein hat mir etwas beigebracht, ich habe die Körpergymnastik auf das Malen übertragen. – Junger Freund, strapazieren Sie nicht altehrwürdige Begriffe! Der Patient hat keine Ahnung von dem, was sein Unterbewusstsein leistet. – Aber ich kann deutlich erkennen, was passiert ist. Ich habe von dem Trainingsprogramm in der Klinik gelernt: Ich übersetze Bewegungen des Körpers in Bewegungen des Schreibens. – So kommt es Ihnen vielleicht vor, es ist aber viel komplizierter!

Hör nicht auf ihn, sagt mein Vater, er macht aus allem eine Fallstudie. Mutter wartet noch immer. Wasch die Pinsel aus und geh hinüber zu ihr. Und wasch auch deine Hände, bevor du Klavier übst. Die Finger sind so bunt und verdreckt, wie ich sie noch nie gesehen habe. Schreiben entsteht in Schwarz-Weiß, vergiss das nicht. Und nun los!

26

AM NÄCHSTEN Wochenende ist es so weit: Ich fahre nach Köln. Am frühen Morgen nehme ich den Zug und setze mich ans Fenster. Die vertraute Sieglandschaft, die kleinen Haltebahnhöfe an der Strecke, wie in den Nachkriegsjahren! Schon während der Fahrt wird meine Unruhe stärker, und ich spüre deutlich mein Herz. Was ist denn los?! Ruhe bitte.

Als der Zug auf der Hohenzollernbrücke hält und ich einige Minuten auf das Kölner Rheinufer schaue, wird die Unruhe beinahe dramatisch. Dort, am Rhein entlang, bin ich in der Kindheit unzählige Male mit den Eltern unterwegs gewesen. Das war eines unserer Lieblingsterrains für einen Spaziergang! Am liebsten würde ich nach dem Aussteigen direkt dorthin gehen und einen solchen Gang wagen. Das aber ist noch nicht möglich. Ich weiß nicht, wie lange ich durchhalte, und es wäre gefährlich, unbegleitet an irgendeiner Stelle nicht weiterzukönnen. Am Ende müsste ich vielleicht sogar einen Krankenwagen rufen. Ein unerwarteter Schwächeanfall könnte zu so etwas führen.

Dann hält der Zug im Hauptbahnhof, und ich steige aus. Soll ich den Bahnhof zum Dom hin verlassen oder den anderen, stilleren Ausgang wählen? Lieber den Hinterausgang, hin zum Breslauer Platz, der Dom wäre als Erstes zu viel. Ich würde nicht an ihm vorbeikommen, ohne hineinzugehen, und wer weiß, was dann passieren könnte.

Ich gehe ins Freie und stehe auf dem Breslauer Platz. Bis zum Erzbergerplatz in Nippes wäre es zu Fuß etwa eine halbe Stunde. Auch das brächte aber erhebliche Risiken mit sich. Ich nehme also lieber die U-Bahn, steige am Ebertplatz um und fahre weiter bis zur Haltestelle Florastraße. Dort nehme ich eine Rolltreppe und lasse mich hinauf ans Tageslicht fahren.

Der *Goldene Kappes*! Ich stehe direkt vor dem Brauhaus, das ich in der Kindheit fast jeden Abend mit Vater besucht habe. Ein Kölsch bitte – und für den Jungen eine Limonade! Wir standen vorn in der Schwemme, und Vater hat sich mit den Leuten unterhalten. Was gibt es Neues? Wenn ich später in Köln war, habe ich die Schwemme fast immer besucht und dort einige Kölsch getrunken. Und jetzt?! Mein Gott, die Versuchung ist groß, so vieles zieht mich hinein in dieses Brauhaus, aber ich weiß, dass ich weiter vorsichtig sein sollte. Kölsch wird mir noch nicht schmecken, und ein Glas Wasser kann ich nicht bestellen, ohne mich lächerlich zu machen. Einen Tee bitte, sagte einmal jemand in der überfüllten Schwemme. – Die Apotheke ist gleich gegenüber, antwortete der Köbes.

Ich lasse den Besuch des *Goldenen Kappes* aus und gehe die Neusser Straße entlang, biege links ab und stehe dann auf dem Erzbergerplatz. Es ist noch früh am Morgen, kaum ein Mensch ist unterwegs. Vor dem Büdchen steht ein Zeitungsständer, prall gefüllt. Richtig, Vater und ich haben oft Zeitschriften mit nach Hause gebracht, ich durfte mir welche aussuchen und habe die Fotografien ausgeschnitten und auf Kartons geklebt. Welche nehmen wir denn heute mit?, fragte Vater, und ich blieb stehen und schaute nach. Manchmal haben wir Zeitschriften gekauft, die sonst kaum ein Mensch kaufte, uns aber kurios erschienen. Zeitschriften für Jäger oder Besucher von Pferderennen, Zeitschriften mit Aquarienfischen oder solche für Gartenfreunde.

Ich werde später welche kaufen und gehe zunächst mal auf die Mitte des Platzes. Hier bin ich zu Hause, diesen Raum habe ich als Kind jeden Tag vor Augen gehabt.

Dort oben liegt unsere frühere Wohnung, in der ich aufgewachsen bin. Ich sehe den kleinen Erker, in dem Mutter oft saß, um zu lesen. Und ich stelle mir vor, dass ich auf dem schmalen Schemel stehe, um hinabzuschauen.

Ich suche eine Sitzbank und setze mich hin, genau gegenüber dem Haus. Noch spielen keine Kinder an den Spielgeräten, nur ein einziger, kleiner Junge ist mit seinem Rad unterwegs und dreht Runde für Runde. Er sieht mich, und er nähert sich mit jeder Runde ein wenig mehr. Ich sehe, dass er mich mustert, er weiß nicht, warum ich hier sitze, was will der Fremde?!

Schließlich hält er und spricht mich an: Bist du müde? – Na sowas, denke ich, was für ein freundlicher Kerl! Habe ich früher selten erlebt, so freundliche Kerle! Nein, antworte ich, müde nicht. Ich ruhe mich nur etwas aus, ich war spazieren. – Wo warst du?, fragt der Junge weiter. – Ich war am Rhein unterwegs, sage ich. – Ich war gestern auch am Rhein unterwegs, mit dem Fahrrad. – Prima, sage ich, ist das Rad neu? – Nein, es ist gebraucht, ich habe es erst seit ein paar Tagen. – Du hattest Geburtstag? – Ja, hatte ich, gut geraten. Was machst du als Nächstes? – Ich weiß noch nicht, ich ruhe mich aus. – Okay. Tschüss!

Er steigt wieder aufs Rad und fährt seine Runden. Was suche ich hier? Der Junge ahnt nicht, dass ich mich das auch selber frage. Ich ziehe den Mantel aus und lege ihn neben mich auf die Bank. Die Sonne scheint, aber es ist noch etwas kühl. Benimmt sich das Herz ordentlich? Ja, die Unruhe ist verflogen, ich bin sogar so ruhig wie lange nicht mehr. Woher kommt diese plötzliche Ruhe?!

Ich starre hinauf zu den Fenstern der früheren Wohnung und spüre mit einem Mal, was los ist. Die Angst ist weg, ja, ich habe keine Angst mehr. Hier kann mir nichts mehr passieren. Hier gehöre ich hin, hier bin ich aufgehoben und angekommen. Und was bedeutet das? Was bitte?!

Der Junge kommt wieder zu mir zurück. Sein zweiter Halt. Hast du Lust, mit mir zu spielen? – Na sowas, denke ich, auch das hat mich in meinem ganzen früheren Leben kein Kind je gefragt. Was könnten wir denn spielen?, frage ich. – Ich habe einen Ball dabei, sagt der Junge und deutet auf ein gelbrundes Ding am Rand der Sträucher. – Fußball?, frage ich. – Nein, sagt der Junge, wir werfen uns den Ball zu, ich bin Handballer. – Okay, sage ich, dann los.

Ich ziehe auch den Pullover aus und postiere mich in der Mitte des Platzes. Starke körperliche Anstrengungen sollten Sie vorerst meiden, flüstert die Chefärztin. Gehen Sie das Ganze gymnastisch und locker an, meint Camille. Ihnen kann rein gar nichts passieren, sagt Ove, das letzte Krafttraining war top.

Den Körper ein wenig lockern, die Hüften bewegen, die Arme ausschütteln, den Kopf kreisen lassen. Warum zappelst du denn so?, sagt der Junge und hält den gelben Ball in den Händen. – Ich bin etwas steif, sage ich, aber es geht. Leg los! Ach, sag noch: Wie heißt du? – Ich

heiße Uwe! – Uwe? Wie Uwe Seeler?! – Wie wer?! – Uwe
Seeler! Das war ein großer Fußballer, hast du nie von ihm
gehört? – Weiß nicht, vielleicht. Fangen wir jetzt endlich an? – Ja, fangen wir an. Ich heiße Johannes. – Mein
Freund heißt auch so, aber wir sagen Hannes. – Gut,
dann bin ich der Hannes. – Mein Freund ist katholisch,
du auch? – Ja, ich auch. Und du? – Ein bisschen, aber
nicht richtig. – Okay, jetzt spielen wir!

Er steht etwa zehn Meter von mir entfernt und wirft mir
den Ball zu. Uwe und Johannes spielen an einem Sams-
tagmorgen auf dem Erzbergerplatz in Köln mit einem
gelben Ball. Wie schade, dass ich kein Foto davon haben
werde, denke ich. Fotos von diesem Ballspielen könnten
mir helfen. Ich würde sie oft anschauen, und sie würden
mir beweisen, dass ich wieder zu Hause wäre. Du *bist*
doch wieder zu Haus, sagt meine Mutter, es fehlt nur
noch ein kleiner Schritt. – Ich höre genau hin und frage:
Was meinst du?! – Du könntest versuchen, eine Wohnung zu mieten. Genau hier, am Erzbergerplatz. Dann
wärst du für immer zu Hause. – Wie bitte? – Es wäre den
Versuch wert. Du würdest hier in Köln und im Westerwald wohnen, in der Stadt und auf dem Land. Genau,
wie wir es früher gemacht haben. – Das ist fast sechzig
Jahre her. – Na und?! Du hast eine weite Reise gemacht
und kommst wieder zurück. Lass es dir durch den Kopf
gehen. Es ist nur ein Vorschlag.

Was sagt Vater dazu? Vater sagt nichts, er schweigt. Uwe
und ich werfen den Ball hin und her. Wir vergrößern die
Distanz, der Ball lässt sich nicht mehr leicht fangen. Das

häufige Bücken strengt mich an, ich spüre es, tue aber so, als machte es mir nichts aus. Ich sehe, dass noch andere Kinder auf dem Platz eintreffen. Einige stehen an den Rändern und schauen uns zu. Hey, rufe ich hinüber zu Uwe, die anderen sollten auch mitspielen. – Hast du keine Lust mehr? – Doch, aber wir sollten die anderen mitspielen lassen.

Uwe schaut sich um und ruft einigen etwas zu. Sie kommen näher, und der Ball macht die Runde. Eine Weile werfe ich noch mit, dann rufe ich: Okay, macht allein weiter, ich habe Durst! Ich gehe zur Bank zurück, ziehe Pullover und Mantel über und ziehe mich zurück. Der Platz sollte jetzt ganz den Kindern gehören, ich habe genug gesehen.

Vor dem Büdchen bleibe ich noch einmal stehen. Die Zeitschriften! Welche denn nun? Ohne Zeitschriften verlasse ich den Platz nicht. Ich entdecke ein Fachmagazin für Aquaristik und *Pianonews*, ein Magazin fürs Klavierspielen. *Kraut & Rüben* ist anscheinend eine Zeitschrift für gesunde Ernährung. Drei Zeitschriften, das ist genug.

Als ich sie bezahle, fragt der Besitzer: Noch was zu trinken gefällig? – Ein Wasser ohne Kohlensäure, sage ich. – Oh, Sie machen auf ›gesund‹! Mache *ich* erst im Alter! – Ich bin leider nicht mehr der Jüngste, sage ich. – Nicht? So sehen Sie aber nicht aus. – Wirklich nicht? – Nein, ein alter Mann sind Sie nicht. – Bin ich nicht? – Nein, sind Sie nicht. Einen *Deck und Dönn* können Sie sich leisten. –

— 139 —

Okay. Aber nur kalt. Eiskalt. – Kein Problem, sagt der Besitzer und holt ein Fläschchen *Deck und Dönn* aus dem Eisfach des Kühlschranks. Wohl bekomm's!, sagt er, und ich zögere noch ein wenig.

Ich habe noch eine Bitte, mache ich weiter. Ich suche eine Wohnung, genau hier, am Erzbergerplatz. Zwei, drei Zimmer, nichts Großes. Am besten im ersten Stock, aber auch etwas höher wäre möglich. Wenn Sie davon hören, dass irgendwo eine frei wird – würden Sie mich anrufen? Ich gebe Ihnen meine Telefonnummer. – Der Mann schaut mich an und nickt. Wird gemacht, ich höre mich um. Schreiben Sie Ihre Nummer auf einen Zettel. Hier ist Papier. Ich hefte ihn an unsere Nachbarschaftspinnwand da drüben.

Ich schaue mich um. Richtig, neben der Tür befindet sich eine Pinnwand. Das ist eine gute Idee. Meine Wohnungssuche, meine Nummer, direkt am Ort der Suche platziert. Hier, sagt der Mann, ein Stift und ein Blöckchen! Ich will es entgegennehmen, als mir einfällt, dass ich nicht schreiben kann. Könnten Sie es für mich aufschreiben?, frage ich, meine Hand ist nicht in Ordnung. – Verrenkt? – Nein, verstaucht. – Also gut, mache ich, ich höre. Ich diktiere ihm kurz meinen Wohnungswunsch: *Historiker sucht aus Forschungsgründen eine stille, ruhige Zwei- bis Dreizimmerwohnung am Erzbergerplatz. Telefon ...*

Das ist alles?, fragt der Chef. – Ja, alles. – Nicht noch was fürs Herz? – Was schlagen Sie vor? – Etwas Soziales: Erteile kostenlos Nachhilfeunterricht in Geschichte und

Sozialkunde. So in der Art … – Das ist eine gute Idee, aber ich erteile keinen Nachhilfeunterricht. – Auch nicht für Gruppen? Im Freien, direkt auf dem Platz? – Ah ja, das könnte mir gefallen. Eine Gruppe von Kindern. Mitten auf dem Platz. Bei gutem Wetter. Eine halbe Stunde, aber nicht mehr, schließlich wollen sie ja eigentlich spielen. – Dafür haben sie den halben Tag Zeit. Eine halbe Stunde Unterricht sollte drin sein. – Na gut, ich denke drüber nach …

Ich verlasse das Büdchen mit drei Zeitschriften und einem Fläschchen *Deck und Dönn*. Im Freien mag ich sie nicht leeren, das ergibt kein gutes Bild. Also kehre ich wieder zurück. Was vergessen?, fragt der Besitzer. – Ja, sage ich, den *Stadt-Anzeiger* von heute. Das Fläschchen leere ich lieber hier, sonst hält man mich noch für einen Trinker. – Ach was, sagt der Mann. So ein flotter, junger Mann ist doch kein Trinker. Der braucht einfach mal nur einen Schluck. Fürs Weitergehen.

Ich öffne die kleine Flasche und leere sie auf einen Zug. Na sehen Sie, sagt der Mann, jetzt können Sie Bäume ausreißen, stimmt's? – Sie haben lauter gute Einfälle, das muss ich schon sagen, antworte ich. Bis bald wieder. Und vergessen Sie nicht, mich anzurufen, wenn sich etwas tut. – Alles klar. Wird gemacht, und einen schönen Tag noch!

Jetzt habe ich ein kleines Programm hinter mir, denke ich. Handball, zu zweit und in der Gruppe. Wohnungs- und Zeitschriftensuche. *Deck und Dönn*. Das kleine Programm hat mich mit der Kindheit verbunden. Und die Angst ist nicht mehr zu spüren. Jedenfalls nicht momentan, hier, am Erzbergerplatz, in Köln-Nippes. Ich sollte zurückfahren und nichts anderes mehr unternehmen.

Sehr klug, sagt Doktor Freud. Sie haben sich der Erforschung Ihrer Fragen und Rätsel von Ihrem Kindheitserleben her genähert. Wie ich empfohlen hatte. Machen Sie sich ruhig auf den Heimweg in den Westerwald. Das ist genug für heute. – Ich mag das nicht hören, ruft mein Vater. Es ist wichtigtuerisch und verblasen. Der Zoo ist in der Nähe. Warum gehst du nicht hin, so wie früher? Wir beide waren oft im Zoo. Du hast ihn sehr gemocht und magst ihn noch. Die Elefanten, die Siebenschläfer, die Pinguine! Ich würde in den Zoo gehen.

Der Kräuterschnaps hat mich belebt. Ich spüre eine angenehme Wärme und gehe schneller voran als auf dem Hinweg. Sollte ich es riskieren? Ja, denke ich, unbedingt, ich gehe den Weg zum Bahnhof zurück jetzt zu Fuß. Mir wird nichts passieren. Überhaupt nichts.

Auf dem Rückweg entdecke ich an einer Hauswand ein Plakat für den bevorstehenden Karneval. Das Reiterkorps Jan von Werth lädt zu einer Sitzung. Ich bleibe einen Augenblick stehen und mache ein Foto. Das Reiterkorps …, Jan von Werth … Woran erinnert mich das?! Werth – na klar, der Name meiner Psychologin! Das war es also, ihr Name hat mich an den des alten Reiterkorps erinnert, und ihr Aussehen an das einer Reiterin! Die Haare flach nach hinten gekämmt! Ja, richtig, und gibt es nicht auch eine Dressurreiterin, die Werth heißt? Vom alten Reiterkorps bin ich aufs Reiten und vom Reiten auf die Dressurreiterin gekommen. Das wäre geklärt. Aber was steckt dahinter? Steckt überhaupt etwas dahinter?

Als Kind mochtest du die Schwadronen vom Reiterkorps ganz besonders, sagt mein Vater. Wir haben oft Fotos von den Männern gemacht, sie waren besonders prunkvoll gekleidet. – Es steckt aber mehr dahinter, flüstert Doktor Freud. – Eben nicht, antwortet Vater gereizt. Der Junge und ich waren häufig auf der Rennbahn von Weidenpesch. Sie liegt ganz in der Nähe. Wir haben uns Pferderennen angeschaut, und der Junge hatte, wie ich übrigens auch, eine große Freude an Pferden. Deshalb schaute er bei den Karnevalsumzügen besonders auf das Reiterkorps und fotografierte die Männer. – Und was ist mit Frau Werth, der Dressurreiterin?, fragt Doktor Freud. – Ich kenne keine Dressurreiterin, die so heißt, sagt mein Vater. – Es steckt eben doch mehr dahinter, meint Doktor Freud.

Ich höre nicht mehr hin und lasse mich vom Ebertplatz aus zum Rhein treiben. Dann gehe ich am Rheinufer entlang, den Dom fest im Blick. Es ist früher Mittag, als ich den Zug zurück in den Westerwald nehme. Ich habe eine Schachtel Kekse gekauft, die werde ich unterwegs essen und dazu das Wasser ohne Kohlensäure trinken. Um meine Ernährung sollte ich mich mehr kümmern. Ich esse fast nichts und trinke ausschließlich Wasser. Wie wäre es mit Fruchtsäften? Und welche Küche könnte mir schmecken? Die kölsche leider noch nicht. Aber welche denn?

Vielleicht die italienische. Kochen werde ich jedenfalls nicht, dazu bin ich am Abend nach den vielen Trainingsprogrammen in der Klinik zu müde. Ich muss weiter nachdenken ...

27

AM MONTAG nach dem Wochenende begegne ich im Foyer der Rehaklinik meiner Fachfrau fürs Walking. Miga ist gut gelaunt und sagt, sie habe mich am Samstag in Köln gesehen. – Wirklich? Und warum haben Sie mich nicht angesprochen? – Ich wollte Sie nicht stören. Sie sind so langsam und konzentriert gegangen. Wie während einer Gehmeditation! – Was ist denn das? – Ich führe Gruppen in Gehmeditationen nach asiatischen Vorbildern. Meist sind wir am Rhein unterwegs. Sie können gern einmal teilnehmen. – Ich habe keine Ahnung, wie Gehmeditationen verlaufen. Aber es interessiert mich. Geben Sie mir doch eine Nachricht, wenn wieder eine stattfindet.

Wir tauschen unsere Telefonnummern aus, und ich frage Miga, wie sie zu ihrem Vornamen gekommen ist. Meine Eltern sind Koreaner, erzählt sie, wir haben in Köln ein koreanisches Restaurant. Mögen Sie asiatische Küche? – Sehr, antworte ich, koreanische Küche vor oder nach einer Gehmeditation, das könnte ich mir gut vorstellen. – Na prima. An den Wochenenden arbeite ich in unserem

Restaurant, Sie können gerne mal vorbeikommen. Zwei meiner Brüder machen auch mit. Der dritte arbeitet in der Stadtverwaltung. – Sie haben drei Brüder? – Exakt. Ich habe drei ältere Brüder. Waren Sie einmal in Korea? – Nein, ich war weder in Korea noch sonst wo in Asien. Ich habe aber fest vor, einmal hinzufliegen. – Wohin genau? – Nach Japan. Ich bin ein Freund der altjapanischen Literatur. – Davon müssen Sie mir mal erzählen. – Mache ich gern, aber erwarten Sie nicht zu viel. Ich bin kein Experte, sondern ein Laie.

Auf Miga wartet ein kleiner Trupp von Frauen, die mit ihr einige Walking-Runden drehen werden, deshalb verabschieden wir uns. Ich gehe hinüber ins Bistro und erlaube mir ein Glas Apfelsaftschorle. Dann spreche ich mein Notat ins Smartphone: *Miga ist eine junge Koreanerin, sie arbeitet im Kölner Restaurant ihrer Eltern. Die koreanische Küche würde vielleicht mein Ernährungsproblem lösen. Reis, Gemüse, ein wenig Fisch. Miga ist, schätze ich mal, Mitte zwanzig. Sie wirkt neugierig und aufmerksam und interessiert sich anscheinend auch für Literatur. Wie kommt sie mit ihren drei Brüdern aus? Und wie mit ihren Eltern? Ich vermute, sie arbeitet rund um die Uhr, Tag und Nacht, sie ist immer im Einsatz und nie allein. Es macht ihr aber nichts aus, sie hat ein ..., wie sagt man denn? ..., sie hat ein erfülltes Leben. Genau. Erfüllt, das ist das treffende Wort.*

Guten Morgen! Verpassen Sie Ihr Krafttraining nicht!, höre ich Camille sagen. – Ich grüße zurück und erhebe mich beflissen. Auf keinen Fall, sage ich. – Wie war das Wochenende? – Ereignisreich, erfüllte Tage! – Man sieht es Ihnen an, Sie sehen frisch aus, sogar leicht gebräunt. –

Tue ich das? Ja, es geht mir gut, ich mache kleine Fortschritte. – Was steht heute auf dem Programm? – Das dritte Gespräch mit der Psychologin! – Oho! Sind Sie gut vorbereitet?! – Perfekt! – Na denn. Man sieht sich!

Sie eilt davon, auch auf sie wartet eine Patientengruppe im Foyer. Ich atme tief durch und denke nach: Bin ich gut vorbereitet?! Ich habe mir keine besonderen Gedanken gemacht. Keine besonderen, aber doch wohl Gedanken. Seit ich mit der Psychologin gesprochen habe, mache ich mir über fast alles Gedanken. Das wirkt manchmal hemmend. Man kann sich auch zu viele Gedanken machen. Ja doch! Man kann. Man sollte. Man müsste. Früher hast du ohne so viele Problemlagen gelebt. Entspannter, gelöster, du bist deiner Nase gefolgt und nicht den Schwankungen deines Gehirns. Ich sollte auch auf den Körper hören, ich weiß. Der Kurs *Mein Körper und ich* beginnt zum Glück in wenigen Tagen …

Nach dem Krafttraining mit Ove gehe ich zum Zimmer von Frau Dr. Werth und zögere einen Moment, bevor ich klopfe. Ich habe eine Frage: Reiten Sie in Ihrer Freizeit? Nein, das sollte ich auf keinen Fall fragen. Es wäre plump und aufdringlich. Ich sollte zurückhaltend und vorsichtig agieren. Das Zimmer ist auf den ersten Blick unverändert. Die vielen Ordner, kein Schmuck. Diesmal ist aber das Fenster geöffnet. Frau Dr. Werth steht davor, schaut hinaus und dreht sich um, als ich eintrete.

Ah, guten Morgen! Sie sind pünktlich, vielen Dank! Wie geht es Ihnen? – Es geht mir eigentlich recht gut, antworte ich, ich habe kleine Fortschritte gemacht. Am Wochenende war ich sogar in Köln und habe meine Nippeser Kindheitsgegend besucht. Das hat mir gutgetan, ich bin ruhiger und angstfreier geworden. – Das freut mich. Setzen Sie sich!

Ich stelle meinen Rucksack neben den Stuhl. Heute trage ich wieder meine Sportkleidung, ich hatte keine Zeit, mich umzuziehen. Frau Dr. Werth sieht etwas blass aus, ich muss auf die zurückgekämmten Haare schauen und danach auf die Papiere, die vor ihr liegen. Das oberste Blatt ist beschrieben, sie blickt etwas länger darauf, als habe sie sich einige Punkte für das Gespräch notiert.

Sie haben einige Punkte für unser Gespräch notiert?, frage ich. – Ja, habe ich. Lassen Sie mich zunächst ein wenig rekapitulieren. In unserem ersten Gespräch haben wir uns auf ein Thema geeinigt. Wir wollen versuchen, Details ihrer Krankengeschichte auszumachen. Dafür haben sich bereits einige Ansätze ergeben. Zunächst einmal der akute Beginn, ich meine die Untersuchung in der Praxis Ihres Hausarztes – mit der Folge Ihrer Einweisung in die Herzklinik. Dann die Zeit vor diesem Hausarztbesuch. Sie haben an einem Roman über Hemingway in Venedig gearbeitet und das Buch fertiggestellt. Diese Arbeit führte dazu, dass Sie den Hausarztbesuch um einige Monate verschoben haben. Der dritte Ansatz für unsere Ermittlungen liegt in der Kindheit. Sie erzählten davon, wie Sie als Kind vom Fenster der Familienwohnung recht häufig auf den darunter liegenden Platz geschaut haben. Es war der Erzbergerplatz, erinnere ich das richtig?! – Ja, der

Erzbergerplatz. Ich habe aber nicht häufig, sondern mehrmals täglich jeweils längere Zeit hinuntergeschaut. – Ah ja, das korrigiere ich. Sie haben mehrmals täglich hinuntergeschaut, hatten aber kein Interesse daran, hinunterzugehen und mit den Kindern zu spielen. – Das stimmt. Ich habe anderes gemacht, ich hatte zu tun. – Wollen Sie heute darüber sprechen? – Nein. Ich möchte noch etwas darüber nachdenken. – Das können Sie auch hier, zusammen mit mir. – Natürlich, es wäre aber etwas anderes. – Inwiefern? – Es wäre ein geleitetes Nachdenken. Vorerst denke ich lieber ohne Hilfe oder Beistand darüber nach. – Wie Sie wollen. Ich halte das später fest.

Ich bin etwas irritiert, weil Frau Dr. Werth die Notizen anspricht, die sie nach unserem Gespräch machen wird. Beim vorigen Mal hat sie das nicht getan, jetzt aber schon zum zweiten Mal. Mich stört der protokollarische Gestus, der auf diese Weise in unser Gespräch einzieht. Er wirkt streng und fordert eine Reaktion heraus. Aber welche?!

Ich werde mein Nachdenken über den Erzbergerplatz ebenfalls festhalten, sage ich. – Das heißt, Sie haben Fortschritte im Schreiben mit der Hand gemacht? – Leider nein. Ich werde meine Gedanken ins Smartphone diktieren. – Ah ja. Das sollten Sie unbedingt tun. Wir könnten darauf zurückkommen. – Könnten wir, ja.

Frau Dr. Werth blickt auf und schaut mich an. Entschuldigen Sie, es hat nichts mit unseren Themen zu tun, aber es interessiert mich gerade, sagt sie. Ist irgendetwas mit meinen Haaren? Ich habe den Eindruck, Sie fixieren häufig meine Haare. – Oh, tue ich das? Vielleicht, ja. Ihre Frisur wirkt sportlich, und ich vermute, dass es die Frisur einer Reiterin sein könnte.

Na sowas, antwortet Frau Dr. Werth, ich habe in der Tat vor einigen Jahren in meiner Freizeit geritten. Jetzt nicht mehr. – Treiben Sie jetzt einen anderen Sport? – Ich schwimme alle paar Tage. – Das gefällt mir, hätte ich fast gesagt, Schwimmen ist mein Lieblingssport, wenn man in meinem Fall überhaupt von Sport sprechen kann. Ich treibe keinen Sport, ich schwimme einfach nur so vor mich dahin. Nicht zügig, eher langsam. Das alles sage ich aber nicht, es schießt mir nur durch den Kopf, und ich nehme mir vor, es später in mein Smartphone zu diktieren: *Mein Schwimmen, Teil 1.*

Ich schwimme auch gern, antworte ich vorsichtig, leider darf ich es momentan nicht. Am liebsten schwimme ich im Meer. Das Schwimmen in Freibädern ist kein Ersatz, finde ich. – Sie sagen es. Nun gut. Wir haben etwas gemeinsam: das Schwimmen! – Ich werde es später festhalten, sage ich, wir haben etwas gemeinsam! Frau Dr. Werth blickt mich wieder etwas länger an, ihr Mund ist leicht geöffnet. Ich habe die Kontrolle des Gesprächs für einen Moment übernommen. Nicht schlecht. Es ist wichtig, sich auf einem gemeinsamen Niveau zu bewegen. Frau Dr. Werth blickt so intensiv, dass ich etwas unsicher werde. Ist etwas mit meinen Augen? könnte ich fragen. Stehen meine Haare oder die Ohren ab? Sind meine Wangen gerötet?!

Unsinn. Ich sollte gelassen und still bleiben und abwarten. Sie sehen verändert aus, sagt Frau Dr. Werth nach einer kleinen Pause. – Tue ich das? – Ja, Ihre Gesichtsfarbe ist eine andere. Sie sehen frischer und munterer aus als beim letzten Mal. – Am Wochenende habe ich Kölner Freunde getroffen. Vielleicht hat mich das belebt, mag sein.

Frau Dr. Werth schaut mich weiter an. Es geht ihr etwas durch den Kopf. Wegen ihres kritischen Gesichtsausdrucks vermute ich, dass es nichts Gutes ist. Wie ernähren Sie sich?, fragt sie plötzlich und unerwartet. – Miserabel, antworte ich, ich ernähre mich von Resten in der Speisekammer. Rohkost, Schokolade, Kekse – und sehr viel Wasser. – Das sollten Sie möglichst bald ändern. – Ja, werde ich. Ich habe auch schon eine gute Idee. – Und welche? – Sie kennen doch Miga, die Walking-Trainerin. Ihre Eltern haben ein koreanisches Restaurant. Vielleicht könnte sie mir am Morgen eine Mahlzeit für den Abend mitbringen. Ich nehme sie mit nach Hause und wärme sie auf. Hier im Bistro bekomme ich leider nichts runter. – Die Idee finde ich gut. Aber ich muss Sie leider noch etwas fragen. Nehmen Sie Drogen?!

Wie bitte?! Ah, das war es also, wonach Sie in meinen Gesichtszügen geforscht hat! Mein frisches Aussehen hat einen Verdacht genährt!

Ich trinke ausschließlich Wasser und esse ausschließlich fast geschmacklose Reste. An Drogen wage ich nicht einmal zu denken. – An welche würden Sie denn denken? – An Kölsch, wenn ich in Köln wäre. An Wein, wenn ich woanders wäre. – Haben Sie früher auch andere Drogen genommen? – Sie meinen starke Sachen? Amphetamine? Oder was meinen Sie?! – Sie sind Schriftsteller, und Sie scheinen viel gearbeitet zu haben. Haben Sie sich manchmal mit Drogen in Schwung gebracht? – Nein, niemals. Wenn ich Alkohol getrunken habe, kann ich nicht schreiben. Das schließt sich aus. Ich habe nie Alkohol getrunken, um ins Schreiben zu finden. – Hemingway aber schon. – Hemingway?! Ah, Sie ziehen Verbindungen zwischen Hemingways Trinken und meinen Hemingway-Fantasien? – Nein, lassen wir dieses Thema vorerst auf sich beruhen, es ging mir gerade nur eine Vermutung durch den Kopf. Völlig unausgegoren, entschuldigen Sie! Wir sollten ein Thema nach dem andern behandeln und nicht alle zugleich. – Da stimme ich Ihnen zu. Ich werde das Thema Drogen und Alkohol mit dem Blick auf Hemingway aber schon einmal durchdenken. Später. Nach unserem Gespräch.

Frau Dr. Werth grinst. Ihr Grinsen gefällt mir, es bringt eine entspanntere Note in unser Gespräch. Sie sind ein hartgesottener Bursche, sagt sie und lächelt. – Das, liebe Frau Dr. Werth, bin ich ganz und gar nicht. Aber nun gut. Wir müssten darüber sprechen, was Sie unter ›hartgesotten‹ verstehen. Die Wendung ist etwas aus der Mode.

Frau Dr. Werth hört nicht auf zu grinsen. Etwas an mir amüsiert sie. Aber was?! Ich habe keine Ahnung. Fixieren wir uns auf ein einziges Thema, anstatt die Wiesen abzugrasen, sage ich. – Ja, tun wir das!, sagt sie und blickt wieder ernst. Sie wurden zur Herzuntersuchung in eine Herzklinik eingewiesen, da würde ich gerne weitermachen. Was ist in der Klinik passiert? Wie war der weitere Verlauf?

Sie möchte in den dunklen Kern der Geschichte vorstoßen, das war zu erwarten. Der dunkle Kern besteht aus dem Tod, aus schweren Träumen und Fantasien, aus bitteren Gedanken an das mögliche Ende. Dieser Kern ist das Zentrum meiner Ängste, die ich zumindest während des Wochenendes nicht gespürt habe. Sie bestehen aber nach wie vor weiter, das weiß ich nur zu genau. Ich muss mich den Ängsten stellen, alles andere ist vorerst zweitrangig.

Es ist nicht leicht, von den Wochen in der Klinik zu erzählen, sage ich. Manche Bilder und Fantasien verfolgen mich, vor allem nachts, aber auch tagsüber. Ich kann dagegen nichts tun, sie sind plötzlich da, und ich weiß nicht, wie ich sie wieder loswerde. Sie kommen und gehen, sie erscheinen mir völlig autonom, als beherrschten sie mich. – Haben Sie in Ihren Diktaten mit dem Smartphone auch davon erzählt? – Nein, noch nie. Ich fürchte, sie könnten sich festsetzen und mich länger begleiten. Das würde mich lähmen und hilflos machen. Wenn sie da sind, kann ich nichts tun. Ich starre ins Dunkel und bewege mich nicht. – Hatten Sie solche Angstzustände auch früher? – Ich hatte sie in der Kindheit, vor vielen Jahrzehnten. Später nur selten. – In der Kindheit hatten Sie starke Angstzustände? – Ja. Lähmungen, Bewegungslosigkeit, Starren ins Dunkel, das kenne ich aus der

— 152 —

Kindheit. – Wir wollten nicht über Ihren Fensterplatz in der Nippeser Wohnung sprechen, aber ich muss Sie das fragen: Haben Sie als Kind so häufig auf den Erzberger-platz geschaut, um Ihre Angstzustände in den Griff zu bekommen? Und hat dieses Schauen Ihnen vielleicht ge-holfen, weniger Angst zu empfinden? – Ja, da ist etwas dran. Das Schauen auf den Platz hat mich stark beruhigt. Wäre ich aber nach unten zu den anderen Kindern gegan-gen, wäre die Angst wieder dagewesen. Stärker sogar als zuvor. – Haben Sie es einmal versucht? Sind Sie auf den Platz gegangen und haben Sie sich als Kind dort geängs-tigt? – Ja, habe ich. Ich bin aber nicht allein hingegangen, sondern mit meiner Mutter. Meine Mutter hatte noch größere Angst, das habe ich immer gespürt. Sie hatte überhaupt ganz furchtbare Angst. Vor allem und jedem. Das können Sie sich gar nicht vorstellen. – Möchten Sie mir sagen, warum Ihre Mutter solche Angst hatte?

Stopp. Jetzt müsste ich in unsere Familiengeschichte einsteigen und von den Eltern erzählen. Das aber will ich nicht, jetzt nicht, vielleicht sogar nie. Ich weiß nicht, ob ich fähig bin, mit Frau Dr. Werth darüber zu sprechen. Ich habe mein ganzes Leben lang mit fremden Menschen nicht darüber gesprochen. Auch Mutter und Vater haben so etwas nie getan. Die Eltern hatten viele Geheimnis-se, sogar vor mir. Auch als Trio hatten wir Geheimnisse, selbst vor den Verwandten. Wir haben mit niemandem über unsere Familiengeheimnisse gesprochen.

Entschuldigen Sie, antworte ich, aber ich habe den Eindruck, wir sind etwas abgedriftet. Wir wollten bei *einem* Thema bleiben. Ich wollte davon erzählen, was in der Herzklinik nach meiner Einweisung geschah. – Richtig. Wir sind abgedriftet, aber eines unserer Themen hat sich erweitert. Der Erzbergerplatz und was dort in der Kindheit geschah. – Ja. Dieses Thema gehört anscheinend auch zur Krankengeschichte. Über meine Mutter möchte ich jetzt aber nicht sprechen. Das ist nicht möglich.

Frau Dr. Werth wischt sich mit der rechten Hand mehrmals über die Stirn. Dann beugt sie sich etwas vor und sagt: Eine Frage muss ich aber noch stellen, dann lassen wir dieses Thema fallen. Leben Ihre Eltern noch? – Nein, antworte ich, schnell und direkt. Meine Eltern sind seit Jahrzehnten tot. Sie waren übrigens beide herzkrank. Mein Vater im Alter, meine Mutter ein Leben lang. – Danke für diese Auskunft. Ich habe das Gefühl, wir sollten eine Pause machen. Oder auch erst morgen weitersprechen. Was meinen Sie?

Ich merke, dass ich stark schwitze. Die Hände sind feucht. Das Gespräch hat mich mehr angestrengt als eine Stunde Walking im Freien. Haben Sie morgen denn Zeit?, frage ich. – Am frühen Nachmittag hätte ich Zeit. Was steht da auf Ihrem Programm? – Ausdauertraining. – Sie könnten das ausnahmsweise mal schwänzen. Ich melde Sie ab und erfinde eine Entschuldigung. – Wir verstehen uns immer besser, sage ich.

Sie zieht sich wieder auf die normale Sitzposition zurück, entspannt ihre Schultern und steht auf. Auf Wiedersehen! Bis morgen!, sagt sie und lächelt. – Gehen Sie heute noch schwimmen?, antworte ich. – Ja, sagt sie, tue ich. – Und wo? – Das bleibt geheim, sagt sie und lächelt weiter. – Keine Sorge, antworte ich, ich wollte Sie nicht in Verlegenheit bringen. Aber das wissen Sie ja. Ich wollte es mir nur vorstellen. Ans Schwimmen denke ich nämlich selbst gerade häufig. Deswegen habe ich gefragt. – Ich verstehe. Ich gehe in Köln schwimmen, im Lentpark am Rhein. Kennen Sie es? – Und ob ich es kenne! – Auf Wiedersehen, bis morgen! – Bis morgen!

Ich bücke mich nach meinem Rucksack, er steht offen neben dem Stuhl. In der Eile bekomme ich ihn nicht richtig zu fassen. Zwei Bücher purzeln heraus und liegen danach auf dem Boden. Frau Dr. Werth ist schneller als ich. Sie reicht mir die beiden Bücher und fragt: Darf ich mal sehen? – Bitte sehr, antworte ich, ich habe keine Geheimnisse.

Sie schaut auf die Cover und liest langsam vor: Issa. *Die letzten Tage meines Vaters.* Und: Cesare Pavese. *La spiaggia.*

Beide Bücher kenne ich nicht, sagt sie leise. *Die letzten Tage meines Vaters* ist japanisch? – Ja, sage ich. Die Erzählung eines japanischen Haiku-Dichters über das Sterben seines Vaters. Und Pavese ... Pavese kenne ich, ich habe einmal etwas von ihm gelesen, *La spiaggia* war es aber nicht. – Es ist ein Roman über das sommerliche Leben am Meer. Schwimmen, Sport, Musik, Unterhaltung, das leichte Dasein. Danach sehne ich mich sehr. – Sie lesen es im Original?, fragt Frau Dr. Werth. – Ja, antworte ich, so gut es geht. Es ist nicht besonders schwer zu verstehen. Sprechen Sie auch Italienisch? – Wir driften jetzt wirklich stark ab, sagt Frau Dr. Werth, bis morgen!

Ich nicke und verstaue die beiden Bücher im Rucksack, beim Rausgehen drehe ich mich noch einmal kurz um. Da sehe ich, wie Frau Dr. Werth zu schreiben beginnt.

28

DRAUSSEN AUF dem Flur setze ich mich etwas abseits auf einen der vielen Stühle, auf denen die Patienten vor Beginn ihrer Trainingsprogramme auf den nächsten Kurs warten. Frau Dr. Werth schreibt …, ich sollte auch schreiben.

Inzwischen habe ich verstanden, wie ich mit den psychologischen Gesprächen umgehen könnte. Sie liefern Bruchstücke von Erzählungen, über die ich nach ihrem Verlauf nachdenken sollte. Dieses Nachdenken sollte ich ins Smartphone diktieren, möglichst ausführlich, ohne lange Pausen. Ich sollte sagen, was mir gerade so durch den Kopf geht. Und ich sollte auch den Assoziationen erlauben, sich auszutoben. Keine Kontrolle! Keine Beschränkungen!

Die nach den Gesprächen diktierten Texte sollten vielmehr reiner Wildwuchs sein. Ich könnte sie jederzeit wieder abhören und dann um weitere Bruchstücke ergänzen. So könnte ich der Krankengeschichte und meiner Lebensgeschichte als Ganzes näher kommen.

Auf diese Weise erhielte ich vielleicht genauere Einblicke. Vieles, von dem ich bisher nur erzählt habe, ohne mir über seine Bedeutung für mein Leben klargeworden zu sein, könnte ich besser verstehen. So gesehen, wäre die Krankheit keine zufällige, lästige oder bedrohliche Geschichte, sondern ein fundamentaler Halt. Sie hat mich ereilt, um mich zu zwingen, mein Leben neu zu verstehen.

Gäbe es die Errungenschaften der modernen Medizin nicht, wäre ich gestorben. Im Alter von Ende sechzig wäre ich, wie sagte man früher? – aus dem Leben geschieden. Das wäre der normale Verlauf meines Lebens gewesen, über den ich mich nicht hätte beklagen dürfen. Wäre mein Leben bis Ende sechzig nicht ein erfülltes Leben gewesen?! Und wäre dieses erfüllte Leben mit all seinen extremen Belastungen nicht wert gewesen, gelebt zu werden?

Genug, sage ich mir, bitte nicht weiter. Jetzt berührst du die Sinnfragen. Philosophie und Theologie kommen ins Spiel. Darüber nachzudenken ist viel zu früh. Du befindest dich im Primärstadium des Versuchs, ein zweites Leben zu organisieren. Ein Leben nach dem ersten, das abgelaufen ist und normalerweise zum Tod geführt hätte. Behalte das vorerst im Blick und reagiere darauf.

Das zweite Leben ist eine komplett neue Erfahrung. Du hast bisher vieles bewusst übersehen und nicht genauer wahrnehmen wollen. Deinen Körper, deine Kindheitstraumata, die Ursachen deines Klavierspielens und des ewigen Schreibens. Sie spielen im Hintergrund des zweiten Lebens eine bedeutende Rolle. Vergiss aber nicht, das zweite Leben auch wirklich zu leben. Es besteht nicht nur aus Reflexion, sondern aus einem großen, weit ausholenden Trainingsprogramm.

Allem, was dir entgegengebracht oder angeboten wird, solltest du offen begegnen. Gehmeditation?! Warum nicht? Gymnastik?! Auf jeden Fall. Koreanische Küche?! Unbedingt. Und was ist mit deinen Freunden in Köln? Du solltest ihnen nicht ausweichen, sondern dich wieder mit ihnen treffen. Samstags zum Beispiel.

Kölner Samstage. Zwanzig Stories. Hört sich an wie ein Buchtitel. Nein, du sollst kein Buch darüber schreiben, sondern mit den Freunden etwas unternehmen, was dir guttut und gefällt. Eine Schifffahrt auf dem Rhein. Eine Ausstellung. Ein Konzert. Eine Fahrradtour. Warum hast du nicht längst damit angefangen?!

Du warst sehr schwach, ja, das war ein Grund. Jetzt geht es dir aber besser. Stück für Stück solltest du das zweite Leben organisieren. Nicht als Fortsetzung des ersten, bereits gelebten. Sondern als seine Korrektur und Erweiterung. Wie einen Aufbruch in Neuland. Das sollte dir Spaß machen und Ver-gnü-gen …, ja doch! Betrachte dieses große Projekt nicht unnötig skeptisch. Leg los!

— 158 —

Ich folge dem ersten, starken Impuls und rufe Leo an. Mehrere Wochen habe ich nicht mit ihm gesprochen. Früher haben wir in Köln viel unternommen. Seit Jahrzehnten sind wir dort unterwegs. Zwei gute alte Freunde aus gemeinsamer Schulzeit, die sich ohne Verrenkungen verstehen. Leo ist Historiker, ein Köln-Experte, wie ich keinen anderen kenne. Ein Mann, der fließend Latein spricht, wenn es ihn packt. Einer, der Hunderte von Gedichten auswendig weiß. Englische, französische, italienische. Seit einigen Jahren ist er Witwer, er hat eine Tochter und lebt noch in der großen Wohnung, in der er früher zusammen mit seiner Frau gewohnt hat.

Ja bitte?, höre ich ihn sagen. – Ich bin's, antworte ich, Johannes! – Johannes! Mein Gott! Was ist los mit dir? Ich habe oft versucht, dich zu erreichen. Was ist passiert, sind deine Rehazeiten vorbei? – Nein, noch lange nicht. Ich lebe das volle Programm: Körpertraining, Vorträge, Untersuchungen, sogar die psychologische Beratung lasse ich nicht aus. – Respekt! Und schön, dass du dich endlich meldest! – Ich habe kaum eine freie Minute. Die Woche über bin ich vom frühen Morgen bis zum Abend in der Klinik. Und abends bin ich so müde, dass es nicht mal für ein Telefonat reicht. Ich lese keine Zeitungen und höre kaum Nachrichten, ich komme mir wie aussortiert vor. Was in Köln alles so los ist, ahne ich nicht einmal. – Wollen wir mal wieder etwas zusammen unternehmen? – Gern, aber ich muss dich warnen. Ich bin lädiert, nicht einmal ein Kölsch bringe ich runter, und weite Wege sind auch nichts für mich. Lieber würde ich etwas Gutes sehen oder hören. Starke Bilder, starke Musik. Hast du eine

Idee? – Rembrandt! Wie wäre das? Gerade läuft eine sehr schöne Ausstellung, ich will sie unbedingt sehen. – Rembrandt?! Das ist genau das Richtige! Ich wusste, dass du nicht zweimal nachdenken musst. Wir schauen uns Rembrandt-Bilder an, zu zweit, ohne Begleitung. Geht das? – Natürlich! Wann hast du Zeit? – Ich melde mich, dann verabreden wir uns. Zunächst vielleicht zu einer Fahrradtour. Einverstanden? – Ich wäre sofort dabei! – Danke, Leo! – Halt durch, mein Lieber! Bis bald!

So, das wäre geschafft. Am fernen Horizont entstehen die ersten, lockenden Bilder. Rembrandt in Köln. Und dahinter, in noch weiterer Ferne, entstehen Bilder des Meeres im Süden. Als ich mit Frau Dr. Werth über das Schwimmen sprach, wurden sie plötzlich wieder lebendig.

Ich blicke aufs Smartphone und gehe zum Diktat über: *Mein Schwimmen 1. Zu den schönsten Erlebnissen des ersten Lebens gehört das Schwimmen im Mittelmeer. Wie oft sind wir nach Süditalien gefahren und haben mehrmals am Tag im Meer geschwommen. Wir haben ein Pavese-Leben geführt: schwimmen, lesen, Musik hören, Unterhaltung mit Freunden und Einheimischen. Wenn dein Körper das Schlimmste überstanden hat, solltet ihr wieder hinfahren, für mehrere Wochen. Es könnte eine zweite Rehazeit werden, mit einem Programm, das du dir selber ausdenkst. Weniger arbeiten, tägliches Training, gesunde Ernährung, viele Lektüren. Das könnte klappen, wenn Dr. Diabelli zustimmt. Stimmen die Werte, könnt ihr von einem Tag auf den andern losfahren. Tausend Kilometer nach Süden, eine wunderbare Fantasie. Ich werde sie jetzt laufend beleben, indem ich Cesare Paveses* La spiaggia *lese …*

Na, sind das nicht schöne Aussichten?, frage ich mich leise. Camille läuft über den Flur und bleibt stehen. Sprechen Sie etwa mit sich selbst? – Ja, tue ich, ich diktiere meinen nächsten Roman. – Ist nicht Ihr Ernst, oder?! – Nein, ist es nicht. Ich habe mit einem guten Freund in Köln telefoniert. Wir wollen etwas zusammen unternehmen. – Sport?! – Vielleicht machen wir eine Fahrradtour, das sollte doch möglich sein. – Fragen Sie vorher lieber unsere Chefin. Ich mag dazu nichts sagen. – Tue ich. Am Mittag habe ich bei ihr sowieso einen Termin. – Perfekt! – Darf ich Sie noch etwas fragen? – Ja, aber ich bin leider in Eile. Was wollen Sie wissen? – Wer hat sich Ihren Vornamen ausgedacht? Camille! Das ist ungewöhnlich. – Ach, das meinen Sie! Der Name ist gar nicht so ungewöhnlich, wie viele denken. Ich kenne sogar gleich mehrere Frauen, die so heißen. Es muss mal eine Camille-Phase bei der Vornamensuche gegeben haben. In meinem Fall hat es mit einem Film und einer Frauenfigur in diesem Film zu tun. Meine Mutter hat ihn gesehen und meinen Vater überredet, die Tochter Camille zu nennen. – Wissen Sie noch, welcher Film es war? – Ich wusste es mal, jetzt habe ich es aber, ehrlich gesagt, vergessen. Noch weitere Fragen? – Keine Fragen mehr, vielen Dank!

Ich beuge mich wieder über das Smartphone und diktiere: *Camille ist um die dreißig. Sie besitzt ein Gymnastik- und Yogastudio in der Nähe der Neusser Straße in Nippes. Ich werde sie bald einmal dort aufsuchen. Vielleicht gibt es Gymnastikprogramme, die ich zu Hause angehen könnte. Camille ist sehr flink und aufgeschlossen. Ich wette, dass sie ein Einzelkind ist. Und ich ahne, dass sie einen schnellen Wagen fährt. Welchen, ahne ich natürlich nicht, für so etwas fehlt mir die Fantasie und vor allem die Kenntnis von Automarken. Ich unterhalte mich gerne mit ihr, sie strahlt einen luftigen Optimismus aus. Dabei wirkt sie wie jemand, der sich nie besonders große Sorgen um etwas gemacht hat und seinen Weg leicht und locker gegangen ist. Als wäre er vorgezeichnet gewesen. So weit meine vagen Vermutungen ...*

Ich gehe hinab ins Klinikfoyer, draußen scheint die Sonne. Bis zur Untersuchung bei der griechischen Chefärztin habe ich noch eine halbe Stunde Zeit. Ich setze mich ins Freie und schaue still vor mich hin. Haben die alten Griechen über Trainingsprogramme für den Körper nachgedacht? Haben sie?! Ruhe bitte.

29

WIE GEHT es Ihnen?, fragt die griechische Chefärztin und blickt auf den Monitor, auf dem meine medizinischen Daten gespeichert sind. Pulswerte, Blutdruck, EKG, Belastungen jeder Art sind genau ablesbar, und ich vermute, sie erstellt in Sekundenbruchteilen ein Gesamtbild. Immer wenn ich mit Ärzten zu tun hatte, waren die Daten das Wichtigste. Man fixiert den neusten Stand und überlegt, ob die Medikamentenzufuhr verändert werden soll. Datendiagnose und Medikamentenversorgung – daraus bestehen die Begegnungen, darüber hinaus ist fast nichts von Interesse.

Im Fall der griechischen Chefärztin ist das zum Glück anders. Sie diagnostiziert, ohne viele Worte zu machen. Ihr Blick verweilt auf dem Monitor, während sie sich im Hinterkopf anscheinend daran erinnert, dass ich noch vor kurzem in Griechenland unterwegs war. Insofern habe ich Anteil an ihrer Herkunftsgeschichte und bin vielleicht sogar eine Figur der schönen Zukunft, in der sie mit ihrer Familie in die Heimat zurückkehren wird. Gelingt es mir, solche Sehnsuchtsbilder in ihr zu wecken, verblassen die Diagnosen, und wir widmen uns den Berghängen des Olymps.

Eigentlich geht es mir recht gut, antworte ich, ich bin erstaunt, wie viele Behandlungsmethoden hier in der Klinik ineinandergreifen. Ausdauer- und Krafttraining, Gymnastik, Walking, psychologische Betreuung – und nicht zuletzt die Vorträge und Spezialkurse, von denen mir noch einige bevorstehen. In diesem Zusammenhang hätte ich auch gleich eine Frage. Haben die alten Griechen bereits über Trainingsprogramme für den Körper nachgedacht – und wenn ja, in welchem Rahmen?

Ich sehe sofort, dass die Frage sitzt und ideal platziert ist. Gleich zu Beginn machen wir uns auf den Weg in die Ägäis, die Chefärztin wendet den Blick vom Monitor ab und blickt mich an. Ich habe Ihre *Mittelmeerreise* natürlich inzwischen gelesen, antwortet sie, ich konnte es gar nicht mehr aus der Hand legen. Manchmal dachte ich, ich befinde mich auf der Heimreise, mit Ihnen und Ihrem Vater an Bord. Ich konnte alles nachvollziehen, ihr erstes Betreten des Festlandes in Patras, ihre Gespräche mit meinen Landsleuten, es war wirklich wie eine Heimkehr! Aber nun zu Ihrer Frage. Ja, Sie vermuten richtig. Es gibt antike Texte über das Körpertraining, und sie sind sogar erstaunlich präzise. Man hat sich zunächst Gedanken darüber gemacht, was genau der Inhalt solcher Texte sein sollte. Und kam zu dem Ergebnis, sie aus medizinischen Überlegungen und praktischen Übungen zusammenzusetzen. Die Praxis war Sache der Übungsleiter, die Trainingsprogramme aber waren Sache der Trainer. Sie mussten über ein medizinisches Wissen verfügen und entwarfen aufgrund dieses Wissens die geeigneten Übungen und die grundlegenden Erläuterungen. – Wo kann ich denn so etwas nachlesen?, frage ich und rücke auf meinem Stuhl etwas nach vorn. – Sie könnten einen alten Athener aus dem dritten Jahrhundert nach Christus konsultieren, Flavius Philostratos. Von ihm gibt es eine Schrift *Über das Training*, ich könnte sie Ihnen ausleihen und morgen für Sie hinterlegen. – Großartig! Ich bin Ihnen sehr dankbar. Über welches Training schreibt denn Philostratos? – Na, es geht natürlich vor allem um Sport. Und zwar um jene Sportarten, die bei Olympischen Spielen gefragt waren. Langlauf, Diskus, Speerwerfen, aber auch Ringen und Boxen. Im Einzelnen habe ich keine genaue Erinnerung mehr. Was mir vor allem im Gedächtnis geblieben ist, waren Bemerkungen eher am Rande. – Zum Beispiel? – Zum Beispiel …, warten Sie mal, ja, richtig, ich fand die Bemerkungen über die Sportlertypen sehr amüsant. Es war da von löwengestaltigen, adlerartigen, ausdauernden oder bärenhaften Sportlern die Rede. Und es gab Überlegungen dazu, welche Typen für welche Sportarten besonders geeignet waren. – Interessant! Ich glaube nicht, dass ich einem dieser Typen zuzuordnen wäre. Mein Oberkörper sowie die Arme und Hände sind anders trainiert als mein Unterkörper. Der Unterkörper ist vernachlässigt und schwach. Ich bin nie sehr lange und ausdauernd gelaufen, aber ich habe jahrzehntelang viele Stunden am Tag Klavier gespielt. Das trainiert die Arme und Hände, ja, es trainiert jeden Finger. Schauen Sie sich meine Hände an! Sie sind das Beste, was ich körperlich zu bieten habe. Leider kann man mit ihnen nicht viel anfangen. – Wer weiß? Sie sollten einmal einen guten Speerwerfer fragen. Soll ich einen Kontakt herstellen? – Auch für solche Fälle haben Sie Kontakte? Alle Achtung. Ich überlege es mir, lassen Sie mich zunächst mal Philostratos lesen.

Ich lehne mich wieder zurück und lasse beide Hände auf dem Tisch vor mir liegen. Sie sehen wie Plastiken von typischen Pianistenhänden aus. Ich besitze Abgüsse solcher Hände von Chopin und Liszt. Wie schade, dass nicht mein ganzer Körper so ein Training erhalten hat! Hätte ich als Kind damit begonnen, ginge ich jetzt vielleicht als Adlerartiger durch die Welt oder würde den Speer neunzig Meter weit schleudern. Aber nein, ich musste unbedingt auf einem Schemelchen stehen und anderen Kindern bei ihren Leibesübungen zuschauen, anstatt richtig mitzumachen. Meine eigenen bestanden ausschließlich darin, ein paar weiße und schwarze Tasten anzuschlagen. Oder schwarz auf weiß mit Bleistift etwas zu schreiben.

Ich hab's, sage ich laut, ich bin ein Schwarz-auf-Weiß-Typ, gerade erkenne ich es. – Wie bitte?, fragt die Chefärztin. – Entschuldigen Sie, es war eine kühne, spontane Assoziation, ich werde es Ihnen später einmal erklären. Übrigens sollte man auch über das Gehirntraining nachdenken. Da wüsste ich viel zu berichten. Rasche Assoziationen zum Beispiel sind eine Kunst und ein gutes Zeichen. Kreative Prozesse sind Gehirnschaltungen, wissen Sie etwas darüber? – Ich habe das gelesen, müsste es aber wieder auffrischen. Wir können auch darüber vielleicht später einmal sprechen. Wenn Sie wollen …, ich mag Sie nicht drängen. – Neinnein, Sie drängen mich nicht, sondern entwerfen Themen! Das ist sehr gut. Ich brauche Themen und Aufgaben, damit sich das Nachdenken weiterentwickelt. Ich brauche sie notwendiger als je, bloß keinen Stillstand und nicht zu viel innere Ruhe! Meine Gedanken sind oft träge und langsam, ich muss sie aktivieren und beschleunigen. Andererseits brauche ich aber auch genug Motivation, um mich an körperliche Trainingsprogramme zu gewöhnen. – Ich ahne, was Sie meinen. Sie finden das körperliche Training langweilig, stimmt's? – Nun ja … – Geben Sie es ruhig zu. – Ja, Sie haben recht, ich empfinde viele Trainingseinheiten als langweilig. Dann bin ich in Gedanken woanders, und das ist, glaube ich, gar nicht gut. Ich bewege mich nicht aufmerksam genug, es gelingt mir nur schwer, mich auf den Körper zu konzentrieren. – Ich verstehe. Haben Sie es einmal mit Yoga versucht? Wir bieten es nicht an, aber ich kann Ihnen eine Adresse nennen. – Oh, ich habe bereits eine. Ihre Mitarbeiterin Camille hat mich eingeladen, sie in ihrem Studio zu besuchen. – Genau diese Adresse hätte ich Ihnen auch genannt. Camilles Einladung sollten Sie folgen. – Das werde ich tun.

Langeweile ist grundsätzlich eine Gefahr, würde ich am liebsten weitermachen. Das Wort hat sich schon seit einiger Zeit in meinem Kopf eingenistet, und ich denke darüber nach, was es damit auf sich hat. Aufgefallen ist mir, dass ich den Erzbergerplatz mit den vielen spielenden Kindern auch vielleicht deshalb nicht gerne aufsuchte, weil ich mich nicht langweilen wollte. Verstecken oder Räuber und Gendarm spielen. In Sandkästen kleine Burgen bauen. Nachlaufen. Klettern und Rutschen. All diese Spiele nahmen viel Zeit in Anspruch, und ich wusste, dass sie mich sehr langweilen würden.

Spiele im Kopf waren viel interessanter, und am interessantesten war das Klavierspielen. Es war nie langweilig, und es war ein Spiel für die Hände, den Kopf und den ganzen Körper. Im Grunde ein ideales Körpertraining, allerdings nur im Sitzen. Wenn der Kopf und das Gehirn nicht beteiligt sind, langweile ich mich sehr schnell, sage ich schließlich. – Ich vermute, das ist eher ein psychologisches Problem, antwortet die Chefärztin und schaut wieder auf den Monitor, darüber sollten Sie mit Frau Dr. Werth sprechen. Kommen Sie gut mit ihr zurecht? – Glänzend, antworte ich, wir verstehen uns ausgezeichnet. – Das freut mich, denn so etwas ist manchmal auch Glückssache. Die Chemie sollte stimmen. – Die stimmt auf jeden Fall, sage ich, wir analysieren die Probleme gemeinsam, und unsere Diagnosen befruchten einander. Ich mache mir meine Gedanken und diktiere vieles ins Smartphone, und Frau Dr. Werth füllt nach unseren Sitzungen viele Seiten ihres Blankoblocks mit handschriftlichen Notizen. – Ah ja, richtig! Sie sind berüchtigt dafür, in ihr Smartphone zu diktieren, einige Mitarbeiter haben mir schon davon berichtet. – Ist denen das etwa unangenehm? – Aber nein, sie würden nur zu gerne wissen, was genau Sie diktieren. – Das kenne ich aus früheren Zeiten, antworte ich. Da habe ich noch mit der Hand häufig in kleine Hefte notiert. Setzt man sich irgendwo ins Freie und notiert eine Weile, kommen sehr bald Neugierige vorbei und fragen: Was notieren Sie eigentlich da ununterbrochen? – Ist das so?! – Ja, es handelt sich um das Notate-Syndrom, so nenne ich es. Die Leute denken allen Ernstes, man schreibe über sie, oder man notiere etwas Wichtiges, das ihnen entgangen ist, oder man mache sich Gedanken über einen Anschlag. Es ist unglaublich. Dabei schreibe ich oft nur über die Blumen, die ich gerade vor Augen habe. Oder über eine Speise, die mir kurz zuvor geschmeckt hat. Oder über das Schwimmen im Mittelmeer, das ich irgendwann vorhabe. – Sie werden wieder nach Griechenland reisen? – Im Frühjahr noch nicht, zuerst geht es nach Süditalien ans Meer. Von dort vielleicht weiter nach Griechenland. Zum Beispiel nach Korfu. Oder auf den Peloponnes. – Bitte sprechen Sie nicht weiter davon, sonst mache ich mich gleich auf den Weg. – Das freut mich, beim nächsten Mal besteigen wir den Olymp. Sind Sie mit meinen Werten zufrieden? – Mit den Werten? Ach ja, die hätte ich beinahe vergessen. Die Werte sind zufriedenstellend. Noch nicht ideal, aber zufriedenstellend. Machen Sie weiter so. – Ich möchte zusammen mit einem guten Freund durch Köln radeln. Das darf ich? – Durch Köln?! Das Gelände ist eben, keine Steigungen? – Flach und eben, wir radeln am Rhein entlang und über die Brücken, ich freue mich sehr darauf. – Dann nur los, fahren Sie! Bis zum nächsten Mal. – Ich danke Ihnen! Bis bald!

Ich verlasse das Untersuchungszimmer, nehme mehrere Treppen hinunter ins Foyer und gehe wieder ins Freie. Puuh, nicht schlecht, das war eine starke, griechenland-trunkene Tour!

30

WÄHREND DER abendlichen Rückfahrt mit dem Zug geht mir so einiges durch den Kopf. Resümieren! Wie komme ich voran?! Begriffen habe ich inzwischen, dass ich mehrere Trainingsprogramme parallelschalten soll-te. Solche für den Körper, solche für das Gehirn, in noch zu entdeckender Abstimmung. Dass ich momentan we-der richtig schreiben noch Klavierspielen kann, ent-puppt sich weiter als großes Manko. Nicht einmal das Tippen auf einer Tastatur ist gut möglich, die Finger zittern zu stark. Klagen hilft aber nicht, klagen gehört abgeschafft!

Immerhin habe ich Hilfsmittel gefunden, die mir weiter-helfen. Erstens: das Fahrrad! Warum habe ich es nicht längst aus der Garage geholt und bin ein Stück damit ge-fahren? Zweitens: die Gymnastik- und Yogaübungen von Camille! Davon gibt es vielleicht Videos für zu Hause. Drittens: frühere Fotografien oder Filme, die ich mir noch einmal vornehme, um meine Lebensgeister zu aktivieren – zum Beispiel solche aus der venezianischen Lagune, die während meiner Vorstudien zum Hemingway-Roman entstanden sind. Viertens: das Studio in meinem Heimatort, das ich erst vor kurzem eingeweiht habe und das eine Höhle intensiver Erinnerungsbilder ist.

Genug, das reicht vorerst. Als ich aussteige, zögere ich nicht lange und gehe sofort zum Studio. Die hellen Paneele sind zugezogen und erlauben noch immer keinen indiskreten Einblick in den langgestreckten Raum mit den vielen Schwarz-Weiß-Fotografien, den früheren Möbeln meiner Eltern und den Westerwald-Büchern. Die Temperatur in dem großen Raum ist angenehm, ich ziehe Mantel und Pullover aus und setze mich auf das alte Sofa.

Was für ein schöner Raum, sage ich laut. – Sehr schön, antwortet Mutter, aber es fehlen die Blumen. Du magst ja keine Zimmerpflanzen, ich auch nicht. Aber ein paar frische Herbstblumen in zwei, drei kleinen Vasen wären eine gute Ergänzung. – Aber bitte keine Friedhofspflanzen, sagt mein Vater, vor allem keine Astern. Warum trainierst du dein Schreiben eigentlich nur zu Hause und nicht auch hier? Der Raum wirkt wie ein Atelier! Du könntest mit deinen Pinseln und den DIN-A3-Seiten sofort loslegen! – Das habe ich vor, antworte ich, ich werde aus dem Studio ein Atelier machen, als wäre ich ein Künstler. – Zum Glück bist du keiner, antwortet Vater. – Wieso zum Glück?, frage ich. – Du bist ein Schreiber, kein Künstler. Konzentriere dich auf das, was du kannst, und nicht auf das, was dir deine Fantasien einreden!

Ich darf mich kurz einschalten, sagt Doktor Freud, Fantasien sind eines meiner Lieblingsthemen. Kennen Sie meine Schrift *Der Dichter und das Phantasieren?* – Nein, antwortet mein Vater. Ich vermute, es geht um die kindlichen Wurzeln des Schreibens. Neurosen, Psychosen? – Das könnte man annehmen, darum geht es aber nicht, sagt Doktor Freud. Ich skizziere eine Stufenfolge der Fantasien. Sie beginnen mit den Tagträumen, die in Träume übergehen können. Durch ihre Wiederholung und Ausarbeitung wächst das enorme Potential, aus dem die Dichter ihre Stoffe und Themen beziehen. Anhand einiger Beispiele könnte ich es Ihnen genauer erläutern. – Danke sehr, bitte nicht, sagt mein Vater. Ich habe die kindliche Entwicklung meines Sohnes hautnah und Tag für Tag verfolgt. Vor allem die Entstehung seines Schreibens habe ich beobachtet und begleitet. Daher habe ich meine eigenen Theorien. Tagträume und Träume kommen darin nicht vor, meine Theorien sind praxisbezogen und haben einen konkreten Menschen im Auge. Meinen Sohn! – Darüber sollten wir unbedingt ins Gespräch kommen, antwortet Doktor Freud, wir könnten immens voneinander lernen. – Könnten wir das?, sagt mein Vater. Nun ja. Ich habe meine Zweifel, aber ich bin aufgeschlossen für alles. – Sie sollten meine Schrift lesen, sagt Doktor Freud. – Das werde ich tun, antwortet mein Vater.

Moment, greife ich ein, ihr sprecht über meinen Kopf hinweg, ich komme mir wie ein Studienobjekt vor. – Du *bist* ein Studienobjekt, sagt mein Vater, ich kenne keinen Menschen, der so viel geschrieben hat. So einen

Wahnsinn sollte man analysieren. – Haben Sie Wahnsinn gesagt?, flüstert Doktor Freud. – Ich meinte es natürlich nicht wörtlich, Herr Doktor, sagt mein Vater, ich bin einfach erstaunt, was ich angerichtet habe. Ich habe dem Jungen im Alter von sieben, acht Jahren, als er noch immer ein stummes, mutistisches Kind war, das Schreiben beigebracht. Es hat einen munteren, lebensfrohen und sprechenden Menschen aus ihm gemacht. Mit kleineren Neurosen und Defiziten, nun gut. Sie sind nicht auffällig, und sie richten keinen Schaden an. Jetzt aber muss ich feststellen, dass das viele Schreiben ihn möglicherweise krank gemacht hat. Das lässt mir keine Ruhe, verstehen Sie?! – Ich verstehe Sie sehr gut, antwortet Doktor Freud, wir sollten unbedingt miteinander ins Gespräch kommen. – Das sagten Sie schon, antwortet Vater, ich werde Ihre Schrift lesen. *Der Dichter und das Tirilieren ...* ha-ha-ha!

Dein Humor war noch nie besonders elegant, sagt Mutter, du hast manchmal sogar einen richtig beschränkten Humor. Holzschnittartig. Zum Auf-die-Schenkel-Klopfen! Diese Witze mag ich überhaupt nicht. – Sie müssen aber manchmal sein, sagt Vater, ich würde sonst meine Jugend verleugnen. Während des Studiums haben wir ununterbrochen holzschnittartige Witze gemacht, und wir kamen aus dem Lachen nicht heraus. – Herr Doktor, Sie können sich nicht vorstellen, wie mein Mann lacht! Es ist unglaublich! So etwas haben Sie noch nie gehört. Er lacht wie ein antiker Gott, wie Zeus. Grollend, anschwellend, ausbrechend ... Man sollte es einmal filmen. – Ich möchte nicht gefilmt werden, antwortet Vater, niemals.

Fotografiert schon. Das geht. Aber auch nur, wenn ich Einfluss auf die Perspektive und die Bildgestaltung habe. – Ich darf einwerfen, dass ich auch über das Lachen eine Schrift verfasst habe, sagt Doktor Freud, sie heisst *Der Witz und seine Beziehung zum Unbewussten.* – Die lese ich nicht, sagt mein Vater sofort, der Witz *hat* keine Beziehung zum Unbewussten, Witz ist etwas Hellklares, Hochbewusstes. – Ich lasse euch jetzt mal allein, sage ich, ich drehe eine kleine Runde durch den Ort. – Tu das!, sagt mein Vater. – Kommst du wieder?, fragt meine Mutter. – Ja, sage ich, ich bin gleich wieder da.

Ich gehe ein paar Schritte die Straße entlang und biege auf den Kirchplatz ab. Er ist die alte Mitte des Ortes, ein Halbrund mit kleinen, geduckt stehenden Häusern und mächtigen Bäumen. Früher standen die Gottesdienstbesucher nach der sonntäglichen Messfeier hier noch lange in Gruppen zusammen und unterhielten sich. Ich setze mich auf eine Bank und denke an diese Kinderzeiten. Oft nahmen wir zu dritt an den Gottesdiensten teil, manchmal ging ich aber auch allein mit dem Vater. Dann saßen wir in den für Männer reservierten Bänken, und gegenüber saßen die Frauen. Wenn es langweilig wurde, habe ich mir die Zeit mit dem Anschauen der großen Decken- und Altargemälde vertrieben. Ein Künstler aus dem Rheinland hat sie vor beinahe hundert Jahren entworfen und gemalt.

Soll ich in die Kirche gehen? Lieber noch nicht, der Raum könnte mich sentimental stimmen, und vom Sentimentalen ist es oft nicht weit bis zur Depression. Ich stehe auf, lasse den Kirchplatz hinter mir und gehe zu einem Blumenladen, in dem Mutter früher ihre Blumen gekauft hat. Ich schaue mir die herbstlichen Schnittblumen an und lasse mir drei kleine Sträuße zusammenstellen. Dahlien, Sonnenblumen, Hortensien und – nun ja – auch einige Astern. Gibt es etwas zu feiern? fragt die Verkäuferin. – Ja, sage ich, einen familiären Anlass, nichts Großes. – Wie schön! – Ja, sehr schön!

Mit den drei Sträußen gehe ich weiter und erreiche die Hauptstraße. Sie verläuft vom Bahnhof in gerader Linie durch den Ort, zu beiden Seiten gibt es kleinere Geschäfte, ein Kaufhaus, eine Apotheke, Banken, Imbisse. Ich peile den Fahrradladen an und frage dort nach, ob mein altes Fahrrad durchgecheckt und fahrtüchtig gemacht werden könnte. Gern, kein Problem, wann kommen Sie damit vorbei? – Ich vereinbare einen Termin für den nächsten Tag und gehe zurück zu meinem Studio.

So, sage ich, leicht beschwingt, das wäre geschafft! Herbstblumen gekauft! Das Fahrrad zur Kontrolle angemeldet! Kindheitserinnerungen auf dem Kirchplatz belebt! Seid Ihr zufrieden? – Was für schöne Sträuße, antwortet Mutter, die Vasen stehen im Büfett oben rechts. – Sprichst du von dem alten Fahrrad, das wir dir in Köln geschenkt haben?, fragt Vater. – Genau von dem, antworte ich. – Wie alt warst du da?, fragt Vater, du warst zehn oder elf, stimmt's? – Ja, ungefähr, genau weiß ich es auch nicht mehr. Zehn oder elf, es war mein erstes Fahrrad, und es hatte eine große Bedeutung für mich. – Inwiefern?, fragt Vater. – Ich war zum ersten Mal in meinem Leben allein unterwegs, ohne euch. Als ich Fahrrad fahren konnte, habe ich kleine Touren gemacht. Runter zum Rhein, über die Brücken, es war wunderschön. – Ein Wunder ist es, dass Mutter dir das erlaubt hat, sagt Vater leise. – Na hör mal, antwortet Mutter, natürlich habe ich es ihm erlaubt. Es wurde höchste Zeit, dass er mal etwas allein unternimmt. Mit den Kindern in der Nachbarschaft hat er ja nicht gespielt. – Das Radfahren war nicht ungefährlich, sagt Vater. – Natürlich nicht. Ich habe mir einen Ruck gegeben. Ich hatte das Gefühl, ich halte das Kind an der Leine. – Was du nicht sagst!, raunt Vater. – Ich habe mir einen Ruck gegeben, sagt Mutter mit Nachdruck. – Du hast dir wahrhaftig einen Ruck gegeben, sage ich, ich habe noch das Bild vor Augen. Du standest mit der Schürze vor unserer Haustür und hast mir nachgewinkt, als ich allein mit dem Fahrrad davonfuhr. Es war ein herzzerreißendes Bild, auch für mich. Ich habe fest in die Pedale getreten und gedacht: Nicht noch einmal umschauen! Bitte nicht! Sonst fährst du zu Mutter zurück und bleibst doch noch zu Hause! – Du übertreibst ein wenig, sagt Vater. – Tut er nicht, meint Mutter, ich habe gespürt, dass er sich umdrehen wollte. – Natürlich, du hast ja vieles gespürt, was sonst niemand spürt. Zum Glück ist er losgefahren, zum Glück!

Ich fülle Wasser in die drei Vasen, die ich oben rechts im Büfett gefunden habe. Dann verteile ich sie im ganzen Raum: eine auf den kleinen Schreibtisch, eine auf den runden Tisch der Sofagarnitur und eine mitten zwischen die Bücher! Es stimmt, der Raum wirkt noch heller und freundlicher. Ich setze mich hinter den Schreibtisch und schließe die Augen. Die bunten Farben der Blumensträuße flackern inmitten der Dunkelbilder. Es ist Abend, ich werde müde, der Tag war anstrengend und ereignisreich.

Langsam gerate ich ins Träumen. Die Farben werden heller, und ich erkenne plötzlich das Meer. Die auslaufenden Wogen, das spitze Gekräusel der Wellen! Den ockerfarbenen Sand des Strandes mit seinen Fußspuren und Muscheln! Die Palmen entlang der Strandpromenade, die ich früher während der Spätsommerwochen mit einem Leihrad entlanggefahren bin! In diesem Jahr sind die schönen Wochen am Meer ausgefallen, ich habe sie im Krankenhaus verbracht. Daher regt sich die Sehnsucht jetzt umso stärker. Sobald es mir besser geht, werden wir in den Süden fahren! Schwimmen. Am Strand entlanggehen. Fahrrad fahren. Ein schlichtes Leben. Wie in *La spiaggia* von Cesare Pavese.

Sehen Sie, sagt Doktor Freud, wir können seine Tagträume genau beobachten. Er fantasiert sich in den Süden. Bald wird er auch nachts davon träumen. In diesen Träumen werden Personen auftreten, und es werden Episoden von Geschichten entstehen. So nimmt das Fantasieren seinen Lauf und entwickelt Stoffe und Themen. – Lesen Sie mal *Die Moselreise* meines Sohnes, antwortet mein Vater, die kommt ohne Tagträume aus. Als er das schrieb, war er elf Jahre alt. – Das werde ich tun, sagt Doktor Freud, wir können immens voneinander lernen, das sagte ich ja bereits.

– 176 –

31

AM NÄCHSTEN Tag ist es so weit, und ich spreche mit Frau Dr. Werth über den Tod. Vor unserem Gespräch steht sie mit der griechischen Chefärztin im Flur, die beiden unterhalten sich, und ich könnte wetten, dass ich ein Thema dieser Unterhaltung bin. Ich grüße beide und bleibe wartend stehen, und die griechische Chefärztin sagt: Wir haben gerade über Sie gesprochen. Ich habe von Ihrer *Mittelmeerreise* erzählt, ich werde die Gedanken an das Buch einfach nicht los. – Das kommt mir bekannt vor, sage ich, das Buch löst Tagträume aus. Sie träumen von einer Reise nach Griechenland. Habe ich recht? – Und wie ich davon träume!, antwortet die Chefärztin, aber nun gut, ich lasse Sie jetzt allein. Bis bald wieder!

Frau Dr. Werth sagt dazu nichts, sondern öffnet die Tür und lässt mich eintreten. Auf ihrem Schreibtisch liegt ein beachtlicher Stoß von Notizen, ich erkenne sogar mehrere Schriftfarben. Wir nehmen beide fast zugleich Platz, ich habe mich vorher umgezogen und will wie ein munterer Stadtflaneur aussehen. Dunkle Cordhose, weite Jacke mit vielen Taschen, ein hellgrünes Hemd. Frau Dr. Werth schaut mich etwas länger an, meine Kleidung findet anscheinend ihr Interesse. Sie selbst erscheint wie bisher: die Haare streng zurückgekämmt, unauffällige, betont sachlich wirkende Kleidung.

Wie geht es Ihnen?, fragt sie, wie schon so oft. – Mir geht es diesmal sehr gut, antworte ich, ich habe mehrere

Projekte angeschoben, das beflügelt mich. Nicht übermäßig, aber doch wohltuend. – Welche Projekte meinen Sie? – Zusammen mit einem Freund durch Köln radeln. Mein Schreiben trainieren. Gymnastik- und Yogaübungen zu Hause. Kindheitserinnerungen beleben. Fotos und Videos meiner Hemingway-Studien anschauen. – Sie nehmen sich viel vor. – Ja, ich habe das Gefühl, Zeit verloren zu haben. Ich sollte wieder in die Gänge kommen. – Sollten Sie das? Oder wäre es nicht gut, sich die Zeit zu nehmen, die Sie für die Gesundung brauchen? – Natürlich, die nehme ich mir ja. – Ich habe, ehrlich gesagt, nicht den Eindruck. Ich vermute, Sie möchten Hals über Kopf wieder in ihr früheres Leben zurück. Und was ich über dieses frühere Leben inzwischen gehört habe, lässt mich nachdenklich werden. Darüber sollten wir sprechen.

Sie hat etwas gehört? Aber was? Erzählt man sich in der Klinik wilde Geschichten über mein Leben? Kann ich mir nicht vorstellen, ich gebe in meiner jämmerlichen Patientenkleidung doch nicht den geringsten Anlass für Fantasien. Oder doch?!

Was haben Sie denn so alles gehört?, frage ich, während ich mich bemühe, die streng gekämmten Haare keines Blickes zu würdigen. – Zunächst: Wir haben eine Verabredung getroffen. Ich werde Ihre Bücher nicht lesen, und ich werde keine Informationen über Ihr Leben einholen, weder im Netz noch auf anderen Wegen. Sie erinnern sich? – Ja natürlich, und ich bin weiter sehr einverstanden. Wir sollten uns auf das konzentrieren, was ich Ihnen berichte und erzähle. Ohne Seitenblicke und

Nebenwege. – Richtig. Manchmal lässt es sich aber nicht vermeiden, dass mich bestimmte Nachrichten erreichen. Ich gebe mir Mühe, sie zu ignorieren, aber es gelingt mir nicht immer. Schon mehrmals hat mir unsere Chefärztin von der Lektüre Ihres Buches *Die Mittelmeerreise* erzählt. Sie ist sehr begeistert, Sie haben es ja gerade wieder zu hören bekommen. Anscheinend ist dieses Buch im vergangenen Jahr erschienen. – Das stimmt. Und weiter? – Vor kurzem war ich im Auto unterwegs. Zufällig habe ich ein Radiointerview mit Ihnen gehört. Sie haben über ein anderes Buch gesprochen. Es ging um Ihr Klavierspiel. – Ah ja, Sie meinen *Wie ich Klavierspielen lernte.* – Ja, genau das. Dieses Buch wiederum ist im Frühjahr *dieses* Jahres erschienen. – Das stimmt auch. – Im Herbst dieses Jahres und damit erst vor kurzem ist Ihr Hemingway-Roman erschienen. Wenn ich das einmal überblicke, erkenne ich, dass in einem Zeitraum *eines* Jahres *drei* Bücher mit einem insgesamt beträchtlichen Umfang erschienen sind. Das macht mich stutzig. – *Die Mittelmeerreise* ist kein neuer Text. Es ist eine Reiseerzählung, die ich als Heranwachsender geschrieben und damals meinen Eltern geschenkt habe. Ich habe einige Wortwiederholungen gestrichen, alles abgetippt und veröffentlicht. – Es soll sich um über sechshundert Seiten handeln. – Es sind sechshundertvierzig.

Frau Dr. Werth schweigt und schaut mich eindringlich an. Mir ist nicht wohl bei diesem Angeschautwerden. Sie scheint eine Erklärung zu verlangen, ein Schuldeingeständnis, etwas in dieser Art. Ich schaue auf die vielen Seiten mit ihren Notizen. Wenn ich das alles doch bloß einmal lesen könnte! Darüber sollten wir uns unterhalten, anstatt über meine früheren Bücher zu sprechen!

Ich spüre, wie ein leichter Trotz in mir aufsteigt. Ich bin kein Kind mehr, das man für seine Verfehlungen scharf anschaut und danach tadelt. Frau Dr. Werth, ich mag diesen Dressurreiterblick nicht, würde ich am liebsten sagen. Ich bin kein Reitpferd, das Sie erziehen können! Ich sage aber nichts und starre weiter auf die vielfarbigen Seiten.

Wir wollten heute doch über etwas anderes sprechen, sage ich schließlich, es sollte um die Wochen in der Herzklinik gehen. – Moment, antwortet Frau Dr. Werth, ich verliere das nicht aus dem Auge. Aber ich möchte zunächst wissen, ob Sie die Veröffentlichung von *drei* Büchern in einem *einzigen* Jahr nicht als eine enorme Überlastung verstehen? – Nein. – Und wieso nicht? – Ich habe mich zu keinem Zeitpunkt belastet gefühlt. Es war wie ein Rausch, die reine Freude, eines der intensivsten Jahre meines Lebens. – Haben Sie auch früher derart »intensiv« gelebt? – Nicht in diesem Maße. Der Rausch hatte eine Ursache. – Und welche?! – Ich habe vierzig Jahre meines Lebens an deutschen Universitäten unterrichtet. Nicht nebenher, nicht aufgrund von Lehraufträgen. Sondern hauptberuflich, teilweise auch extrem, als Direktor eines neu gegründeten Instituts. Meine Professur ist vor einem Jahr ausgelaufen, und ich konnte mich zurückziehen und endlich frei und völlig ungestört das schreiben, was ich schon immer schreiben wollte. – Damit meinen Sie die drei Bücher, von denen wir gesprochen haben? – Ein schmaleres viertes haben wir noch nicht erwähnt, das können wir aber gern übergehen.

Frau Dr. Werth lehnt sich nach hinten, als spannte ihr Rücken. Sie fährt sich mit der rechten Hand über die Stirn, wie sie es manchmal tut. Ich weiß nicht, warum und ob es etwas bedeutet, es wundert mich nur. Mein Gott, ich will über etwas anderes sprechen, denke ich, meine zuletzt erschienenen Bücher liegen hinter mir. Ich weiß ja teilweise kaum noch, was drinsteht. Die Tage in der Herzklinik haben mein Hirn ramponiert, ich habe nur noch ungenaue Erinnerungen.

Wir haben bereits mehrere Themen fixiert, über die wir sprechen wollen, sagt Frau Dr. Werth, ich meine, wir sollten noch ein weiteres behandeln. Ihre vierzig Jahre in universitären Diensten. – Auch darüber können wir gerne sprechen, antworte ich, brisanter erscheinen mir momentan aber die Wochen in der Herzklinik, also die Operation und ihre Folgen. Das beschäftigt mich zentral. – Gut, dann halte ich das Thema »Universitäre Jahre« fest, und wir widmen uns nun den Wochen in der Herzklinik. Ich öffne kurz noch ein Fenster und lasse etwas Frischluft herein. – Danke, ja, lassen Sie uns etwas durchatmen. – Sagen Sie mir aber zuvor bitte noch kurz, wie viele Bücher Sie insgesamt veröffentlicht haben. – Ach, ich habe sie nie gezählt. – Sie wissen die exakte Zahl nicht? – Nein, das hat mich nie interessiert. – Und wenn Sie einmal schätzen? – Vielleicht vierzig oder auch fünfzig. – *Oder auch* sagen Sie?! – Ja, ich sagte doch, ich habe keine Ahnung, es hat mich nie interessiert.

Ich sehe ihrem Blick an, dass sie sich so etwas nicht vorstellen kann. Wahrscheinlich glaubt sie mir nicht. Vielleicht vermutet sie, dass ich meine Veröffentlichungen penibel registriere. Wenn sie wüsste, was ich neben den Büchern noch so alles geschrieben habe und schreibe! Doch jetzt: Schluss damit! Das Thema interessiert mich gerade nicht!

Frau Dr. Werth öffnet ein Fenster und nimmt wieder Platz. Sie notiert etwas auf ihrem Blankopapier, und ich schaue eifersüchtig zu, wie sich die Buchstaben in geraden Linien aneinanderreihen. So sahen meine Lebenslinien aus, denke ich, jetzt ähneln sie eher Lianen und labyrinthischen Zeichen. Das Hirn ist noch in Unordnung, ich muss es neu sortieren. Ich schweige und schaue Frau Dr. Werth weiter beim Schreiben zu. Sie überfliegt, was sie geschrieben hat, steht auf, schließt das Fenster und blickt mich an.

Ich bin bereit, sagt sie, wir wollen über die Wochen in der Herzklinik sprechen. Unmittelbar nach Ihrem Hausarztbesuch sind Sie eingewiesen worden, es war höchste Zeit, eine Operation war lebensnotwendig. Richtig? – Ja, das stimmt. In der Herzklinik gab es zunächst mehrere Voruntersuchungen für einen genauen Befund meines Zustandes. Danach wurde ich über die Operation und ihre möglichen Folgen detailliert informiert. An einem Vormittag wurde sie durchgeführt, sie dauerte mehrere Stunden. – Fühlten Sie sich belastet? Hatten Sie Angst vor der Operation? – Nein, ich habe den Ärzten und insbesondere dem behandelnden Chefarzt bedingungslos vertraut.

Wenn einer so etwas kann, dann dieser Arzt, habe ich gedacht. Dr. Diabelli ist ein Spezialist für solche Fälle. Er hatte über Herzoperationen dieser Art viel publiziert. – Ich verstehe. Sie haben sich vertrauensvoll in seine Hände begeben. Die Operation dauerte mehrere Stunden. Wann sind Sie wieder aufgewacht? – Zunächst gar nicht. Ich habe tagelang im Koma gelegen, und genau diese Zeit, an die ich mich nur sehr dunkel erinnere, gibt mir seither zu denken. – Sie haben Erinnerungen an die Zeit im Koma? – Ich glaube, ja. Ich erinnere mich an nicht enden wollende Träume. An Figuren und Gestalten im tiefsten Dunkel. An Geräusche, wie elektronische Musik. – Sie sagen, Sie erinnern sich an Figuren und Gestalten. Etwa auch Familienmitglieder? – Ja. Meine Eltern und meinen im Alter von drei Jahren ums Leben gekommenen Bruder. Sie bewegten sich auf den Feldern des Westerwaldes, wie Schimären, ohne Worte. – Sie selbst waren nicht anwesend, oder doch?! – Nein, ich war nicht anwesend, aber ich hatte eine Vision von dem, was da geschah, das weiß ich genau. – Sie hatten eine Vorstellung von dem, was Sie sahen? – Ja. Ich dachte, ich sei tot und befände mich, nun ja, wie soll ich es nennen?: im Reich des Todes.

Frau Dr. Werth schaut zur Seite, hin zu den vielen Ordnern in den Regalen. Als suchte sie nach Informationen, die sie dringend braucht. Ich mache eine Pause, selbst leicht verwundert darüber, was ich gerade gesagt habe. Ist das nicht überzogen? Im Reich des Todes?! Nein, es stimmt, ich habe wirklich gedacht, ich sei tot. Und seltsamerweise ängstigte mich das nicht. Ich fühlte mich in eine andere Existenzform versetzt, so könnte man sagen.

– 183 –

Frau Dr. Werth räuspert sich mehrmals und blickt mich wieder an. Sie dachten, sie seien gestorben. – Nein, antworte ich, das nicht. Ich hatte keine Erinnerung mehr an mein früheres Leben. Es war, als wäre dieses Leben ausgelöscht und hätte nie stattgefunden. Stattdessen gab es ein neues, anderes Existieren. Dieses Existieren meine ich mit dem Dasein im Reich des Todes. Dort begegnete ich nicht den Lebenden, sondern den Toten. Als wollten sie mich aufnehmen und mit mir einen Totentanz aufführen. – Wenn Sie sich jetzt daran erinnern, erscheint Ihnen dieser Totentanz unheimlich? – Nein, überhaupt nicht. Er hatte etwas völlig Friedliches, als wäre ich ein neuer Bewohner des Totenreiches, der von den Toten freundlich aufgenommen und in die Rituale des Landes eingeführt wird. – Sie hatten also durchaus positive Gefühle beim Anblick dieser Bilder? – Ja, ausschließlich positive. Vielleicht dachte ich sogar: Es ist vorbei. Ich bin dort, wo ich hingehöre. So kommt es mir aus dem Rückblick beinahe vor. Ich kann es aber nicht beschwören. – Sie hatten das Gefühl, eine große Last abgeworfen zu haben? – Nein, Frau Dr. Werth, so war es nicht. Lassen wir das eben behandelte Thema doch bitte beiseite. Biegen wir nicht auf die Themenstraße »Überlastung« ein. Das wäre reichlich trivial und würde die Welten, von denen ich gerade erzählte, auf mickrige Weise degradieren. Ich habe während des Komas ungeheuer starke, eminent beeindruckende Friedensbilder gesehen. Halten Sie auch das bitte fest!

Zum ersten Mal werde ich Frau Dr. Werth gegenüber laut und ungeduldig. Ich fühle mich missverstanden, als ginge es ihr darum, das, was ich gerade erzählt habe, in die nächstbeste Schublade zu legen. Da gehört es aber nicht hin. Es erscheint mir rar, ohne Vergleiche, nicht leicht zu begreifen. Man sollte es für sich stehen lassen, ohne daran herumzufummeln und es kleinzureden. Man sollte es aber auch nicht großreden. Ich habe nicht von einer spirituell angehauchten Vision erzählt, sondern möglichst genau wiedergegeben, was ich erlebt zu haben glaube: Szenen im Reich des Todes. Das hört sich, ich weiß, pathetisch an, ich meine es aber nicht so. Ich meine es sachlich, präzise und erzähle davon möglichst unaufgeregt.

Frau Dr. Werth ist beeindruckt, ich sehe es, sie fährt sich wieder mit der Hand über die Stirn. Jetzt bitte nichts notieren!, denke ich, und ich freue mich fast darüber, dass sie in der Tat nichts notiert. Weiß sie nicht weiter?! Worüber denkt sie nach?!

Entschuldigen Sie bitte, sage ich, ich bin etwas laut geworden. Das kommt von der Erregung. Die Erinnerungen an das Koma erregen mich ungewöhnlich stark. Ich habe mich bisher weitgehend davon ferngehalten und so selten wie nur möglich daran gedacht. – Sie brauchen sich nicht zu entschuldigen, antwortet Frau Dr. Werth und streicht sich über das zurückgekämmte Haar. Wollen wir an dieser Stelle einen Punkt setzen? – Ich würde lieber noch etwas weitererzählen. Wenn es Ihre Zeit zulässt. – Gerne. Erzählen Sie bitte weiter. Ich höre Ihnen zu!

Also gut, denke ich, rollen wir den Faden aus, sprechen wir über die Zeit nach dem Erwachen. Nach einigen Tagen bin ich erwacht, sage ich, als Erstes habe ich das Gesicht eines Arztes gesehen, der sich über mich gebeugt hatte und auf mich einredete. Ich solle erwachen, die Operation sei vorüber. Er sagte es mehrmals und immer lauter. Ich soll geantwortet haben: Warum reden Sie denn so laut? – Das waren Ihre ersten Worte nach dem Koma? – Ja, die ersten Worte. – Und dann? – Ich habe das Zimmer wahrgenommen, die Decke, die Fenster, die ganze Umgebung. – Und weiter?! – Und weiter? Ich habe meine Trias gesehen, die Liebsten standen plötzlich an meinem Bett. Sie hatten tagelang auf mein Erwachen gewartet. – Das heißt, sie hatten große Angst ausgestanden? – Ja, antworte ich, sehr große. Ich selbst hatte keinen Moment Angst, aber sie hatten wohl große Angst. – Haben sie mit Ihnen darüber gesprochen? – Aber nein, sie haben mich im Reich der Lebenden begrüßt. Ich war wieder zurück, die Reise war vorbei. Sie waren sehr glücklich.

Frau Dr. Werth ist vorsichtiger geworden, sie scheint zu überlegen und macht leise weiter: Es hört sich so an, als hätten Ihre Liebsten Sie ins Reich der Lebenden zurückgeholt. Weil sie mit Ihnen weiterleben wollten. So kommt es mir vor. – Ja, antworte ich, so kommt es mir auch vor ...

Dann aber passiert es, und ich kann nichts dagegen tun. Ich muss heftig schlucken, und mir bricht plötzlich die Stimme. Ich sitze Frau Dr. Werth gegenüber und suche in meiner Jacke nach einem Taschentuch. Können Sie mich einen Moment allein lassen?, flüstere ich.

Und ich sehe, wie Frau Dr. Werth aufsteht und langsam zur Tür geht. Ich lasse Sie jetzt etwas allein, sagt sie leise. Und dann sitze ich da und spüre die Kälte. Der Herbst ist vorbei, geht es mir durch den Kopf. Bald beginnt der Winter. Es wird viel schneien, und ich werde in meinem Westerwaldhaus sitzen und einschneien. Ich werde mich nicht mehr viel regen und Bachs *Kunst der Fuge* hören. Ich werde Snooker schauen und kein Verlangen mehr haben, Klavier zu spielen oder zu schreiben. Eine große Stille wird sich ausbreiten, und ich werde zur Ruhe kommen.

Der Herr ist mein Hirte, mir wird nichts mangeln, er weidet mich auf grüner Au, an Wasser mit Ruheplätzen führt er mich. Auch wenn ich wandern muss in finsterer Schlucht, ich fürchte kein Unheil, denn du bist bei mir, dein Hirtenstab und Stock, sie sind mein Trost ...

So sitze ich eine Zeitlang und wiederhole manisch immer dieselben Verse des alten Psalms. Dann stecke ich mein Taschentuch weg, stehe auf und verlasse den Raum. Draußen auf dem Flur wartet Frau Dr. Werth. Auf Wiedersehen, Frau Doktor, sage ich. – Auf Wiedersehen!, antwortet sie leise. Dann gehe ich zur Treppe, greife nach dem Geländer, erreiche das Foyer und verlasse die Klinik.

32

ICH BRAUCHE eine Pause und melde mich am nächsten Morgen in der Klinik ab. Ich spreche von einer leichten Grippe, nicht schlimm, aber lästig, ich werde ein paar Tage aussetzen. Camille ist am Apparat und sagt, dass ich mir Zeit nehmen solle. Nichts übereilen, mich melden, wenn es mir besser gehe. Ja, sage ich, so machen wir das, danke für das Verständnis.

Ich atme tief durch, es ist, als hätte ich mir eine Ferienauszeit genommen. Ich kann tun und lassen, was ich will, anstatt Tag für Tag lauter Trainingseinheiten und Kurse zu belegen. Dieser Rhythmus hat viel Kraft gekostet. Ich möchte ein wenig spazieren gehen, versuchen, Fahrrad zu fahren und auf andere Gedanken zu kommen.

Also hole ich das alte Fahrrad aus der Garage. Es bewegt sich schwerfällig, wie ein in die Jahre gekommener, müder Körper. Ich schiebe es einige Meter hin und her und sehe die dunklen Felgen und die klappernde Kette, die beide keinen guten Eindruck machen. Ich versuche, sie notdürftig zu reinigen und mit Öl zu versorgen, dann streiche ich über den Sattel, unschlüssig, ob ich auch wirklich losfahren soll. Seltsam, das Fahrrad erscheint wie ein Tier oder eine fremde Gestalt, noch nicht bereit für einen lockeren Aufbruch.

Ich schiebe es weiter, die kleine Anhöhe hinter dem Haus hinauf und erreiche die Straße, als ginge ich mit ihm spazieren. Schon nach wenigen Metern begegne ich einem Nachbarn. Er grüßt und fragt, ob er mir helfen könne. – Nein, danke, sehr freundlich, es ist alles in Ordnung. – Mein Nachbar mustert mein Fahrrad, er ist ein erfahrener Radfahrer, der auf den ersten Blick bemerken könnte, was dem Fahrrad fehlt.

Was fehlt ihm? Oder fehlt mir etwas? Ja, mir fehlen der Antrieb, die Lust und der Mut, ich werde nicht eins mit dem alten Rad, das während meiner Krankheit anscheinend ein Eigenleben geführt hat. Ich tue so, als wäre es normal, ein Fahrrad als Spaziergänger zu begleiten, und verabschiede mich von meinem Nachbarn mit einem Hinweis darauf, dass ich das Fahrrad testen wolle. Er schaut mich an, als spräche ich unverständliches Zeug, nickt dann aber und denkt sich seinen Teil.

Ich schiebe das Rad weiter, es geht über einen Feldweg, und ich schaue nach hinten, um zu sehen, ob ich beobachtet werde. Nein, auf den Feldern ist niemand unterwegs. Ich schwinge das rechte Bein über den Sattel, setze mich, greife versuchsweise nach den Bremsen und stoße mich mit den Füßen ab. Das Rad rollt langsam an, wird schneller, es geht ein wenig bergab, und ich bemerke sofort, dass ich die Balance nicht halten kann. Anscheinend stimmt mit meinem Gleichgewichtssinn etwas nicht, denn ich führe das Rad nicht ruhig, sondern fahre schwankend weiter, bis ich mit beiden Füßen über den Boden scharre und das Rad zum Stillstand bringe.

Absteigen. Ich bin nicht bereit für das Radfahren, jedenfalls nicht, wenn es schnell und abschüssig zugeht. Die Beschleunigung macht mir Angst, es ist besser, wenn ich das Rad weiter neben mir herführe, anstatt von ihm gefahren zu werden. Das Training auf dem Klinikergometer hat mich anscheinend in Sicherheit gewiegt und mich glauben gemacht, ich könnte auch auf einem Rad im Freien bedenkenlos fahren. Wir treffen wieder vor der Garage ein, ich stelle das Rad ab, dort soll es warten, bis ich weiß, was ich mit ihm vorhabe.

33

STATT MIT dem Rad zur Bahn zu fahren, gehe ich später zu Fuß den steilen Weg hinab, der zum Bahnhof führt. Vorher habe ich mit Leo telefoniert, wir wollen uns in Köln treffen, das könnte der nächste Schritt sein, um wieder mehr Ruhe und Sicherheit zu gewinnen.

Leo wartet auf dem Bahnsteig des Kölner Hauptbahnhofs, und mir fällt gleich auf, wie gut er gekleidet ist. Das war schon früher so, und ich habe manchmal darüber nachgedacht, wie er das hinbekommt: der Jahreszeit entsprechend gekleidet zu sein. Ich selbst bin fast nie so gekleidet, trage Kleidung für den Sommer noch im Herbst und erkälte mich im frühen Winter als einer der Ersten. Leo aber trägt den kurzen, dunklen Mantel offen, die Öffnung gibt einen schmalen Spalt frei und damit den Blick auf den darunter sitzenden dünnen Pullover und den Rand des weißen T-Shirts.

Als ich Leo näher kommen sehe, fällt es mir schwer, ruhig zu bleiben. Ich weiß, dass er mich gleich umarmen und an sich drücken wird – und das nicht nur kurz, sondern länger. Wieder ist für einen Moment die Furcht da, ob mein Körper das aushält. Früher dachte ich nie darüber nach, jetzt aber ist es so, als müsste ich meinen Körper vor Annäherungen schützen. Leo zögert aber nicht, er breitet die Arme aus, und ich ducke mich ein wenig und lasse die Umarmung geschehen.

Nun mach schon, sage ich, ich will hören, wie ich aussehe. – Leo tritt einen Schritt zurück und lächelt: Du siehst schmal aus. Als bekämst du nicht richtig zu essen. Und du bist blass, als lebtest du in einem Versteck und gingst nicht mehr ins Freie. – Genau so ist es, antworte ich, das sind die Kehrseiten der Rehadidaktik. Kannst du mir helfen? – Natürlich, sagt Leo, wir schließen einfach an frühere Zeiten an. Komm, wir gehen ins *Früh* und trinken ein Kölsch oder auch zwei. Dann kommst du nebenbei auch unter Leute.

Wir gehen los, das *Früh* ist gleich um die Ecke, Leo spricht munter drauflos und erzählt von der Rembrandt-Ausstellung. Ich kann aber nicht hinhören, auch das geht nicht so wie früher, denn ich muss mich erst wieder daran gewöhnen, ihn zu begleiten und zu zweit mit einem der besten Freunde unterwegs zu sein.

Das Schöne an guten Freundschaften war einmal, dass man sich keine Gedanken machen musste, weder darüber, was man sagte, noch darüber, was der andere gerade über einen denken mochte. Man steigt in einen Fluss jahrzehntelanger Gespräche, und man beobachtet nicht, wie es am Ufer aussieht und wie tief das Wasser ist. Mit Leo zusammen zu sein, bedeutete: ein kleines Signal oder Motiv anschlagen und weitermachen, so wie es kommt. Ohne Nebengedanken, Vorbehalte, langes Grübeln.

Leo erzählt, dass ihn vor allem die Selbstporträts Rembrandts beeindruckt haben, unglaublich!, sagt er gleich mehrmals und erklärt die Besonderheiten. Ich bin ihm dankbar, dass er sich nicht auf das Thema »Krankheit« stürzt und mich ausfragt, das passt zu ihm, so etwas tut er nicht. Er will mich glauben machen, wir hätten uns erst gestern zum letzten Mal gesehen und könnten mühelos an Themen anknüpfen, die wir am Abend gestreift haben.

Themen streifen, denke ich, das ist es, du musst wieder lernen, in den Gesprächsfluss zu steigen und Themen zu streifen. Wir erreichen das *Früh*, und noch bevor wir es betreten, weiß ich, dass Leo fragen wird, ob wir in der Schwemme stehen bleiben oder uns setzen wollen. Das hat er früher immer gefragt, und wir waren uns jedes Mal einig, dass wir stehen und uns auf keinen Fall setzen wollten. Stehen war sportlich und entsprach dem raschen Trinken von einigen Kölsch, Sitzen war phlegmatisch und gehörte nach Bayern.

Köln oder Bayern?, fragt Leo und macht in der Schwemme ganz vorn an einem kleinen Stehtisch Halt. Es ist eine rhetorische Frage, na klar, ich bleibe dicht neben ihm stehen, und sofort ist der Köbes mit zwei Kölsch da, die er vor uns hinstellt: Jungs, zwei Kölsch, nur für Euch! Leo greift sofort nach seinem Glas, und ich will es auch tun, als ich ins Stocken gerate. Ich hebe mein Glas an und halte es in der Hand und schaue, wie Leo sein Glas ebenfalls anhebt und mit mir anstoßen will. Plötzlich gerät meine Hand aber ins Zittern, und das Glas zittert mit und schickt kleine Sprühsalven in alle Richtungen. Ich setze es wieder ab und sage: Leo, die letzten Monate waren nicht leicht, entschuldige!

Leo stellt sein Glas wieder hin, und ich sehe, dass er seinen offenen Mantel auszieht und aufhängt. Und dann stehen wir beide in der Schwemme des *Früh*, und Leo umarmt mich ein zweites Mal, nicht so lange wie beim ersten, aber ebenso heftig. Wat is los mit Euch, Jungs?, fragt der Köbes, und Leo wischt sich mit der rechten Hand übers Gesicht und sagt: Hannes hat heute Geburtstag! Da überkommt mich immer die Rührung! – Jetzt trinkt Ihr mal Eure Kölsch, und dann bringe ich Nachschub, auf den Geburtstag!

Also los, sagt Leo, das lassen wir uns nicht zweimal sagen. Und dann setzt er sein Glas an und trinkt es auf einen Schluck leer. So schnell schaffe ich es nicht, trinke aber immerhin die Hälfte. Na bitte, sagt Leo, geht doch! – Ich wollte eigentlich mit dem Fahrrad kommen, sage ich, das hat aber nicht geklappt. Der Gleichgewichtssinn streikt, vor allem bei abschüssigen Strecken mit raschen Fahrten. – In Köln gibt es keine abschüssigen Strecken, sagt Leo, beim nächsten Mal bringst du das Rad im Zug mit, und wir fahren über die Brücken und die Rheinwiesen entlang. – Mein Gott, sage ich, was ist bloß los? Nichts geht mehr von alleine, selbst das Fahrradfahren nicht. Jetzt zittere ich selbst schon vor der nächsten Lesung, dabei habe ich vor Lesungen noch nie gezittert. – Die Plakate hängen in der ganzen Stadt, das weißt du?, fragt Leo. – Ich ahne es, antworte ich. Im Westerwald habe ich eine Lesung ohne große Probleme geschafft, mit dem Hemingway-Roman ist es aber anders. Er ist mir unheimlich geworden. – Unheimlich?! Wieso? – Du kennst ihn noch nicht, ich schicke dir das Buch in den nächsten Tagen. – Kannst du mal andeuten, was du mit unheimlich meinst? – Ich habe zu Hause probegelesen, aber ich hörte meine Lesestimme nicht, sondern einen nervösen Vogel, der laufend krächzend neu intoniert. So, als würde ich das Buch nicht kennen. Wenn ich stumm lese, sehe ich sofort Szenen aus der venezianischen Lagune. Wie ich Hemingway nachgereist bin und mit seinen früheren Freunden gesprochen habe. Wie wir in einem Boot durch die schmalen Kanäle gerudert sind. All das steigt in mir hoch und erzählt eine zweite Geschichte, die nicht im Buch steht. Verstehst du? – Ja, ich verstehe. Und du glaubst, dass die zweite Geschichte mit deiner Krankheit zu tun hat? – Du ahnst es, ja, sehr gut, genau das glaube ich.

Leo entschuldigt sich und verschwindet auf die Toilette. Auch das ist so wie früher. Kaum haben wir in einem Lokal Halt gemacht, sucht er die Toilette auf, danach aber nicht mehr, selbst nicht, wenn wir Stunden bleiben. Er behauptet, die Hände waschen und sich erfrischen zu müssen, ich weiß aber, dass das nicht stimmt. Er trinkt ein paar Schlucke Leitungswasser und plaudert mit der Toilettenfrau am Eingang, der er jedes Mal ein ordentliches Trinkgeld gibt. Meist erzählt er, was er von ihr erfahren hat, es sind kleine, gute Geschichten, man könnte sie sofort drucken.

Ich trinke mein Glas leer und widme mich dem zweiten, das der Köbes längst hingestellt hat. Noch schmeckt das Kölsch nicht so richtig, zwei oder drei Gläser werde ich aber schaffen. Leo kommt zurück und lässt die erwartete Toilettengeschichte aus. Hast du deinen Personalausweis dabei?, fragt er. – Ja, sage ich, was willst du damit? – Nichts Wichtiges, ich hatte nur gerade eine gute Idee!

Er lacht, und ich ziehe den Ausweis zum Beweis aus dem Portemonnaie. Ich brauche kein zusätzliches Abonnement, sage ich, das solltest du mir ersparen. Zeitungen bekomme ich weiß Gott genug. – Du bekommst etwas viel Besseres, antwortet Leo und gibt dem Köbes ein Zeichen: Ein drittes Kölsch, bitte!

Drei trinken wir, und ich spüre die Wirkung des Alkohols. Früher haben mir drei Kölsch nicht das Geringste ausgemacht, jetzt werden die Hände feucht, und ich vermute, dass ich einiges durcheinanderbringe, wenn ich länger sprechen soll. Aber egal, dann ist es eben so, Leo kennt mich genau, und er wird mir nichts übelnehmen.

WIR GEHEN jetzt rüber in den *WDR*, sagt Leo, lass mich mal machen! – Ich antworte nicht und denke nicht weiter nach. Leo wird machen, ich kann ihm vertrauen! Wir verlassen das *Früh* und gehen die paar Schritte hinüber zum Sender. Leo klingelt am Eingang und geht voraus. Der Mann am Empfang wird begrüßt und gebeten, die Nummer eines Mitarbeiters zu wählen, der für den großen Sendesaal zuständig ist. Leo erklärt, wir wollten kurz hinein, für eine Tonprobe zu zweit, ohne Beobachter. Das sollte kein Problem sein, sagt er zum Schluss, mit etwas lauterer Stimme. Er lässt sich meinen Ausweis geben und holt auch seinen hervor, beide legt er so hin, als wäre die Anmeldung zur Tonprobe damit erledigt. Der Mann am Empfang beginnt auch prompt, zwei Formulare auszufüllen, dann erreicht er den zuständigen Mann telefonisch, und Leo verwickelt ihn in ein kurzes Gespräch. Geh schon mal voraus, sagt Leo zu mir, ich kümmere mich um die Details.

Der große Sendesaal liegt gleich rechts vom Eingang, ich gehe zu den geschlossenen Türen und öffne sie. Dann stehe ich in dem großen, stillen Raum und wage nicht, ihn noch weiter zu betreten. Hier soll ich bald lesen, nein, das werde ich nicht schaffen, denke ich, als ich die vielen leeren Stuhlreihen sehe, lauernd wie Gespenster.

Ich setze mich in die letzte Reihe und schaue zur Bühne. Also los, sage ich zu mir, lesen Sie bitte, wir sind voller

Erwartung! – Ich habe dir immer sehr gerne zugehört, antwortet Vater, du bist ein ausgesprochen guter Vorleser! – Jetzt nicht mehr, sage ich, ich habe auch diese Balance verloren, die für das Fahrrad und die für die Stimme. – Ach was, sagt Vater, das Fahrradfahren kommt von alleine wieder, und deine Stimme findest du, wenn du nur noch an den Text und an nichts anderes mehr denkst! – Ich denke aber an vieles andere, antworte ich, es lässt sich nicht unterdrücken. – Dann erzähle es jemandem, damit du es los bist!, sagt Vater.

Soll ich die Geschichte meiner Romanarbeit in Venedig erzählen? Aber wem? Vielleicht Leo? Ja, wem denn sonst? Wir haben oft über Hemingway gesprochen, er kennt die Hintergründe meiner Lektüren und wird verstehen, was mich jetzt so beschäftigt.

Du kennst Hemingways Venedig-Roman *Über den Fluss und in die Wälder*, sage ich leise zu mir. Du weißt, wie es dazu gekommen ist. 1948 ist er nach Venedig gereist und hat sich in der Stadt treiben lassen. Während seiner Spaziergänge ist er auf eine junge Venezianerin aufmerksam geworden. Das ist die *eine* Geschichte, die des Romans, es gibt aber noch andere Geschichten.

Ich schließe die Augen. Die drei Kölsch kommen langsam in mir zur Ruhe. Im Kopf geht es leicht und luftig her, als könnte ich die vielen Stuhlreihen rasch überfliegen. Ich muss nur die Balance halten, murmle ich, als ich Leo erkenne, der den Saal betritt. Alles in Ordnung, sagt er, wir können loslegen. Am besten direkt auf der Bühne.

Du und ich. Du erzählst, ich höre zu, ganz einfach, mein
Lieber! Komm mit!

Leo geht voraus, an den Stuhlreihen entlang, er steigt
auf die Bühne, zieht zwei Stühle herbei und bietet mir
einen an. Wir haben Zeit, sagt er, und niemand stört uns,
versprochen. Ich habe alles geregelt. Du kannst mir erzählen, was immer du willst.

Einen Moment, antworte ich, gib mir ein paar Minuten,
dann versuche ich es. Leo lehnt sich auf seinem Stuhl
zurück und schließt die Augen. Ich starre in den leeren
Saal, und die Stuhlreihen scheinen dunkler zu werden. Es
ist beinahe wie im Kino, das Licht wird gelöscht, der Film
beginnt. Die ersten Bilder laufen bereits, ich durchfahre
die venezianische Lagune.

Du kennst Hemingways Venedig-Roman *Über den Fluss
und in die Wälder*, sage ich laut. Du weißt, wie es dazu
gekommen ist. 1948 ist er nach Venedig gereist und hat
sich in der Stadt treiben lassen. Während seiner Spaziergänge ist er auf eine junge Venezianerin aufmerksam
geworden. Das ist genau die Geschichte, die er in seinem
Roman erzählt. Nur dass die Hauptfigur nicht Hemingway heißt, sondern Cantwell. Richard Cantwell ist ein
amerikanischer Oberst, er hat einige schwere Schlachten
des Zweiten Weltkriegs hinter sich und ist herzkrank.
Hemingway hat ihm nicht nur sein eigenes Alter gelie-
hen, sondern auch die eigenen Vorlieben. Die einsamen
Gänge durch Venedig, die ausgedehnten Mahlzeiten mit
reichlich Alkohol, all das, was er fast manisch an Lebens-

freude aufgeboten hat, um den eigenen Kriegserlebnissen etwas entgegenzusetzen.

Du weißt, wie stark ich seit den Jugendjahren mit Hemingway verbunden bin. Ich habe lange gewartet, bis ich von seiner Venedig-Reise erzählen konnte. Ich war gut vorbereitet und eingestimmt, und ich hatte einige Adressen seiner ehemaligen Freunde, die ihn 1948 noch erlebt hatten. Ich habe sie in Venedig und Burano getroffen, sie haben mir viele Fotos gezeigt, und sie sind mit mir auf schmalen Booten durch die Lagune gefahren. Am Ende habe ich in einer Locanda geschlafen, in der auch Hemingway übernachtet hatte. Stell dir das vor: Das Zimmer war noch fast unverändert, sogar die alte Bibliothek war noch vorhanden. Ich saß an dem Tisch, an dem er geschrieben, und ich lag nachts in dem Bett, in dem er geschlafen hatte. Es war wie eine Traumreise, als bewegte ich mich in einer Hemingway-Trance. Ich habe sogar den Wein getrunken, den er getrunken hat, und ich habe mich von anderen Menschen ferngehalten, so wie er es getan hat. Allmählich habe ich mich verwandelt und bin seinem herzkranken Oberst durch Venedig gefolgt.

Ich erinnere mich genau, wie plötzlich die Stiche einsetzten. Herzstiche, sehr unangenehm, ziehend, beim Gang über die Brücken. Ich habe sie nicht weiter beachtet und mit Wein bekämpft. Hatte ich einiges getrunken, hörten sie auf, und ich wurde ruhig. Ich dachte, es bedeutet nichts, es geht vorüber, das Schreiben macht dich nur ein wenig nervös. Wenn es vorbei ist, hören die Stiche auf.

Ich habe mich in der Locanda eingeigelt und geschrieben. Darüber, wie Hemingway seinen Venedigroman beendet und danach mit einer Erzählung beginnt. Und darüber, wie ihn ein junger Fischer aus Burano, der sein Bursche war und ihn durch die Lagune ruderte, auf andere Gedanken brachte. Nicht von Venedig zu erzählen, nicht von Gelagen und Liebesdingen, nicht von Cantwell, dem herzkranken Oberst, sondern von sich selbst. Von einem alten Mann, der das Meer seit der Kindheit über alles liebte. Wie er noch einmal auf Fang geht und sein Leben dabei riskiert. An dieser Geschichte habe ich in der Locanda geschrieben, und manchmal kam Hemingways längst weiß gewordener früherer Bursche vorbei, und wir haben zusammen im Garten gesessen und sind auf den Glockenturm von Torcello gestiegen, wo er die Erzählung *Der alte Mann und das Meer* als junger Mann zum ersten Mal gelesen hatte.

Als ich nach Hause zurückfuhr, waren die Herzstiche noch da. Ich habe sie weiter nicht beachtet, sondern nur das Weintrinken abgesetzt. Ich schreibe den Roman jetzt zu Ende, habe ich mir gesagt, koste es, was es wolle. Ich übergebe ihn dem Verlag, und danach gehe ich zu meinem Arzt. Es wird nichts Schlimmes sein. Er wird mir Tabletten verschreiben, und ich werde sie Tag für Tag brav schlucken.

Und fast genau so ist es dann gekommen. Ich habe die Herzstiche ignoriert und mich für kerngesund gehalten. Den Roman habe ich beendet, und das Manuskript abgegeben. Danach kam der Arztbesuch dran, mit dem Ergebnis, dass ich sofort in eine Herzklinik eingewiesen wurde. Angeblich hatte ich nur noch kurze Zeit zu leben. Als der zuständige Arzt es mir sagte, hielt ich es für einen Witz. Ich dachte, er redet nicht mit mir, sondern mit Oberst Cantwell. Was er sagte, klang nach Hemingway, wie ein Ausschnitt aus seinem Venedig-Roman. Ich kenne Ihren Text bereits gut, ich verstehe Sie, habe ich zu dem Arzt noch gesagt, und er antwortete: Das freut mich! Es ist höchste Zeit, dass Sie Ihre Krankheit endlich ernst nehmen und nicht für eine leicht zu bewältigende Sache halten.

35

SO. ICH mache eine Pause und sehe, dass der Saal jetzt sehr dunkel ist. Leo bewegt sich nicht, er hat die Augen geschlossen. Als er sie öffnet, erkenne ich, dass er mich anders anschaut als vorher. Erstaunt, vielleicht auch beunruhigt. Er wartet eine Weile und fährt sich durchs Haar. Dann gibt er sich einen Ruck.

Jetzt war ich also doch mit dir unterwegs, sagt er. Schade, dass ich dich nicht wirklich begleiten konnte. Wir hatten es überlegt, du weißt, wir glaubten aber, es wäre für dein Schreiben besser, wenn du allein sein würdest. Vielleicht warst du nun zu allein, zu sehr für dich, ganz in deine Geschichten vergraben. Du hast dich an Hemingway ge- halten und an seinen Oberst, du hast sie zu deinen Weggefährten gemacht. Und das so sehr, dass du in ihre Psychen geschlüpft bist. Sie haben sich mit dir verbunden und dir ihre kranken Herzen vermacht. Das ist die unheimliche Geschichte, habe ich recht?

Ja, antworte ich, das ist sie. Ich habe Angst davor, mich wieder in den Roman zu vertiefen. Als könnten mich seine Geschichten einholen. Die Herzstiche, das Alleinsein, die sehr nahen Figuren. Sie könnten sich wie Kletten an mich heften und mir die kaum erreichte Sicherheit rauben. Deshalb möchte ich nicht aus dem Buch lesen. Jetzt nicht.

Moment, sagt Leo, nicht so voreilig. Wir gehen erst mal etwas essen, es ist bald Mittag. Welchen Wein hast du in Burano bestellt? – Einen einfachen, trockenen Valpolicella. Hemingway hat ihn sogar während des Schreibens getrunken, sein Bursche erzählte, dass er sechs Flaschen in einer einzigen Schreibnacht geleert hat. – Du aber doch hoffentlich nicht? – Nein, das nicht. Wenn ich vor oder während des Schreibens trinke, kann ich nicht schreiben. – Du hast in den Zeiten zwischen den Schreibphasen getrunken? – Ja, zwischendurch. Oft mit der Familie des Burschen oder auch nur mit ihm allein. Wir sind durch die Lagune gerudert und haben uns einen ruhigen Platz gesucht. Es gab Brot, gute Wurst, etwas Käse und Valpolicella. Mehr nicht.

Leo steht auf. Komm, sagt er, das Essen wartet, wir gehen zu unserem Italiener. – Ich werde nicht viel hinunterbekommen, antworte ich. – Nimm nicht immer alles vorweg, sagt Leo, lass dich wieder mehr auf die Welt ein.

Als ich den Saal durch die großen Türen verlassen will,
schaue ich mich noch einmal um. Die Gespenster kauern
in den Sitzen und wippen auf und ab, ich höre sie murmeln. Ich blicke in den Saal und hole mein Smartphone heraus, dann mache ich einige Fotos. Die zur Bühne hin ab-
fallenden Sitzreihen. Die Bühne selbst. Die ausgreifenden
Seiten des Saals. Leo wartet und schaut mit auf das Display. Die Fotos könnten dir helfen, sagt er leise, ich würde
sie mir zu Hause anschauen. In Großaufnahmen. Und ich
würde dazu aus dem Roman lesen. Ganz allein. Oder mit
einem Begleiter. Ich komme gerne und setze mich dazu. –
Keine schlechte Idee, sage ich, ich werde es mir überlegen.

Zu unserem Italiener ist es nicht weit. Seit Jahrzehnten
essen wir bei ihm zu Mittag. Früher hat er uns immer
denselben Tisch frei gehalten, zur Linken, in einer Sitz-
ecke, wo wir für uns sind. Leo schickt mich voraus, er will
noch etwas erledigen und kommt bald nach. Du bestellst
Valpolicella, sagt er, und bitte keinen anderen Wein.

36

ALS MICH die italienischen Freunde wiedersehen, wol-
len sie genau wissen, wo ich die ganze Zeit war. Wir haben
Sie lange nicht gesehen, wo haben Sie gesteckt?, ruft der
Besitzer, während die Kellner mit ihren langen weißen
Schürzen herbeikommen und im Kreis um uns herum-
stehen. Ich war ein paar Wochen in Venedig, antworte

ich, ich habe einen Roman über einen alten Mann und das Meer geschrieben. – Sie sehen schlanker aus und viel gesünder als früher, antwortet der Besitzer, Sie haben abgenommen und Sport gemacht, da wette ich. – Genau, antworte ich, ich habe gerudert, fast jeden Tag, ich bin ein guter Ruderer geworden. – Bravo, dottore, das war gescheit. Was möchten Sie heute essen, was können wir für Sie tun?

Leo kommt nach, gleich ist er da, antworte ich, bringen Sie eine große Flasche Wasser und einen halben Liter Valpolicella. Ich hätte Lust auf ein paar gegrillte, scharfe Landwürste, Salsicce, wenn es die gibt und dazu … – Und dazu Cicoria, ich weiß, dottore, Sie nehmen doch fast immer Cicoria. Keine Kartoffeln, stimmt's? Wohl aber Pilze, nicht wahr? – Würste, Cicoria und Pilze, ja, genau, Leo möchte das sicher auch. Bringen Sie es zweimal.

Ich sitze an unserem alten Tisch, ganz links, in der Ecke. Die Kellner wechseln sich ab, jeder will einen Moment allein mit mir sprechen. Einer bringt das Wasser, ein anderer den Wein, ein dritter ein paar Scheiben Landbrot. Ist Ihr Roman schon erschienen?, fragt der Besitzer, und ich sage, ja, er ist jetzt im Handel. – Ich werde mir sofort ein Exemplar kaufen. – Nicht nötig, höre ich Leo rufen, ich habe gleich zwei Exemplare dabei, eins für das Ristorante, das andere für mich.

Wahrhaftig hält er zwei Bücher hoch. Er legt sie nebeneinander auf unseren Tisch, und der Schwarm der Kellner eilt wieder herbei, und alle schauen sich das Buchcover an. Ah, sagt einer, das ist Hemingway, und die Gegend könnte die Lagune sein, vielleicht Torcello. – Ganz genau, antworte ich, das ist Hemingway in Torcello, 1948. – Der Roman spielt in Venedig?, fragt der Besitzer. – Ja, antwortet Leo, dort spielt er. In Venedig und in der Lagune. Hannes, lies mal den Anfang, die ersten Zeilen.

Ich tue so, als hätte ich ihn nicht verstanden. Der Roman spielt wahrhaftig in Venedig und in der Lagune, sage ich. Hemingway war 1948 dort, er war schwerkrank und litt unter seinen Kriegstraumata. – Lies bitte den Anfang, Hannes, die ersten Zeilen, insistiert Leo. – Ja, sagt der Besitzer, die ersten Zeilen, bitte!

Leo öffnet ein Exemplar und klappt es auf. Er schiebt es zu mir hin und fragt: Ist das Valpolicella? – Ja, dottore, Valpolicella! antwortet der Besitzer. – Trinken wir einen Schluck, sagt Leo, und danach liest du! – Wir heben unsere Gläser, und ich versuche, mein Glas so ruhig wie möglich zu halten. Es geht nicht so selbstverständlich wie früher, aber doch besser als vorher im *Früh*. Wir nehmen einen Schluck, und ich bemerke, wie ich nach dem Buch greife. Ich blättere die ersten Seiten durch, dann nehme ich einen zweiten Schluck.

Die Kellner stehen um uns herum und schauen mich an. Es ist sehr still. Ein Gast an einem anderen Tisch hustet, und die Kellner sagen »psst!« Ich fahre mit dem rechten Finger wie ein Kind unter den Zeilen entlang und will lesen. – Brauchen Sie eine Lesebrille?, fragt der Besitzer. – Nein danke, sage ich, ich versuche es mal ohne Brille.

Ich stiere auf den ersten Satz und warte noch einen Moment. Dann lese ich: *An einem Herbstnachmittag überquerten sie die Brücke, die vom Festland nach Venedig führte. Als er das weite Meer sah, bat er den neben ihm sitzenden Chauffeur, langsamer zu fahren. Er starrte zur Seite auf das stille Blau, das hier und da zu weißen Schlieren gerann. Einige Möwen tanzten über ihnen, wendeten und segelten in die Ferne ...*

Ich lese etwa vier, fünf Minuten. Es ist weiter sehr still. Das ist der Anfang, sage ich schließlich. – Meraviglioso, sagt der Besitzer, ich habe schon eine Karte für Ihre Lesung. – Ist Hemingway mit einem Wagen nach Venedig gefahren?, fragt ein Kellner. – Ja, sage ich, und zwar mit dem eigenen, den er aus Cuba mitgebracht hatte. Seine Frau und ein Chauffeur haben ihn anfangs begleitet, später wollte er allein sein. – Wo hat er gewohnt? – Zunächst im Hotel *Gritti*, dann in der *Locanda Cipriani* in Torcello. – Die kenne ich, sagt der Kellner, da habe ich schon mal gegessen, draußen im Garten. – Ich habe in der *Locanda* übernachtet und an meinem Roman geschrieben, sage ich. – Meraviglioso, sagt der Besitzer, ich muss Ihre Lesung unbedingt hören. – Ich auch, sagt der Kellner, ich beschaffe mir sofort eine Karte. – Meine Herren, ruft Leo, leicht pathetisch, Hannes und ich wollen jetzt speisen. Was gibt es zu essen? – Hannes hat schon für Sie beide bestellt, sagt der Besitzer, es gibt Salsicce und Cicoria und frische Pilze, eine einfache, ländliche Mahlzeit. – Fehlt nur noch der Käse, den essen wir später, antwortet Leo und schaut mich an: Wie in der Lagune, einfach und ländlich. Und diesmal sogar meraviglioso.

37

AM SPÄTEN Mittag begleitet mich Leo zum Kölner Hauptbahnhof. Ich hoffe, es war nicht zu anstrengend, sagt er. – Neinnein, antworte ich, es war sehr schön und fast so wie früher. Ich habe mal wieder ordentlich gegessen und getrunken und bin guter Dinge. – Du musst versuchen, den Roman von ferne zu sehen, distanziert, wie ein Leser. Was du mit ihm verbindest, ist in ihm gespeichert und aufgehoben. Danach solltest du jetzt nicht mehr suchen, du musst dich von seinem Stoff entfernen und dein Buch wie andere Bücher auch behandeln. Früher hast du das spielend geschafft. Spielend, mein Lieber! – Ich bin dabei, antworte ich, die erste Lesung habe ich schließlich schon hinter mir.

Wir verabschieden uns auf dem Bahnsteig, und ich ducke mich wieder in Leos weit geöffnete Arme. Im Zug überfällt mich eine starke Müdigkeit. Ich schlafe kurz ein und glaube, die Ruder des Lagunenbootes durch die stillstehenden Gewässer streifen zu hören. Es ist ein beruhigendes, regelmäßiges Geräusch, ein kurzes Klatschen, ein Gurgeln, ein Ziehen.

Zu Hause angekommen spüre ich starken Durst. Ich trinke mehrere Gläser Wasser und gehe ein wenig über die nahen Felder. Zum ersten Mal seit langem mache ich wieder Fotos von meinen Wegen. An einem Waldrand setze ich mich auf eine Bank und schaue ins nahe Tal. Wieso fotografiere ich wieder? Was ist passiert? Ich rufe die Fotos der letzten Monate ab und sehe Aufnahmen von den Pflanzen und Bäumen in meinen Gärten. In mehreren Ordnern habe ich früher kurze Texte dazu gespeichert. Ich sollte sie wieder lesen. Die Fotografien betrachten, die Texte lesen. Und neue Texte schreiben …, sage ich plötzlich laut.

Endlich! ruft Vater, dazu habe ich dir doch längst geraten. Neue Beobachtungen und Texte, worauf wartest du denn? – Auf die Flamme, antworte ich, darauf, dass sich etwas entzündet. – Früher hast du darüber nie nachgedacht. Wir waren spazieren, und du hast immer etwas entdeckt. Auch ohne Flamme und ohne Entzündung. – Nein, das sah nur so aus. In Wahrheit gab es immer einen Funken. Aus heiterem Himmel. Wie eine spontane Anziehung. – Ihr Sohn spricht von Tagträumerei, sagt Doktor Freud. Die Anziehung entsteht durch ein unbewusstes Begehren. – Ach was, sagt mein Vater, in Ihren Theorien geht es meist um Erotik und Sexualität, habe ich recht? Ich finde das plump. – Ich nannte es Begehren, von Sexuellem war noch nicht die Rede, von einem erotischen Impuls vielleicht, ja, das schon.

Darf ich auch mal etwas sagen?, frage ich, ich erinnere mich gut an unser Kölner Wohnzimmerfenster. Als Kind stand ich auf einer schmalen Fußbank und schaute auf den Platz. Da habe ich diese Momente der Anziehung zum ersten Mal erlebt. Ich habe gestarrt und geglotzt und mir alles genau angeschaut. Was die anderen Kinder spielten. Wie sie gekleidet waren. Wer mit wem zusammen war. Ich konnte mich nicht davon lösen, und später

habe ich die Szenen sogar in meinen Träumen wieder-
gesehen. – Ich schreibe das auf, sagt Doktor Freud, es
sind geradezu ideale Wiedergaben kindlichen Tagträu-
mens. Sie hatten als Kind Freude an den Erscheinungen
der anderen Kinder. Diese Kinder spielten, Sie nicht. Die
Freude, die Sie empfanden, war eine Ersatzfreude. Sie er-
setzte Ihnen jene Freude, die von den spielenden Kindern
als eine reale empfunden wurde. Ich habe gehört, dass Sie
solche Szenen unter der Anleitung Ihres Vaters später
aufgeschrieben haben. Stimmt das? – Ja, antworte ich, als
ich schreiben konnte, habe ich fast jeden Tag solche Beobachtungen aufgeschrieben. – Voilà, antwortet Doktor
Freud, exemplarisch wie selten ist in diesem Fall der Weg
von der erlebten Anziehung hin zur notierten. Im Grunde waren Sie bereits als Kind schriftstellerisch tätig, Sie
haben aus Tagträumen kleine Dichtungen gemacht.

Dichtungen?!, ruft mein Vater empört, haben Sie Dichtungen gesagt? Der Junge hat genaue Beobachtungen
notiert! Exaktes Sehen und Wissen! Machen Sie bitte
aus ihm keinen Schiller oder Hölderlin. So hat er nie geschrieben. Mit Dichtungen hat er sich nicht beschäftigt,
zum Glück nicht. – Sehr schade, sagt Doktor Freud, vielleicht haben Sie seine dichterische Begabung zu wenig
gefördert. Mit exaktem Sehen und Wissen kommt man
in der Literatur nicht weit, das ist eher etwas für Natur-
wissenschaftler.

Ich frage mich noch etwas anderes, sage ich: Warum bin
ich als Kind immer in der Nähe der Mutter geblieben?
Warum habe ich nicht Reißaus genommen und bin runter

auf den Platz und die Straßen geeilt? Das habe ich nie getan. Als kleines Kind nicht und später auch nicht. – Ah ja, sagt Doktor Freud, das ist wirklich eine interessante, weiterführende Frage, die an die Wurzeln der spontanen Anziehung rührt. Warum bleibt ein Kind bei der Mutter? Warum verleugnet es seine zweifellos vorhandenen Wünsche? Warum tut es sich diesen Zwang an? – Sie verwenden ein geradezu brutales Vokabular für die Beschreibung von intimen und rührenden Empfindungen, sagt Vater. Seine Wünsche verleugnen! Sich einen Zwang antun! Das Kind ist bei der Mutter geblieben, um der Mutter zu helfen. Es wollte sie beschützen, ihr die vorhandenen Ängste nehmen, bei ihr sein. – Du hast später oft gesagt, dass es schön sei, am Fenster zu stehen und hinunterzuschauen, sagt Mutter. Ich hatte immer das Gefühl, es sei dir viel lieber, bei mir zu sein, anstatt mit den anderen Kindern zu spielen. – Das haben Sie sich eingeredet, antwortet Doktor Freud, Sie wollten sich nicht eingestehen, welche Freude es bedeuten kann, wenn ein Kind mit Gleichaltrigen zusammen ist. – Dass ich nicht lache, sagt Vater, Sie stellen alles auf den Kopf. Immer ist das genaue Gegenteil von dem gut und richtig, was einer selbst sagt und empfindet. Ich durchschaue ihre Methode!

Es ist komplizierter als Ihr beide denkt, sage ich, ich habe nämlich gar keine Freunde vermisst, sondern geglaubt, ich hätte welche. Viele Jungs kannte ich vom Schauen, ich wusste von ihren Vorlieben, ich war ihnen durchaus nahe. – Sie haben sich in diese Kinderleben hineinversetzt, könnte man es so sagen?, fragt Doktor Freud. – Ja, antworte ich, ich habe das Leben der anderen mitgelebt, auf meine Weise. Sie waren mir nicht fremd, und wenn ich sie später auf der Straße sah, wusste ich sogar, welches Eis sie mochten und welches nicht. – Es handelt sich um das Phänomen der identifikatorischen Wahrnehmung, sagt Doktor Freud, sie entsteht durch den Entzug ... – Jetzt reicht es aber, antwortet Vater, mein Sohn litt nie unter irgendeinem Entzug! Er war ein ausgeglichenes, in seinen Grenzen sogar frohes Kind! – Mag sein, er war aber auch ein Kind, das nicht sprach. Das anderen Kindern seine Teilnahme an deren Leben vorenthielt und stattdessen gehorsam bei der Mutter blieb und sich ihr unterordnete. – Mein Sohn hat sich nicht untergeordnet, sagt Mutter, das eben gerade nicht. Ich habe ihm niemals etwas vorgeschrieben oder aufgedrängt! – Sie haben ihn für sich eingenommen, so würde ich es nennen, sagt Doktor Freud, als Kind erwiderte ihr Sohn die für ihn gehegten mütterlichen Empfindungen durch eigene überstarke Empathie. – Aha!, antwortet Vater, gut, das endlich einmal zu wissen! Wahrscheinlich würden Sie sogar behaupten, mein Sohn übertrage solche Empathie-Empfindungen auf die Pflanzen und Bäume in unseren Gärten! – Genau das tut er zweifellos!, sagt Doktor Freud und lächelt. – Also ich bitte Sie, sagt Mutter, ich bin wirklich nicht an allem schuld. – Von Schuld, gnädige Frau, war nie die Rede, sagt Doktor Freud.

Ich ziehe jetzt mal weiter, sage ich, vielen Dank euch allen! Ich muss mir das in Ruhe durch den Kopf gehen lassen. – Tun Sie das, ruft Doktor Freud mir nach, wir umkreisen Phänomene der Einbildungskraft. Die Dichter und das Fantasieren, darum geht es! Heute nennt man es Kreativität. Wir nähern uns kreativen Impulsen und kommen ihnen auf die Spur! – Mein Sohn ist kein Dichter, antwortet Vater erregt, ich sage es zum letzten Mal. Das, was er getan hat und tut, nenne ich Schreiben! – Lassen Sie uns weiter an unseren Theorien arbeiten, sagt Doktor Freud zu mir, unser Austausch ist sehr fruchtbar! Denken Sie aber auch mit anderen Gesprächspartnern über Ihr umfangreiches Werk nach! Was steckt hinter Ihrem Schreiben? Welche Beweggründe trieben es an? Und für welche Stoffe begeisterten Sie sich? – Beweggründe!, lacht Vater, als Kind hatte er nur einen einzigen Beweggrund: die Freude am Schreiben! Die Freude daran, im Geschriebenen das Gesehene wiederzuerleben! Basta! Das war alles, und dahinter steckte rein gar nichts. Es gibt nämlich auch die pure Freude, Herr Doktor, pur, sagte ich, pur, rein, essentiell. – Wir setzen unseren Austausch weiter fort, antwortet Doktor Freud, ich bin jederzeit dazu bereit. Gerade die Meinungsverschiedenheiten enthalten ein großes Potential von Erkenntnis. So sehe ich es jedenfalls. – Ich bin auch bereit, sagt Vater, wir sind alle laufend bereit. – Dann verschwindet die Crew, und ich atme durch.

Wie aus Trotz mache ich noch einige Fotos mit auf den ersten Blick alltäglich erscheinenden Motiven. Ein Feldwegstreifen, der durch das dichte Grün einer Wiese verläuft. Die Sitzbank am Waldrand mit den vielen Zigarettenstummeln auf dem Boden ringsum. Ein Verhau von Ästen, die ein Kind aufeinandergeschichtet hat, um sich eine Fluchtburg zu bauen.

Zurück in unserem Haus habe ich wieder großen Durst und trinke erneut zwei Gläser Wasser. Dann fahre ich hinunter ins Tal und schlüpfe im Ort in meine abgedunkelte *Sala*. Ich mache Licht und sehe mich um. Alle sind da! Die Eltern, die Verwandten, unsere Möbel, alles ist versammelt und wartet auf meine Lesung. Ich verbinde das Smartphone mit Laptop und Beamer und projiziere die Fotos, die ich am Morgen im Sendesaal des *WDR* gemacht habe, auf die weiße Wand. Dann setze ich mich und öffne das Buch: *An einem Herbstnachmittag überquerten sie die Brücke, die vom Festland nach Venedig führte ...*

Ich lese den ersten Satz stumm dreimal. Woran erinnert er mich? *An einem Vorfrühlingsabend kehrte der junge Fermer nicht mehr in die Kaserne zurück ...* Das ist der Anfang meines ersten Romans, der Anfang von *Fermer.* Eine Tageszeit, eine Bewegung vom Festland aus der Stadt, und im Fall des Hemingway-Romans: eine Tageszeit und eine Bewegung hinein in die Stadt! Zwei Romane – und ein ähnlicher, verwandt erscheinender Beginn, der über eine Brücke führt! Habe ich im Anfang meines Hemingway-Romans den Anfang meines frühen, ersten Romans gespiegelt? Gibt es zwischen diesen erstaunlich ähnlichen Anfängen eine geheime Nähe?

Aufhören! Ich sollte diese Gedanken nicht weiter verfolgen. Solche Fragen müssen andere beantworten, nicht ich. Deuter, Interpreten, wer auch immer. Meine Aufgabe besteht darin, aus meinem gerade erschienenen Roman laut zu lesen und mich ganz auf den Text zu konzentrieren. Ich darf nicht mehr in ihm leben, sagt Leo, ich sollte ihn von außen betrachten, so wie ich lernen sollte, mein ganzes früheres Leben von außen zu betrachten. Ohne mich mit meinen jetzigen Gefühlen und Empfindungen hineinzuverstricken. Diese Rückverwandlungen in frühere Zustände sind gefährlich. Ich sollte sie nüchtern betrachten und ebenso nüchtern beschreiben. Keine Sentimentalitäten!

… Wer hat das immer gesagt? Vater?! Das war Vater.

Genug. Bitte lies!

Ich beuge mich über den Text, ich schaue auf das große Foto des Sendesaals. Es füllt fast die ganze Wand gegenüber. Nun ist es Abend …, die Vorstellung hat begonnen, ich fange langsam an zu lesen, und dann lese ich beinahe zwei Stunden, ohne eine einzige Pause.

38

DER KÖLN-AUFENTHALT mit Leo hat mir gutgetan. Ich denke darüber nach, auch mit anderen Freunden wieder Kontakt aufzunehmen. Lange genug bin ich ausschließlich den Rehaprogrammen gefolgt, ich sollte sie um andere Themen erweitern.

Als Erstes telefoniere ich mit meinem Lektor und frage ihn, ob er bereit wäre, mit mir ein längeres Gespräch über den Kosmos meiner vielen Bücher zu führen. – Nur über die Bücher? Oder nicht besser über dein Schreiben insgesamt? – Über das Schreiben seit den Kindertagen und den Kosmos, der sich daraus entwickelt hat. – Das könnte Tage dauern. – Dann dauert es eben Tage. Hast du Zeit und Lust, dich auf so etwas einzulassen?

Ich kenne meinen Lektor seit einem Vierteljahrhundert, wir sind miteinander befreundet. Er wäre genau der richtige Gesprächspartner, mit mir über mein Schreiben zu sprechen. Er antwortet, er habe durchaus Zeit und schon seit langem Lust auf ein solches Gespräch. Ich schlage vor, ihm zunächst eine Liste meiner Bücher sowie eine Liste meiner anderen Veröffentlichungen zu schicken. – Das könnte mein Mail-Postfach überfordern, sagt er. – Ich schicke dir einen Stick, antworte ich. – Es geht auch ohne, antwortet er, ich warte auf deine Seiten, ausgedruckt, so wie früher, in den Anfängen unserer Zusammenarbeit.

Wie weiter? Solche kleinen Aufträge könnten mich anfeuern. Ich würde wieder regelmäßig arbeiten, ohne mich zu überfordern. Listen anlegen! Nüchtern Rückschau halten! Überschauen, was ich alles geschrieben habe! Sich Gedanken über die emotionalen Hintergründe des Schreibens machen. Ich sehe meinen Lektor und mich bereits in der *Sala* vor den vielen Familienfotografien und in den alten Sesseln der Eltern aus deren Berliner Tagen sitzen. Das wäre die geeignete und passende Umgebung. Ein Animationsraum der Erinnerungen – und mein Lektor als Fragesteller.

Für solche kleinen, mich anfeuernden Projekte brauche ich aber Zeit. Abends, nach einem langen und anstrengenden Tag in der Klinik, habe ich nicht mehr die Kraft, mich ihnen zu widmen. Ich sollte die Rehaprogramme daher allmählich verkürzen, das wäre hilfreich. Nicht jeden Tag in die Klinik, sondern vielleicht nur noch zweimal in der Woche. Ganz aufhören sollte ich damit aber nicht, besonders die körperlichen Trainingsprogramme sind unverzichtbar.

Was ich jetzt wieder brauche, sind regelmäßige, von mir selbst strukturierte Rhythmen und Zeiten. Ich sollte die einzelnen Tage in ihrem Verlauf planen und mir längerfristige Ziele setzen. Deutlich spüren kann ich bereits, wie sich wieder eine schwache Lust auf ein aktiveres Leben entwickelt. Diese Lust rührt sich wie eine elementare Sehnsucht, sie will sich mit anderen Menschen, mit Dingen und Aktionen verbinden, ja, sie will sich vermehren. Das, was Doktor Freud »Einbildungskraft« nennt, hängt damit zusammen. Sie scheint ein lebenserhaltendes Vermögen zu sein, das Segmente der Welt anzieht und sie anverwandelt.

Werde nicht zu theoretisch, sage ich mir, Theorie ist die Sache von Doktor Freud. Jetzt sind neben der Theorie vor allem Folgerungen für die Praxis gefragt. Also gut.

Ich beginne mit einer Aufstellung aller »Programme«, die ich auf einen Tag und eine Woche verteilen will. Körperliche, aber auch solche des Notierens oder Fotografierens und nicht zuletzt: Essen und Trinken. Ich überlege, mit welchen Freunden oder mir nahen Personen ich sie umsetzen kann. Und ich frage mich, wo sie genau stattfinden könnten.

Mit Leo in die Rembrandt-Ausstellung gehen und anschließend mit ihm eine Speise essen, die wir auf Gemälden Rembrandts vorher entdeckt haben. Mit meinem Lektor grünen Tee trinken und mich mit ihm so lange unterhalten, bis wir den Kosmos meiner Schrift in Zentral- und Nebenplaneten zerlegt haben. Mit Fanny Ardant einen *Pouilly-Fuissé* trinken und mit ihr durch das Belgische Viertel in Köln ziehen. Mit Camille Gymnastik- und Yogaübungen machen und von ihr gedrehte Videos für den Heimunterricht mit nach Hause nehmen. Mit Miga eine Gehmeditation am Kölner Rheinufer absolvieren und anschließend im koreanischen Restaurant ihrer Eltern zu Abend essen. Mit Ove auf dem Fahrrad über die Kölner Brücken fahren und auf den Rheinwiesen … – Stopp!

Genau diese Flut von Vorhaben ist ein Rückfall in frühere Verhaltensformen. Die sich gerade erst schwach meldende Lebenslust wird übergriffig und maßlos. Ich kann mir gar nicht genug vornehmen und übersehe die Vorhaben nicht mehr. Auf diese Weise habe ich früher Begehren, Lebensfreude und Weltanziehung nicht nur gewähren lassen, sondern wie ein Süchtiger genährt und angestachelt. Jeder noch so kleine Funke sollte leuchten, brennen und ganze Ideengebäude erhellen! Das hatte etwas Exzessives, auch wenn es oft nicht so aussah. Ich konnte gelassen, ruhig und entspannt wirken – und ich war es oft auch. Hinter diesem asiatischen Schaubild aber loderte ein nicht zu bändigendes, ungestümes Verlangen. Etwas Wildes, Anarchisches, Sprengendes, das sich mit keinem Ergebnis zufriedengab und immer mehr wollte!

Ich verlängere meine kurze Auszeit auf eine Woche und gehe viel auf den Feldern in der Umgebung meines Elternhauses spazieren. Dabei mache ich kleine Pausen, setze mich auf eine Bank, fotografiere Szenen der Landschaft und diktiere meine Programmideen in das Smartphone.

In einem Papiergeschäft kaufe ich mir Packpapierrollen und Acrylfarben sowie ein Pinselset mit zehn unterschiedlich starken Pinseln. Ich rolle das Packpapier auf dem Boden der *Sala* zu mehreren parallel verlaufenden Streifen aus und befestige sie an den Rändern mit Klebeband. Die bunten Farbflaschen postiere ich darauf und mache davon einige Fotos. Der große Raum ähnelt jetzt einem Atelier, die Materialien für die Performance stehen bereit, ich kann damit beginnen, das Packpapier mit Buchstaben zu beschriften.

Vorerst lasse ich den Raum aber noch in Ruhe. Ich spiele manchmal vertraute Musik ein, Scarlatti, Schumann, kleine Stücke, Klaviermusik. Noch immer halte ich mich von Abläufen fern, die zu pompös oder hochfahrend wirken. Ich lebe weiter in einer selbstgewählten Schutzzone und spüre rasch, wenn sie verletzt wird oder in Gefahr gerät.

Schließlich melde ich mich telefonisch in der Klinik und verabrede ein Gespräch mit der Chefärztin. Ich will sie über meine neuen Programmideen informieren und ihre

Meinung einholen. Frau Dr. Werth erwische ich am Telefon sogar direkt und sage, ich wolle die Gespräche mit ihr fortsetzen, und es tue mir leid, dass ich das letzte Gespräch unterbrechen musste. Eine starke Erinnerung an bestimmte Krankheitsverläufe hätte mich überrumpelt. – Sagten Sie »überrumpelt«?, fragt sie, und ich höre, dass sie das Lachen unterdrückt. – Ja, antworte ich, ich nenne es mal so salopp, inzwischen komme ich besser damit zurecht. Ich sollte alles nüchterner sehen, klarer, ruhiger, und ich sollte keine Sentimentalitäten zulassen. – Darüber können wir gerne sprechen, antwortet sie, dann vereinbaren wir den nächsten Gesprächstermin. Sie weiß auf fast alles eine passende Antwort, sie hätte nicht reiten, sondern Tennis spielen sollen, sage ich zu mir. Ein Aufschlag – und sie hat immer den besten Return auf Lager. Da komme ich nicht mit, noch nicht. Ich habe keine Erfahrung im Tennis und erst recht keine im Fechten. Vielleicht war sie sogar mal eine Fechterin mit Florett oder Degen. Ach was, davon verstehe ich nichts.

39

ICH SETZE einen zweiten Köln-Aufenthalt an und nehme mir vor, Leo vorher nicht zu informieren. Auch unsere Freundschaft sollte ich klarer und nüchterner sehen, sonst fallen wir wieder in frühere Verhaltensmuster zurück. Zehn Kölsch hintereinander, die Feier der Freundschaft, Pläne für weite Reisen in Länder mit

Fantasienamen. Eine Reise würde ich zwar gern mit ihm machen, das sollte sich aber ergeben und nicht gleich dazu führen, dass wir halb Europa in einer Montgolfiere überqueren.

Stattdessen fahre ich noch einmal zum Erzbergerplatz. Wie steht es um mein Wohnungsgesuch? Der Büdchenbesitzer erkennt mich sofort wieder, lacht aus unerfindlichen Gründen und holt zwei kleine Flaschen *Deck und Dönn* aus dem Eisschrank. Ich nehme auch einen Schluck, sagt er, und öffnet beide Flaschen sofort. – Ich tue begeistert und frage ihn nach einer Weile, ob sich jemand auf meine Anzeige gemeldet hat. – Aber ja, antwortet er, Meldungen gibt es viele. Die Leute freuen sich auf den Unterricht für ihre Kinder. Eine Mutter hat gesagt, Heimatkunde sei in ihrer Kindheit ein beliebtes Schulfach gewesen. Ob Sie ein Heimatkundelehrer seien? – Er lacht und lacht, und ich sage: Keine schlechte Idee. Ich kann mich auch gut an Heimatkundestunden erinnern. Da wurde nach allem gefragt: Welcher Baum ist das? Warum steht er hier am Straßenrand und nicht drüben, auf der Wiese? Nach wem ist der Platz benannt, und wer war das genau? Und so weiter. Ein unendliches Fragen, beantwortet durch unendlich viele Geschichten. Das Tausendundeins der Provinz. Wunderbar eigentlich. – Hui, sagt der Büdchenbesitzer, wenn Sie so reden, möchte ich auch teilnehmen. Warum ist Ihr Unterricht nur für Kinder? Sie könnten unserem ganzen Veedel Heimatkunde beibringen. – Vorerst habe ich noch keine Wohnung, antworte ich, ohne Wohnung keine Heimatkunde. – Ich tue mein Bestes, sagt er und deutet auf ein Plakat, das an der Fensterscheibe des Büdchens hängt. Prima Foto, lacht er, Sie sind gut zu erkennen. Ich schicke jeden hin, der auf das Plakat achtet, und ich komme auch zu der Lesung. Am Ende sollten Sie sagen: Leute, das war ein schöner Abend, aber es gibt noch ein kleines Problem: Ich suche eine Wohnung am Erzbergerplatz! Wer mir eine beschafft, bei dem veranstalte ich eine private Wohnzimmerlesung. Und Heimatkundeunterricht gibt es wöchentlich einmal für alle Interessierten direkt unter unserer Hauslinde.

Als ich das Büdchen verlasse, begegne ich dem kleinen Uwe. Spielen wir ein bisschen?, fragt er und dreht seinen gelben Ball in den Händen hin und her. – Heute leider nicht, antworte ich, ich muss noch Gymnastik machen. – Er fragt, wo ich das mache, und ich nenne ihm die Adresse von Camilles Studio. – Darf ich mitkommen?, fragt er, ich bin einverstanden, und so gehen Uwe und ich zu Camilles Studio und schauen nach, ob wir ihr dort begegnen.

Warum machst du Gymnastik?, fragt Uwe, du spielst doch Handball und Fußball, ist das nicht genug? – Früher war es genug, antworte ich, jetzt nicht mehr. Ich muss schneller und gelenkiger werden, und das Dribbeln klappt auch nicht mehr richtig. – Aber Yoga, das machst du nicht, oder? – Mal sehen, antworte ich, ich habe noch nie Yoga gemacht, ich weiß nicht, was mir da bevorsteht. – Du liegst auf dem Boden und räkelst dich rum, sagt Uwe, ich kenne Yoga von meiner Mutter. Die übt es zu Hause, jeden Tag zweimal, morgens und nachmittags, nach der Siesta. – Ihr macht Siesta?, frage ich. – Meine Eltern machen eine Stunde Siesta, ich nicht. – Was macht man während einer Siesta? – Man liegt auf einer Couch, liest Zeitung und schläft dabei ein. Danach trinkt man einen starken Kaffee. – Was sind deine Eltern denn von Beruf, dass sie jeden Tag Zeit für Siesta haben? – Sie haben nicht viel Zeit, antwortet Uwe, sie teilen es sich geschickt ein. Meine Mutter unterrichtet Sport an der Schule, und mein Vater ist Erdkundelehrer. Beide haben nur eine halbe Stelle, sie sagen, das reicht. – Und du? Sagst du das auch? – Sage ich auch, ja, dann spielen wir mehr zusammen. Ist doch schön. – Du spielst gerne mit deinen Eltern? – Nicht mit beiden auf einmal. Abwechselnd, einzeln. Hast du nicht mit deinen Eltern gespielt? – Nein, habe ich nicht. – Hattest du keine Lust? – Lust schon, aber keine Zeit. Ich habe Klavier gespielt. Jeden Tag. Ich wollte Pianist werden. – Selber schuld. Wie viel Stunden spielt man, wenn man Pianist werden will? – Als ich so alt war wie du, habe ich jeden Tag vier bis fünf Stunden geübt. – Selber schuld, sagt Uwe und lacht so lange, bis ich auch lachen muss.

Wir finden Camilles Studio, aber sie ist nicht da, sondern in der Rehaklinik. Eine Mitarbeiterin öffnet uns und zeigt uns die Videos, die ich mir zu Hause anschauen könnte. Ich nehme zweimal »Morgengymnastik« und einmal »Yoga am Abend«. Dann gehe ich mit Uwe zum Erzbergerplatz zurück und spiele mit ihm noch eine halbe Stunde Ball. Du brauchst kein Yoga, sagt er, Gymnastik vielleicht, Yoga aber nicht. – Ich werde mir die Videos anschauen und dann entscheiden. – Gibt es auch

Videos für Klavierspieler? – Ja, natürlich. Für Anfänger, für Möchtegernvirtuosen und sogar für die genialen. – Wer sind die genialen? – Das sind die, die alles von allein können und über nichts mehr lange nachdenken müssen. Sie haben schon als Kinder fantastisch gespielt und brauchen höchstens noch ein paar gute Lehrer, die mit ihnen über die Stücke sprechen. – Welche Stücke hast du denn so gespielt? – Nur Klassik, du wirst sie nicht kennen. – Nenn mal einen Komponisten! – Die Stücke von Robert Schumann habe ich sehr gerne gespielt. *Kinderszenen. Papillons.* – Auch die *Träumerei?* Meine Mutter spielt immer die *Träumerei,* deshalb kenne ich sie. Sie spielt kaum etwas anderes. Selber schuld, sage ich nur.

Schließlich verabschieden wir uns. Wohnst du auch hier? fragt Uwe, und ich sage, ich habe als Kind hier gewohnt. Jetzt suche ich wieder eine Wohnung, und das möglichst bald. – Ich frage mal meine Eltern, die kennen die halbe Welt, sagt Uwe. – Tu das, dann könnten wir häufiger Ball spielen, sage ich.

Als wir uns getrennt haben, fahre ich mit der U-Bahn zurück zum Bahnhof. Was jetzt? frage ich mich und schaue kurz auf die Uhr. Zum Abschluss des Aufenthalts muss noch etwas passieren. Sollte ich in den Dom gehen? Nein, keine Sentimentalitäten, ich sollte etwas Aktiveres machen. Und was? Wie wäre es, einen Domturm zu besteigen? Zu Fuß? Natürlich, zu Fuß! Und wenn ich es nicht schaffe und das Herz zu spüren bekomme? Dann machst du kehrt und gehst zurück!

Ich kaufe eine Karte für die Turmbesteigung und mache mich auf den Weg. In regelmäßigen Abständen bleibe ich stehen und atme durch. Als ich oben ankomme, fühle ich mich so frei wie lange nicht mehr. Das hier ist deine Montgolfiere, denke ich, gleich fliegst du über Köln und weiter und weiter, bis in den schönen Westerwald.

40

DER WINTER hat längst begonnen, und ich nutze das Gespräch mit der griechischen Chefärztin, um ihr von meinen Überlegungen zu berichten. Ist sie damit einverstanden, dass ich nur noch zweimal in der Woche komme? Ja, wenn ich mich auch zu Hause an ein Trainingsprogramm halte, das wir eigens vereinbaren. Gymnastik in der Frühe, mindestens zwanzig Minuten, Heimradfahren, mindestens dreißig Minuten, ausgedehnte Spaziergänge über die Westerwälder Höhen, jeden Tag. Die Puls- und Blutdruckwerte sind erstaunlich stabil und normal, aber ich sollte weiter kontrolliert leben. Reisen in die Berge sind noch nicht möglich, Höhenlagen über 1500 Metern wären sogar gefährlich, da das Herz noch zu schwach ist.

Gott bewahre, sage ich, das habe ich auch nicht vor. Momentan träume ich fast jeden Tag von der italienischen Adriaküste. Von leeren, langgezogenen Stränden, vom Sitzen in Strandcafés direkt am Meer, ich habe ganz banale Urlaubsträume. – Ich finde sie nicht banal, sagt die Chefärztin. Wenn Sie die Zeit am Meer mit regelmäßigem Sport verbinden, wäre so ein Aufenthalt ideal. Laufen, Radfahren, und das jeden Tag. Dazu gesunde Ernährung. Viel Fisch, etwas Pasta. Auch Griechenland kann ich Ihnen empfehlen, es muss ja nicht unbedingt der Olymp sein.

Sie sind also insgesamt mit mir zufrieden?, frage ich. – Insgesamt schon, aber ich habe noch gewisse Bedenken. Von Ihrer bevorstehenden Lesung in Köln hätten Sie mir berichten sollen, ich hätte Ihnen von einem so anstrengenden Auftritt abgeraten. Aber so, wie ich Sie kenne, hätten Sie sich nicht an mein Verbot gehalten. Habe ich recht? – Ja, haben Sie, antworte ich, Sie kennen mich bereits gut. Nehmen Sie es mir bitte nicht übel, ich betrachte die Lesung als den Versuch einer vorsichtigen Rückkehr. Ich werde die alten Fehler vermeiden, die meisten Lesungen habe ich abgesagt. Ganz kann ich darauf aber nicht verzichten, ich muss mir eine Lebensgrundlage verschaffen, auf der ich aufbauen kann. Und dazu gehört das Lesen. – Nun gut, auf Ihre Verantwortung. Ich werde auch kommen und einschreiten, wenn Not am Mann ist. – Das wird nicht nötig sein, glauben Sie mir. Aber ich freue mich, dass Sie kommen.

Auf dem Flur des Ärztestockwerks begegne ich Camille. Sie waren in meinem Studio! Das freut mich. Kommen Sie mit den Videos zurecht? – Ich habe sie mir angeschaut. Die Gymnastikprogramme finde ich gut, die werde ich morgens absolvieren. Den Übungstext kenne ich fast schon auswendig, und wenn ich das Video laufen lasse, winke ich Ihnen zu Beginn manchmal zu. Das Ganze ist etwas irreal, als begegneten wir uns. Yoga dagegen ist noch nichts für mich. Später vielleicht einmal, jetzt aber nicht. – Gut, teilen Sie es sich ein, wie es Ihnen passt. Was macht das Fahrradfahren? – Da muss ich noch üben, der Gleichgewichtssinn macht noch nicht mit. – Auch dafür gibt es spezielle Gymnastikprogramme. – Ich komme wieder bei Ihnen vorbei, sage ich.

Frau Dr. Werth wartet bereits auf mich, als ich an ihrer Tür klopfe. Sie schaut mich prüfend an und bittet mich, Platz zu nehmen. Ich habe wieder meinen Rucksack mit möglichen Lektüren dabei und stelle ihn neben dem Tisch ab.

Ich sehe, Ihr Rucksack wird immer schwerer, sagt Frau Dr. Werth, welche Bücher lesen Sie denn heute? – Noch immer *Die letzten Tage meines Vaters* von Issa und Paveses *La spiaggia*. Und außerdem italienische Sprachlehrbücher, weil ich mein Italienisch auffrischen will. Nach der Operation fielen mir bestimmte Worte nicht mehr ein. – Das ist normal, antwortet Frau Dr. Werth, Sie müssen das Gedächtnis trainieren, wie Sie Ihr Herz und vieles andere trainieren müssen. Wie geht es Ihrem Schreiben? – Ich bin dabei, bei mir in die Schule zu gehen. Ich male Buchstaben mit dicken Pinseln und Acrylfarbe auf ausgelegtes Packpapier. A – E – I – O – U, das ist die Elementarklasse, aber es macht sogar Spaß. – Ich habe gehört, dass Sie die Aufenthalte in der Klinik reduzieren wollen, unsere Gespräche jedoch anscheinend nicht, oder? – Nein, ich würde gerne alle zwei Wochen mit Ihnen sprechen, das ist mir wichtig. Ihre Fragen sind anregend, und ich habe nach den Sitzungen Stoff für viele Überlegungen. – Danke, das freut mich. Haben Sie Vorschläge für Veränderungen in den Abläufen? – Ich gebe zu, dass es mir nicht leichtfällt, in diesem geschlossenen Raum mit Ihnen zu sprechen. Das Gespräch wirkt auf mich etwas streng, als stände es unter Kontrolle, und die vielen Leitz-Ordner verstärken den Eindruck. Als sollte ich einen Text liefern, den man abheftet und speichert. Das Ganze hat etwas Erzieherisches, aber vielleicht muss das so sein oder ist anders nicht möglich. – Sagen wir, es ist anders nur schwer möglich, das werden Sie verstehen. Wir können uns leider nicht irgendwo draußen an einen Caféhaustisch setzen, obwohl mir das auch lieber wäre. – Können wir uns generell nicht nach draußen setzen? – Lassen Sie mich drüber nachdenken, ich muss das vorbereiten. – Was gibt es da vorzubereiten? – Mein Kopf sollte vorbereitet sein. Draußen wäre das Fragen anders als drinnen. – Ist das so? Das interessiert mich, auch unter literarischen Perspektiven. – Ja, das ist so. Wir können in den nächsten Sitzungen darüber sprechen, ich denke daran.

Sie macht sich wieder Notizen, und ich sehe, dass sie keinen Bleistift, sondern einen blauen Fineliner verwendet. Was bedeutet das? Ich bin sicher, dass es etwas bedeutet. Vielleicht will sie mir etwas signalisieren oder aber sich selbst. Unser Gespräch erhält eine blaue Signatur. Weiß der Teufel, warum.

Ich sage nichts, sondern lasse sie schreiben. Es tut gut, eine wendige Schreibhand zu sehen, unter deren leichtem Schwung die Buchstaben kleine Tänze aufführen. Schließlich räuspert sie sich, schaut mich an, lächelt kurz und sagt: Dann kehren wir zur letzten Sitzung zurück und machen genau an dem Punkt weiter, an dem wir unser Gespräch unterbrochen haben. Ist Ihnen das recht? – Ja, sage ich, machen wir es so.

Sie haben davon berichtet, wie Sie nach der Operation aufgewacht sind und Ihre Nächsten neben dem Bett erkannt haben. Diesen Eindruck haben Sie wie ein Wiedersehen beschrieben. Sie hatten das Gefühl, in einer lebensgefährlichen Zone unterwegs gewesen zu sein und das rettende Ufer erreicht zu haben. Sie sprachen sogar von einem »Reich des Todes« und erzählten von den Bildern, die Sie damit verbinden. Menschen auf Feldern, mit Ihnen zusammen unterwegs. Die Eltern, ihr verstorbener Bruder. Es waren keine Angst machenden Szenen, sondern friedliche, stille Bilder. So haben Sie es beschrieben. Was ist danach geschehen? – Ich habe starke Medikamente bekommen, denn mein Zustand hat sich verschlechtert. Es gab Komplikationen, und ich bin nur ab und zu für wenige Minuten aufgewacht. Die Ärzte waren nicht sicher, ob ich durchhalten würde, das Herz war sehr schwach. – Haben Sie während dieser Krise weiter die Bilder gesehen, von denen Sie gesprochen haben? – Ja, ich habe meine Eltern und meinen Bruder gesehen, sie haben miteinander geredet, aber ich habe sie nicht verstanden. Es gab aber auch andere Bilder, die ich als bedrohlich empfand. Dunkle, beengte Kanäle mit Lavaströmen, kleine Räume mit winzigen Türen. Ich hatte oft das Gefühl, mich in einem Labyrinth zu befinden, hoffnungslos kompliziert, nicht zu entschlüsseln. – Machten diese dunklen Bilder Angst? – Ja ... oder nein. Es war stärker als Angst. Ich dachte, alles ginge zu Ende, und ich könnte nichts mehr dagegen tun. Je häufiger ich solche Bilder sah, umso mehr gab ich nach. Jedes Mal ein kleines Stück mehr. So kam es mir vor. Panik hatte ich keine, ich dachte, so ist das Ende, das ist es. Du musst dich fügen, du kommst dagegen nicht an. – Ihre Umgebung haben Sie kaum noch wahrgenommen? – Kaum noch, ja. Ich habe aber bemerkt, dass neben mir ein anderer Patient untergebracht war. Er lag hinter einem Paravent, ich bekam ihn nicht zu sehen. Manchmal hörte ich ihn sprechen, sehr leise, anscheinend mit sich selbst. Seltsam war, dass er Italienisch sprach und ich ihn verstand. Er sprach von seinem Weinberg, und was er als Nächstes dort tun müsse. Sein Italienisch war klar und deutlich, und ich dachte, schade, dass ich nicht mit ihm sprechen kann. Manchmal habe ich auch meine Nächsten gesehen, sie waren, glaube ich, viele Stunden zugegen und haben meine Kämpfe miterlebt.

Am schlimmsten war das Tragen der Atemmaske, ich wollte sie unbedingt los sein, man musste mich fixieren, damit ich sie mir nicht vom Gesicht riss. In meinen Wachzeiten soll ich verwirrt und sehr unruhig gewesen sein. Die Ärzte nannten es »bettflüchtig«, ich weiß, dass mir dieses Wort in Erinnerung blieb und ich es oft selbst benutzte. Ich bin bettflüchtig, habe ich gesagt, ich möchte dieses Bett sofort verlassen und die Flucht antreten. –

Sie beschreiben den Zustand eines starken Delir. – Ja, so wurde es genannt: Der Patient befindet sich im Delir. Er fantasiert, spricht unverständlich, ist nicht mehr ansprechbar.

Das war eigentlich das Schlimmste, diese sich verstärkende Abwendung vom Leben. Wie ein Hinübergleiten ins Dunkel. Manchmal habe ich Fragmente der Arztdiagnosen aufgeschnappt und gedacht, da sprechen meine Richter. – Woran erinnern Sie sich zum Beispiel? – Es hieß, der Patient hat Keime in der Lunge, einen bunten Blumenstrauß. Oder: Es handelt sich um eine typische Pneumonie. Oder: Der Patient hat eine Lungenentzündung. Oder: Der Patient erhält verstärkt Beruhigungsmittel. Oder: Die Nierenwerte sind nicht in Ordnung. Regelmäßig wurde ich gefragt, wo ich mich befinde. Ich solle das sagen und genau benennen. Ich habe jedes Mal etwas anderes gesagt und die richtigen Angaben nicht machen können. Mal war ich in Sizilien, mal im Westerwald, mal im Inferno.

Frau Dr. Werth hat aufgehört, sich Notizen zu machen. Sie schaut mich in kürzeren Abständen direkt an und danach wieder auf die Tischplatte vor sich, als müsste sie sich orientieren. Ich vermute, dass meine Schilderungen des Delir sie beunruhigen, und so mache ich kleine Pausen. Soll ich weitersprechen?, frage ich, und Frau Dr. Werth sagt: Strengt es Sie an? – Ja, antworte ich, das tut es. Aber ich möchte weitersprechen. Es ist gut, wenn ich mich davon befreie. Es geht mir laufend durch den Kopf, wie lästige Schatten, die sich nicht abschütteln lassen. –

Dann sprechen Sie ruhig weiter, ich höre Ihnen zu und mache mir erst später Notizen. – Ah ja, ich verstehe. Dann mache ich weiter.

Als ich mich anders auf dem Stuhl postiere und etwas nach hinten rutsche, bemerke ich aber ein schwaches Schwindelgefühl. Meine Hand greift nach dem Tisch, und ich halte mich fest. Das Delir war das Schlimmste, was du je erlebt hast, denke ich, fast hat es dich ausgelöscht, schrittweise, wie eine zynische Hinrichtung. Schauen wir mal, was wir dem Patienten alles zumuten können! Planen wir noch einen Eingriff! Gönnen wir ihm keine Erholung!

Ich mache weiter, sage ich ein zweites Mal, und Frau Dr. Werth schaut mich an, antwortet aber nicht.

Im Delir habe ich fast ununterbrochen Stimmen gehört, sage ich, ich konnte mich nicht dagegen wehren. Ganz deutlich habe ich meinen Vater gehört, er hat mir geraten, Himbeeren zu essen, und ich habe mich daran erinnert, dass er kurz vor seinem Tod als Letztes Himbeeren gewünscht und gegessen hat. Ich habe wahrhaftig auch darum gebeten, Himbeeren zu bekommen, und meine Nächsten haben sie, ich weiß nicht wo, gekauft und mir zu essen gegeben.

Himbeeren waren das Einzige, was ich überhaupt essen wollte, eine Ernährung mit anderen Speisen lehnte ich ab.

Ich habe mich nach Sportresultaten erkundigt und wurde unruhig, wenn man mir bestimmte Fußballergebnisse nannte. Ich habe gesagt, die sind alle ausgedacht oder purer Schwindel, Ihr wollt mir die richtigen nicht sagen.

Dann habe ich nach meinen nächsten Lesungsterminen gefragt und gesagt, ich werde sie alle wahrnehmen, keinen einzigen werde ich ausfallen lassen.

Besonders häufig soll ich »Das wäre ja noch schöner« gesagt haben. Nicht mit mir! Das wäre ja noch schöner! Im Kölner Zoo gibt es keine Elefanten mehr? Wohin sind sie geflohen? Als Nächstes werde ich ins Aquarium gehen, Unterwasserbilder mag ich am meisten.

Sie sagen, Sie haben um Himbeeren gebeten. Um was noch? – Um die Cellosuiten von Bach. Ich wollte sie unbedingt über Kopfhörer hören. So lange wie nur irgend möglich, habe ich wohl gesagt. – Konnte man Ihnen diesen Wunsch erfüllen? – Ja, das war möglich. Wenn niemand an meinem Bett saß, habe ich ununterbrochen die Cellosuiten gehört. Sie hatten eine stark beruhigende Wirkung. Einer der Ärzte machte sich darüber lustig: Warum geben wir dem Patienten starke Medikamente, wenn Bach viel stärker wirkt? In Zukunft verabreichen wir nur noch Bach, in unterschiedlichen Dosen, darüber sollten wir Studien in Auftrag geben. Als ich das hörte, habe ich gesagt: Geben Sie sich keine Mühe, meine Studie ist längst in Arbeit!

Frau Dr. Werth muss lachen, und ich habe Zeit, etwas Luft zu holen. Ich spüre, dass der Redestrom nicht nachlässt, obwohl ich gar nicht weiß, wovon ich als Nächstes sprechen möchte. Ich sage jeweils einen ersten, beliebigen Satz, und der Strom beginnt von alleine zu rauschen.

Die Szenen des Delir habe ich klar vor Augen, obwohl ich sehr verwirrt war, sage ich als Nächstes. Das verstehe, wer will, ich verstehe es nicht. Ich höre mich reden, und ich höre Menschen in meiner Umgebung: die Ärzte, die Krankenschwestern, meine Nächsten. In diesen Chor mischen sich die Stimmen meiner Fantasiewelten. Manchmal glaube ich, sie noch immer zu hören. Wenn ich nachts allein in der Küche sitze, horche ich: Flüstern sie gerade? Reden sie über mich? Haben sie gute Ratschläge?

Einen Moment, sagt Frau Dr. Werth, das möchte ich genauer wissen. Zu Beginn unserer Gespräche haben Sie von »gespenstischen Ratschlägen« gesprochen, meinten Sie damit die Stimmen? – Ja, antworte ich, ich habe manchmal das Gefühl, Teil eines Stimmenchors zu sein. Die Stimmen führen rege Gespräche, sie debattieren das Für und Wider, sie machen sich viele Gedanken. Es ist nicht das übliche Plaudern, der Stimmenchor behandelt mich vielmehr wie einen Patienten, dessen Zustand man untersucht, das ist mein vorherrschender Eindruck.

Sie sprachen von Ratschlägen, der Stimmenchor scheint Ihnen also helfen zu wollen. – Ja, da haben Sie recht. Ich erhalte Vorschläge zur Lebensgestaltung, so könnte man es nennen. Und ich erhalte Hinweise, über be-

– 233 –

stimmte Themen genauer nachzudenken. Ich soll meine Schwächen fixieren und Folgerungen daraus ziehen. Als hielte mir der Stimmenchor einen Spiegel vor, in dem ich mein Spiegelbild zusammensetze und beobachte. Ich gehe zu mir auf Distanz, wie ein Maler oder Zeichner, der ein Selbstporträt entwirft und genau überlegt, wie er sich im Einzelnen porträtiert. Mit Hut, mit Brille, als älterer Mann, in Gesellschaft. – Das ist ein guter Vergleich, finde ich, Sie beschreiben, was seit dem Delir mit Ihnen passiert. Sie wurden in fremde Welten versetzt und müssen dort erst Ihren Platz finden. – Ja, so kommt es mir auch vor. Seinen Platz finden, fremde Kleidungen anprobieren, etwas anderes kosten. Rückblickend hat mich das Ganze stark erschreckt: Ich hatte keine Vorstellungen davon, welche Gestalten in mir schlummern. Sehr fremde, solche, mit denen ich noch nie zusammen gewesen bin! Bis heute begreife ich nicht, was während des Delirs explodiert ist. Ich bin mit den nächtlichen Wesen in ständigem Austausch und ahne nicht einmal, wohin ich mich bewege. Manchmal habe ich keine Kraft mehr und denke, es ist genug. Ich sollte mit dem Gelebten zufrieden sein und Abschied nehmen. Ganz ruhig und gelassen. Das sind die schlimmsten Momente, seit der Operation habe ich mit ihnen zu kämpfen, können Sie das verstehen? Dass es Kämpfe sind? Ringkämpfe, meine ich, es sind Ringkämpfe!

Frau Dr. Werth schaut wieder auf den fast leeren Tisch, auf dem sich außer ihrem blauen Fineliner und einigen leeren Blättern keine weiteren Gegenstände befinden. Sie bemerkt, dass ich auf den Fineliner starre.

Ich habe meinen Bleistift vergessen, sagt sie, den Fineliner habe ich noch rasch gekauft. – Mit dem Bleistift schreiben Sie aber lieber. – Sie sagen es. Und nun will *ich* Ihnen etwas sagen. Manche Patienten dieser Klinik haben Sie in den letzten Wochen kennengelernt. Engere Kontakte gehen Sie anscheinend nicht ein, aber Sie sind auch nicht abweisend oder gehen nur Ihrer Wege. Sie sind ansprechbar und sogar extrem freundlich. Einige Patienten freuen sich, wenn sie Ihnen begegnen und bemerken, wie es Ihnen allmählich besser geht. Keiner von ihnen hat mir gegenüber jemals die Vermutung geäußert, dass Sie mit Depressionen zu kämpfen haben. Ganz im Gegenteil. Sie machen einen munteren, gelösten und sogar entspannten Eindruck. Den machen Sie übrigens auch auf mich. Glauben Sie, dass dieser Eindruck trügt oder dass Sie den anderen Patienten und mir etwas vormachen? Um uns in Sicherheit zu wiegen? Um uns nicht mit Ihren Problemen zu behelligen? Ich frage Sie das sehr direkt, weil ich genauer verstehen will, für wie schwerwiegend Sie die depressiven Momente halten.

Die Krisen im Delir haben mich verängstigt, antworte ich. Und ich reagiere darauf vielleicht, ohne es zu beabsichtigen, mit extrem viel Freundlichkeit. Ich versuche zu tanzen, obwohl ich nicht tanzen kann, ich tanze Forlana. – Sie tanzen was? – Forlana, den Tanz habe ich in Venedig kennengelernt, es ist einer der wenigen Tänze, die mir Freude machen, ein alter Gesellschaftstanz, den junge, verliebte Paare tanzen. – Sie tanzen also For-la-na? – Oder auch Tarantella, das wäre die nächste Stufe und etwas temperamentvoller. Beide Tänze werden von mehreren Paaren getanzt, in einer Art anschwellendem Reigen. Mit Tänzen zu zweit komme ich nicht gut zurecht, ich schaue höchstens zu. – Was stört Sie denn an Tänzen zu zweit? – Sie sind zu ernst, wenn sie auf die Zweisamkeit fokussieren. Das ist mir zu viel. – Ah ja. Dann muss ich Ihnen gestehen, dass ich oft zu zweit tanze. – Tanzen Sie professionell oder aus purem Vergnügen? – Professionell, aus purem Vergnügen. – Dann resümiere ich mal: Sie reiten, schwimmen und tanzen, wahrscheinlich alles aus professionellem Vergnügen. Das finde ich erstaunlich.

Frau Dr. Werth räumt den Fineliner und die leeren Blätter beiseite. Sie wirkt verlegen, und ich vermute, dass sie, ohne es zu wollen, eine Grenze überschritten hat. Sie hat von sich erzählt, indem sie auf ein Gesprächsangebot reagierte. »Tanzen« war das Stichwort, und sie ist sofort darauf eingegangen. Das Thema eignet sich nicht für eine abgeklärte Unterhaltung, es rührt an Emotionen, selbst bei einer so nüchtern und kontrolliert wirkenden Person wie Frau Dr. Werth.

Ich überlege, ob ich den Caféhaustisch ins Spiel bringen soll, wage das aber nicht. Ich sehe, wie sie sich zum Aufbruch rüstet, sie will das Gespräch anscheinend beenden.

Ich möchte gern an dieser Stelle aufhören, sagt sie, haben Sie noch etwas vor? Wir könnten uns etwas die Füße vertreten, wenn Sie wollen. – Sie meinen draußen? – Ja, natürlich, draußen vertritt man sich die Füße, doch nicht drinnen. Lassen Sie uns eine Runde um die Klinik drehen, ich möchte Ihnen etwas zeigen. Einverstanden? – Aber ja, antworte ich und überlege, was sie mir wohl zeigen wird. Die nächste Tanzschule? Ein versteckt im Wald liegendes Hallenbad? Eine Reithalle? Ich denke an Sport, das werde ich nicht mehr los. Frau Dr. Werth und bestimmte Sportarten, das gehört in meinen Augen zusammen.

Ich will aufstehen und nach meinem Rucksack greifen, als Frau Dr. Werth ihn länger anschaut. Das japanische Buch, das Sie dabeihaben, wie heißt es noch einmal genau? – Sie meinen *Die letzten Tage meines Vaters?* – Ja, das meine ich. Lesen Sie es, weil der Text Sie an Ihr Delir erinnert? Daran, wie Sie sich dem Ende nahe fühlten und Ihre Nächsten bei Ihnen waren? – Ja, diese Parallelen gibt es. Issas Sohn erzählt vom Sterben seines Vaters. Wie er jeden Tag bei ihm bleibt, ihm zu trinken und essen bringt und versucht, ihm jeden Wunsch zu erfüllen. Wie der Zustand des Vaters sich langsam verschlechtert und Issa dagegen ankämpft. Wie er den Tod aber nicht aufhalten kann und nach dem Sterben des Vaters von Trauer übermannt wird. Es ist ein Buch der Sterbezeremonien und des Abschiednehmens, und ich habe mich während der Lektüre oft gefragt, ob ich solchen Zeremonien nicht selbst sehr nahe war. Wenn ich während des Delirs sah, wie meine Nächsten im Kreis um das Bett saßen und hilflos zuschauen mussten, wie es mit mir weniger wurde, dachte ich, sie nehmen vielleicht bereits Abschied, sie bereiten sich auf das Schlimmste vor. Im Anschluss an meine Lektüre habe ich weitere Sterbebücher gelesen, solche Zeremonien haben mich beschäftigt. – Warum haben Sie noch weitere gelesen? – Ich möchte ein

– 237 –

Nachwort zu Issas Buch schreiben und darin östliche und westliche Zeremonien vergleichen. Das könnte mir helfen, solche Szenen, sollten sie noch einmal ablaufen, leichter zu ertragen. – Sie denken also wieder daran, etwas zu schreiben? – Ja, jede Stunde. Außer dem Nachwort zu Issas Tagebuch möchte ich einen kleinen Band mit Texten und Fotografien über die Pflanzen und Bäume in meinen Gärten veröffentlichen. Das ist die zweite Idee, aber es gibt noch weitere Fantasien. Sie öffnen den Weg in die Zukunft, Schritt für Schritt. Ohne sie nehmen die Depressionen überhand, und ich ergebe mich, wie sagt man, in mein Schicksal. – Das werden Sie gewiss nicht tun, sagt Frau Dr. Werth, Sie sind auf einem guten Weg! Treffen wir uns unten im Foyer? Ich ziehe mich um und bin in zehn Minuten zur Stelle. – Gut, ich warte auf Sie, ebenfalls umgezogen. – Frau Dr. Werth lacht wieder und schaut auf den blauen Fineliner. Den schenke ich Ihnen, sagt sie, mit dem schreiben Sie Ihr Nachwort. Nicht in schwarz, sondern in blau.

Sie übergibt mir den Stift, und ich bedanke mich: Wissen Sie was? Das tue ich wirklich! Mit einem blauen Fineliner über Sterbezeremonien schreiben! Es wird der erste Text sein, den ich mit der Hand wieder hinbekomme. Glauben Sie mir!

Ich weiß nicht, warum ich so euphorisch reagiere, aber ich spüre, dass dieser einfache Stift mir als ein kostbares Geschenk erscheint. Wie eine Aufforderung, nicht länger zu warten und die Elementarübungen des Schreibens in längere Texte zu überführen.

41

BEVOR ICH ins Foyer gehe, schaue ich noch einmal bei den Sporttherapeuten im obersten Stock vorbei. Ove ist dort im Einsatz, und ich erzähle ihm, dass ich mit dem Fahrrad nicht vorangekommen bin. Er rät zu einem E-Bike und will mir eins leihen. – Damit komme ich erst recht nicht klar, antworte ich. – Und ob, antwortet Ove, wenn ich dabei bin, kommen Sie auf jeden Fall klar.

Ich lasse mich überreden, und wir vereinbaren einen Termin. Nach Köln mit dem Zug und dort über die Brücken, das haben wir vor.

Ich ziehe mich um und bin froh, eine halbwegs passable Straßenkleidung mitgenommen zu haben. Nicht so perfekt und jahreszeittauglich wie mein Freund Leo, aber doch brauchbar und bequem. Ich trage eine dunkle Cordhose und einen hellblauen Pullover, und darüber eine College-Jacke, die ich sehr mag und seit vielen Jahren trage. Als Frau Dr. Werth mich darin erkennt, stutzt sie kurz. Stimmt was nicht?, frage ich. – Sie sehen jünger aus, wie ein Sportstudent in höherem Semester. – Jetzt meinen Sie es aber zu gut, antworte ich, mit Sport hatte ich nie etwas zu tun. Schade eigentlich, aber ich bin dabei, das zu ändern.

Wir verlassen das Foyer und gehen die Straße entlang, die sich zwischen kleinen Reihenhäusern verliert. Neben Frau Dr. Werth zu gehen, erscheint mir kurios. Was tun wir hier? Handelt es sich um eine Fortsetzung unserer Gespräche, sind wir noch im Behandlungsmodus? Ein Außenstehender würde das jedenfalls nicht glauben, sondern eher annehmen, wir seien miteinander befreundet oder gute Bekannte. Sind wir das? Nein, natürlich nicht. Was aber dann?

Da ich solche sich aufdringlich meldenden Fragen nicht beantworten kann, schweige ich, was mir erst recht kurios vorkommt. Ich möchte nicht schweigen, sondern eine entspannte Unterhaltung führen, weiß aber nicht, worüber ich mit Frau Dr. Werth sprechen soll, ohne indiskret zu wirken. Jede mögliche Frage erscheint mir zu direkt, und so grüble ich weiter. Gehen Sie viel spazieren? So ein Unsinn. Was geht mich das an? Werden Sie heute Abend wieder schwimmen gehen? Das wiederum hört sich so an, als wollte ich es ebenfalls tun.

Wir gehen stumm nebeneinander her, wie ein Paar, das sich bereits alles gesagt hat. Dann bricht Frau Dr. Werth ihr Schweigen: Ich muss Ihnen etwas gestehen. Wir waren uns darüber einig, dass ich Ihre Bücher nicht lese und mich nicht informiere. Ich habe es aber doch einmal getan, nicht lange, nur kurz und aus Neugier. Sie haben gesagt, Sie wüssten nicht genau, wie viele Sie geschrieben haben. Das kam mir merkwürdig vor. Hätte ich Bücher geschrieben, wüsste ich genau, wie viele. Ich wüsste es bis auf die Seite genau, das hätte ich exakt im Kopf. Wie kommt es, habe ich mich daher gefragt, dass ein Mensch viel schreibt, sich aber nicht dafür interessiert, wie viel er geschrieben hat? – Darf ich Sie kurz unterbrechen?

Das ist in meinem Fall ganz einfach. Ich interessiere mich nicht für Leistungen und Zahlen. Ich leiste nichts, wenn ich schreibe. Ich arbeite auch im üblichen Sinn nicht, sondern gehe einer Passion nach. Diese Passion ist eine Art von Bestimmung, etwas, das ich tun möchte oder tun soll, lassen wir das einmal offen. Ich kann mich ihm jedenfalls nicht entziehen. Und weil das so ist, denke ich immer nur an das nächste Buch, nie aber an die zurückliegenden Bücher. Sobald sie erschienen sind, trenne ich mich von ihnen. Die Lesereisen sind vielleicht sogar Sterbezeremonien der Bücher, der Gedanke kommt mir gerade, vielleicht ist er etwas überdreht, aber es ist etwas dran.

Ja, das mag sein, sagt Frau Dr. Werth. Ich glaube übrigens gut verstanden zu haben, wie es in Ihrem Fall mit dem Schreiben bestellt ist. Sie folgen starken Impulsen, ohne sich zu fragen, wohin sie führen und wie man sie rechtfertigen könnte. Sie bleiben dabei, ohne sich umzuschauen, und sie tragen sie aus. Könnte man es so sagen? – Ja, kann man. Diese Impulse sind etwas Geheimnisvolles, ich weiß nie genau, warum sie entstehen, ich bin ihnen ausgeliefert. Wenn ich sie nicht aufgreife, werde ich unruhig und verwildere. – Na ja, so weit sollte es nicht kommen. Ich war neugierig und habe mir die Liste Ihrer Bücher angeschaut. Es sind über siebzig, das kann ich Ihnen genau sagen! Siebzig Bücher und unzählige weitere Veröffentlichungen. Ich war, offen gesagt, sprachlos. – Danke, dann habe ich endlich mal eine genaue Zahl. Ich werde sie mir merken. – Sie sollten noch mehr tun, finde ich. Ich schlage vor, dass Sie mit jemandem darüber sprechen.

Nicht nur über die Inhalte, sondern auch über die psychischen Hintergründe ihrer Entstehung. Das sollten Sie unbedingt tun, es würde Ihren Blick auf das eigene Leben und Schreiben schärfen, da bin ich ganz sicher.

Seltsam, antworte ich, aber diese Idee hatte ich auch. Und ich denke sogar schon an ein Gegenüber. Zu Beginn unserer Gespräche habe ich von einem Lektor erzählt, mit dem ich gut befreundet bin. Ich glaube, er wäre die ideale Person, meine Bücherflut zu lichten und die Hintergründe zu erhellen. – Jetzt wird es etwas unheimlich, antwortet Frau Dr. Werth, denn genau diesen Vorschlag wollte ich Ihnen auch machen. Ich selbst kann mit Ihnen nicht über diese Themen sprechen, wohl aber jemand, der Ihre Arbeiten genau kennt und sie in ihrer Entstehung begleitet hat. Der Lektor als Therapeut – wie gefällt Ihnen diese Perspektive?

Sie gefällt mir gut. Wir werden uns einige Male zusammensetzen und die Gespräche aufzeichnen. – Und Sie werden ein Buch daraus machen, stimmt's? – Mal sehen. Oder?! Nein, Sie haben völlig recht, wir werden ein Buch daraus machen, ja, unbedingt! – Die Bücherflut beginnt also wieder zu rauschen. Ein Nachwort, ein Buch über Pflanzen und Bäume, ein langes Gespräch mit Ihrem Lektor. Übertreiben Sie es aber bitte nicht! Lassen Sie sich diesmal ausreichend Zeit, finden Sie eine gute Balance zwischen Schreiben und Nichtschreiben!

Eine gute Balance, eine gute Balance ... hallt es in mir nach. Um mich abzulenken, gehe ich in die Offensive: Sie wollten mir etwas zeigen. Denken Sie noch daran? – Ich habe es nicht vergessen, antwortet Frau Dr. Werth.

Wir gehen an einem Parkplatz vorbei und biegen in ein baumreiches Parkgelände ein. Ein großer Teich leuchtet hinter einigen Schilfbündeln hervor, und Frau Dr. Werth verlangsamt die Schritte. Sie bleibt am Teichrand stehen und schaut ins Wasser. Ich schließe zu ihr auf und versuche, etwas zu erkennen. An den Rändern des Teiches lauern einige in bunten Farben leuchtende Fische. Sie bewegen sich kaum und wedeln lässig mit den Flossen.

Das sind Kois, sagt Frau Dr. Werth, sie werden recht alt, bis zu sechzig Jahre. Das Wasser wird laufend auf Fremdstoffe und Keimlinge untersucht. Kois darf man nicht unbegrenzt füttern, nur mäßig und abgewogen, sonst fressen sie zu viel.

Sie geht in die Hocke und starrt ins Wasser, und ich tue es ihr nach und gehe ebenfalls in die Hocke. Kaum habe ich es getan, kommen einige Tiere näher. Sie wirken zutraulich, als legten sie Wert auf Gesellschaft. Die meisten haben rote oder orangene Streifen, unterbrochen von weißen und schwarzen Feldern.

Kois habe ich noch nie so nahe gesehen, sage ich. – Ich wollte Ihnen die Tiere zeigen, sagt Frau Dr. Werth, und wissen Sie warum? Sie haben mich einmal gefragt, wie ich mit den Erzählungen und Geschichten umgehe, die ich von meinen Patienten zu hören bekomme. Wenn ich etwas Zeit habe, gehe ich nach den Gesprächen hierher. Ich schaue mir die Tiere an und beobachte sie. Nirgends komme ich so zur Ruhe. Die Belastungen fallen ab, und die Gedanken ordnen und verlangsamen sich. Normalerweise neige ich nämlich zu raschen Schlussfolgerungen, dagegen wollte ich etwas tun. Die Kois habe ich durch einen Zufall entdeckt. Jetzt gehe ich fast jeden Tag einmal hierher. Das wollte ich Ihnen sagen und zeigen.

Frau Dr. Werth redet sehr leise, während sie aufs Wasser schaut. Es ist ihr nicht leichtgefallen, mir das zu erzählen, das ahne ich. Warum hat sie es dann aber getan? Ich spüre eine merkwürdige gemeinsame Nähe, als reagierte sie auf meine dunklen Delir-Fantasien. Tut sie das? Ich will nicht weiter darüber nachdenken und frage sie, wie schwer die Fische werden. – Diese bis zwanzig Kilo, antwortet sie. Es geht ihnen hier gut, es ist nicht zu sonnig und nicht zu schattig. – Also eine gute Balance, sage ich.

Frau Dr. Werth lacht kurz auf. Ja, sagt sie, eine sehr gute Balance. Das war's für heute. Wann sprechen wir uns wieder? – Ich muss eine Lesung in Köln hinter mich bringen, mit Ove eine E-Bike-Tour über die Rheinbrücken machen, eine Gehmeditation absolvieren, meinen Lektor treffen und mit einem alten, guten Freund eine Rembrandt-Ausstellung besuchen. Was halten Sie von meinen Vorhaben? – Mich wundert nichts mehr, mehr sage ich dazu nicht. Lesen Sie aus Ihrem Hemingway-Roman? – Ja, tue ich. Ich glaube jetzt, dass ich es schaffen werde. Ich habe nächtelang probegelesen, und ich habe meinem guten Freund von der Romanarbeit in Venedig erzählt.

– 244 –

Wir haben einige dunkle Zusammenhänge erhellt. – Sie sind anscheinend von lauter Therapeuten umgeben, lacht sie, das machen Sie gut. – Ja, antworte ich, ich bin wieder einmal übertrieben gründlich. Wenn ich ein Themenfeld in den Blick nehme, grabe ich es um, von tief unten und nach allen Seiten. Bis die Wurzeln gelüftet sind und neue Verbindungen eingehen.

Ich komme mir schon beinahe überflüssig vor, sagt Frau Dr. Werth. Manchmal streifen wir allerdings Themen, bei denen Sie abschalten und sich zurückziehen. Immer dann, wenn es um Ihre Eltern geht. Das ist mir aufgefallen. – Ja, Sie haben recht. Ich werde versuchen, es Ihnen im nächsten Gespräch zu erklären. Heute bitte nicht mehr. Für heute ist es genug. – Natürlich, ich wollte Sie nicht drängen. – Ich habe noch eine letzte Frage. – Fragen Sie nur! – Welche Tänze zu zweit mögen Sie am liebsten? – Oh, das wollen Sie wirklich wissen? Am meisten mag ich lateinamerikanische. Samba, Paso doble, Rumba. Haben Sie eine Vorstellung, wovon ich spreche? – Leider nicht die geringste, in dieser Hinsicht bin ich ahnungslos. Aber ich werde mich umschauen. – Das hoffe ich. Leben Sie wohl!

Sie winkt mir zu und geht rasch zur Klinik zurück. Ich bleibe allein in der Nähe des Teichgeländes und entdecke schließlich eine Bank. Nach einer Weile hole ich mein Smartphone aus dem Rucksack und diktiere: *Alice Werth ist eine verkappte Extremsportlerin. Sie reitet, schwimmt, tanzt, und das alles professionell. Sie ist akribisch und behandelt ihre Fälle wie Studien, in denen sie einigen schwierigen Rätseln auf den Grund gehen will. Sie folgert rasch und gezielt, lässt aber fast nie irgendeine Nähe zwischen Patient und Therapeutin aufkommen. Heute war es zum ersten Mal anders. Sie hat mir einige Kois in einem nahen Teich gezeigt, die sie fast täglich konsultiert. Die Kois therapieren sie. Sie leben jene gute Balance, die Alice Werth für die Lösung der meisten Probleme hält. Ich glaube nicht, dass sie verheiratet ist oder Kinder hat. Ich glaube nicht einmal, dass sie mit einem Lebensgefährten zusammen ist. Eher mit mehreren zugleich, mal mit diesem, mal mit jenem. Alice Werth ist anspruchsvoll. Auf keinen Fall möchte sie in Beziehungen irgendwelcher Art verwickelt werden. Stattdessen möchte sie ihre Beziehungen dirigieren, so, wie es ihr eben gefällt. Es gibt Momente, in denen ich dieses Dirigieren auch in unseren Gesprächen stark spüre. Ich versuche, es zu unterlaufen, bin darin aber ein Anfänger. Fährt sie einen Wagen? Nein, ich glaube nicht. Sie fährt Rennrad, das ist es, ich könnte wetten. Sie denkt nicht viel an die Zukunft, noch nicht. Irgendwann wird sie sich aber fragen, ob sie im Leben genug riskiert hat. Das ist aber nur eine Vermutung. Ich fantasiere …*

42

AM NACHMITTAG der Kölner Lesung gehe ich zunächst am Rheinufer spazieren. Ich setze mich alle paar Minuten auf eine Bank und versuche, möglichst wenig an die Lesung zu denken.

Fast immer bin ich auf den Bühnen allein, denn ich fühle mich durch Moderatoren abgelenkt oder – im schlimmsten Fall – auf falsche, uninteressante Bahnen gelockt.

Ich lese also lieber solo, abgeschottet, an einem kleinen Tisch, auf dem sich nichts anderes befindet als das Buch, eine Lesebrille, ein Glas und eine Karaffe mit Wasser. Die oft verhöhnte Wasserglaslesung, sie ist mir am liebsten, denn sie ist Meditation und konzentrierte Vertiefung in den Zauber eines Textes.

Heute wird mich aber ein Moderator begleiten. Es ist ein guter Freund aus Studientagen, der Hemingways Erzählungen genau kennt. Wenn er neben mir sitzt, ist zwar auch eine gewisse Ablenkung da, die ist aber nicht störend, sondern stützend und wohltuend. Als gingen wir gemeinsam durch ein Textgelände spazieren.

Die üblichen Kritikerposen sind von meinem Freund nicht zu erwarten, er will den Text weder zerlegen noch einordnen, sondern sich ihm an meiner Seite schrittweise nähern. Wir werden ein freundschaftliches Gespräch führen, und genau das könnte mir helfen, die Hemingway-Geister zu bannen und mich ihnen nicht ausgeliefert zu fühlen.

Die Stunden vor einer Lesung sind unangenehm. Ich wünsche mir, es möge vorüber sein, und kann mich auf nichts so recht konzentrieren. Schließlich halte ich es nicht mehr aus und mache mich auf den Weg in das Funkhaus des *WDR*. Ich bin viel zu früh und werde in einer chaotischen Garderobe untergebracht.

Solche Räume wirken auf mich meist beunruhigend, denn ich spüre die Schwaden von Nervosität, die sich in ihnen angesammelt hat. Überall steht oder liegt etwas herum, als wären unzählige Reisegesellschaften durchgerauscht und jede hätte vor lauter Aufregung mindestens drei Gegenstände vergessen und liegen gelassen. Ein drolliger Hut, ein einzelner Handschuh, eine Make-up-Dose, ein grüner Schleier – all das wartet monatelang auf Abholung, bis sich eine Reinigungskraft erbarmt und alles mit nach Hause nimmt, um es den Enkeln zu schenken.

In früheren Zeiten habe ich in der Garderobe meist ein kleines Glas Sekt getrunken, es half fast immer, die Laune zu heben. Etwa eine halbe Stunde vor Beginn spürte ich jedes Mal ein bedrückend depressives Empfinden, das mir zusetzte und flüsterte: Lass es bleiben! Mach dir einen schönen Abend! Warum musst du unbedingt lesen?!

Dann setzen starke Fluchtgedanken ein, die das kleine Glas Sekt schlagartig vertreibt. Auch diesmal bestelle ich bei den Veranstaltern ein Glas, nippe daran und lasse es resigniert stehen. Ich weiß nicht, wie es wirkt, denn ich kann nicht mehr einschätzen, was der Alkohol von Fall zu Fall mit mir anrichtet. Seit dem Vormittag habe ich nichts mehr gegessen, da könnte er eine Wirkung entfalten, die sich nicht mehr kontrollieren ließe.

Mein guter Freund dagegen ist ein gelassener, in sich ruhender und vor allem humorvoller Mensch, der ein Glas Sekt vor einer Moderation mühelos verträgt. Er trinkt sein eigenes, und dann kommen die Veranstalter vorbei, schauen laufend auf die Uhr, murmeln den Countdown und melden, wie viele Menschen sich im Saal befinden.

Er ist ausverkauft! Es sind Hunderte! Solche Meldungen beunruhigen mich normalerweise nicht, heute aber schon. Die Scharen werden mich nicht als Schriftsteller, sondern als Patienten mustern. Sie werden Hautfarbe, Gewicht, Bauchumfang und Schritttempo kontrollieren und in Patientenbüchern festhalten: Lange wird er es nicht mehr machen. Ich gebe ihm höchstens noch zwei, drei Jahre. Ach, mein Gott, es ist nicht schade um ihn, er soll sich nicht so anstellen mit seinen Herzproblemen.

Dann höre ich die Glocke, eine Tür wird geöffnet, mein guter Freund geht voraus, und ich schleppe mich auf die Bühne. Kaum höre ich den Beifall, setzt eine seltsame Lesetrance ein. Ich höre und schaue nicht mehr genau hin. Wer alles im Saal sitzt, bekomme ich nicht mit. Selbst die Fragen meines moderierenden Freundes sickern in mich ein, als würden sie von meinem auf Trance bedachten Hirn sofort wieder gelöscht. Ein Wunder, dass ich zügig antworte, nicht durcheinandergerate und eine Stimmlage finde, die den Text halbwegs intoniert. Es ist noch nicht ganz meine frühere Lesestimme, sondern eher die eines Cellos, das sich an Bachs Suiten orientiert.

Aber – es geht! Allmählich wird es sehr still, und ich denke, wie gut, dass ich die Suiten von Bach so genau kenne. Jetzt die Sarabande und dann die Gavotte, du hast die Noten im Kopf. Ich beantworte anscheinend Fragen, ich lese, und das alles kommt mir so vor, als wären wir nur zu zweit im Saal. Wo ist das Publikum? Ich vermute, es macht innere Gehmeditation und erfreut sich an Bach. Wenn alles vorbei ist, werde ich in kleinen Gruppen Forlana oder Tarantella tanzen, das wäre die Befreiung!

Die moderierte Lesung dauert etwa anderthalb Stunden. Den Rückweg in die Garderobe lege ich erstaunlich schnell zurück. Herr, ich danke dir, es ist vorbei! Ich sehe das nicht geleerte Glas Sekt und trinke die warme Flüssigkeit auf einen Schluck. Sofort schaltet mein überreiztes Hirn auf Forlana und Tarantella. Die Veranstalter führen mich zu einem Tisch, wo ich für das Publikum ein Buch nach dem andern signiere.

Ich werde angesprochen und befragt und sogar gefeiert. Sie sind wieder der Alte! Niemand liest so gut wie Sie! Was für ein kluges Gespräch, ich werde meiner Nichte davon berichten, die liest alle Ihre Bücher! – Vielen Dank, großen Dank, meinen besten Dank! Ich würde jetzt gern ein Glas Weißwein trinken, dann zieht sich das Signieren nicht so hin. Fragen Sie ruhig weiter und sagen Sie mir, wem ich Ihr Exemplar widmen soll. Der Ehefrau? Dem Geliebten? Den Kindern? Der Urlaubsbekanntschaft? Gerne, kein Problem, ich widme und widme …, vorausgesetzt Sie sind so freundlich, mein Glas noch einmal zu füllen. Ich tippe auf einen Wein von der Mosel. Was? Ich habe recht? Sehen Sie, ich wusste es, bitte noch einen kleinen Schluck. Nein, das macht mir nichts aus. Ja, das vertrage ich wieder. Mosel immer, Weißwein erst recht.

Das Signieren dauert mehr als eine Stunde, und danach weiß ich nicht mehr, wie viele Gläser ich getrunken habe. Ich spüre einen ekstatischen Rausch, wie ich lange keinen mehr erlebt habe. Die Lesung als dionysisches Fest, das in befreienden, erlösenden Tänzen ausklingt!

Erst als ich aufstehe, merke ich, dass Dionysos mich unter seine Fittiche genommen hat. Einige Besucher der Lesung fragen, was ich vorhabe. Habe ich etwas vor? Nicht, dass ich wüsste! Also ziehe ich mit an den Rhein, tanzen wir, geben wir uns dem Rausch hin, wie es sich nach einer Lesung gehört.

Der Sänger wird eins mit den Scharen der Zuhörer, schließlich singen und tanzen sie gemeinsam, in Hölderlins Hymnen ist dazu alles gesagt, und es ist kein Zufall, dass mir die vertrauten Verse durch den Kopf schießen: Wieder ein Glück ist erlebt ... wieder ein Glück ist erlebt ... wieder ein Glück ist erlebt.

43

STUNDEN SPÄTER sitze ich allein am Rheinufer und komme langsam zu mir. Mit wem war ich zusammen? Habe ich wirklich Champagner getrunken und ausgelassen getanzt? Wie spät ist es denn? Ist dieses Schimmern etwa das nahende Morgengrauen?

Ich versuche, mich an die Gespräche der Nacht zu erinnern. Mein Leseexemplar habe ich mit einer Widmung verschenkt, aber an wen? Jemand hatte mir eine gute Nachricht übergeben, nein, es war sogar eine sehr gute gewesen. Dafür habe ich mich mit dem Geschenk bedankt. Hatte er mir nicht einen Zettel zugesteckt? Einen Zettel?!

Ich schaue in meinen Manteltaschen nach und entdecke eine kleine Karteikarte, blanco, mit blauer Kulimine beschrieben. Ich finde meine Lesebrille und entziffere die schwer lesbare Handschrift: *Zweizimmerwohnung am Erzbergerplatz, mit kleiner Küche und Bad. Ab Frühjahr zu mieten. Melden Sie sich bei Interesse unter der Telefonnummer ...*

Richtig, zum Schluss der Lesung war ich der Empfehlung des Büdchen-Besitzers gefolgt und hatte erwähnt, dass ich eine Wohnung in Köln-Nippes suche, im Idealfall am Erzbergerplatz. Anscheinend hatte ich Glück, denn es muss im Publikum einen Wohnungsvermieter gegeben haben, der sofort reagierte und mir später die Karteikarte gab.

Ich stehe auf und gehe am Rhein entlang. Was für schöne Aussichten! Und wie gut, dass ich die Lesung riskiert habe! Ich fühle mich so befreit und guter Dinge wie lange nicht mehr. Als Nächstes werde ich einen starken Kaffee trinken und italienisch frühstücken.

Ich habe dich seit Jahrzehnten nicht mehr so schwungvoll tanzen gesehen, sagt mein Vater. – Als Kind hast du

viel getanzt, mit einem kleinen Hut, den du vorher auf-
gezogen hast. Ich erinnere mich genau, sagt meine Mutter. – Ich habe in unserer Kölner Wohnung getanzt? frage
ich. – Ja, sagt meine Mutter, auf dem langen Flur, du hast
dich gedreht und gedreht, den ganzen Flur von einem
Ende zum andern. – Es gibt ein Wohnungsangebot, antworte ich, zwei Zimmer, Küche, Bad, am Erzbergerplatz.
Ich werde mir die kleine Wohnung bald ansehen. – Sehr
schön, ich hatte dir dazu geraten, sagt Mutter, das ist
eine gute Idee. Am Erzbergerplatz kommst du zur Ruhe
und bist zugleich unter Leuten. Einen Schritt nach draußen, und du findest ein Geschäft neben dem andern. Cafés alle paar Meter, das alte Brauhaus, du wirst dich wohl-
fühlen und Abwechslung haben. Und genau die brauchst
du. Viel Abwechslung neben dem Schreiben.

Ich halte nicht viel von dieser Idee, sagt mein Vater,
überleg dir genau, was du tust. Eine Wohnung verpflich-
tet, denk bitte daran! Von vielen Abwechslungen halte
ich auch nichts. Sie stören die Konzentration. Am Ende
kommst du vor lauter Abwechslungen zu nichts anderem
mehr. – Es ist eine Frage der Balance, sagt Doktor Freud,
das Fantasieren kann durchaus von zunächst fremd erscheinenden Momenten stark angeregt werden. Man ver-
lässt die Wohnung und ist plötzlich mit Menschen und
Dingen konfrontiert, die nicht zu dem passen, was man
gerade im Kopf hat. Das kann stören, es kann aber auch
unverhoffte Impulse freisetzen. Sie hören fremde Sprachen, tauschen sich aus, verfolgen überraschende, neue
Motive. – Sie malen das zu pittoresk aus, Herr Doktor,
sagt mein Vater. Es wird nicht leicht sein, die Balance zu

finden. Möglich ist auch, dass ein gerade erst angelaufenes Schreiben rasch wieder zusammenbricht und sich verbraucht.

Mag sein, sagt Doktor Freud, dann bricht es eben zusammen. Ihr Sohn sollte auf das Scheitern gefasst sein, Scheitern kann ein hohes Potential frischer Ideen entwickeln. – Herr Doktor, Sie sind ein Idealist, sagt Vater, Ihre Wienerisch gefärbten Ideen über das Fantasieren der Dichter sind Ihnen zu Kopf gestiegen. Schreiben erfordert eine enorme Konzentration, Schreiben ist Mönchsarbeit. Die Stille, ein weißes Blatt, ein kleines Zimmer, das ist Schreiben! Und eben nicht Herumstreunen, Abwechslungen suchen oder ein Boheme-Leben führen. Für viele Schriftsteller ist das Boheme-Leben die stärkste Verführung. In Cafés sitzen, dies und das trinken, sich den ganzen Tag unterhalten und am Ende in großer Runde den Tag ausklingen lassen! Geschrieben haben sie auf diese Weise nur wenig, höchstens etwas notiert. Gekritzel! Aphorismen! Sie wissen, was ich von diesem Schreiben halte. – Eine Stunde in einem Café hat noch niemanden vom Schreiben abgehalten, sagt meine Mutter, und auf der Neusser Straße gibt es viele Cafés mit anregenden Menschen. Wiener Cafés sind das nicht, in denen sitzt man den ganzen Tag, da hast du recht, wir sprechen jetzt aber von Köln und nicht von Wien!

Ich wollte Ihnen nicht zu nahe treten, Herr Doktor, lenkt mein Vater ein, ich liebe Wien, ich bin mit meinem Sohn hingereist, und wir haben in der Tat lange in den wunderbaren Caféhäusern gesessen. Dazu habe ich aber noch eine Frage, vielleicht haben Sie eine überzeugende Antwort, ich weiß leider keine. Sie sprechen von den Dichtern und ihrem Fantasieren. Wieso nicht von Künstlern oder Komponisten? Fantasieren die etwa nicht? – Nicht in derselben Weise, antwortet Doktor Freud. Künstler und Komponisten sind eng mit ihrer Arbeitspraxis verbunden. Die Künstler mit ihren Materialien, die Komponisten mit ihren Instrumenten. Diese Praxis erlaubt kein freies Fantasieren, sondern höchstens ein gelenktes oder geleitetes. Dichter und Schriftsteller dagegen bedürfen des Fantasierens in viel größerem Maße, es ist ihr Material und ihr Stoff. Daher sind sie auch in besonderer Weise verführbar. Das Fantasieren kann alles andere ersticken, es kann zu einer Caféhaussucht werden, da gebe ich Ihnen recht. Und es kann, in extremen Fällen, andere Narkotika anlocken. Warum liefern sich Dichter und Schriftsteller so häufig dem Alkohol aus? Warum sind viele Trinker oder enden als Trinker? Die Macht des Fantasierens lockt die Sucht an. Es will mehr und mehr, es will das gesamte Leben bestimmen und die störende, prosaische Realität verdrängen und auslöschen. Künstler trinken im Normalfall nicht und Komponisten oder Musiker erst recht nicht. Unter Alkohol könnten sie kein einziges Instrument mehr beherrschen. Überzeugen Sie diese Theorien? – Vielen Dank, antwortet mein Vater, ich werde darüber nachdenken.

Ich biege vom Rheinufer ab und gehe Richtung Bahnhof. Nach einem kleinen Frühstück werde ich mich in den Zug setzen und zurück in den Westerwald fahren. Ich werde den weiteren Tag auf seinen Höhen verbringen und einen langen Spaziergang machen. Am Abend werde ich in meine *Sala* schleichen und ein Konzert mit Martha Argerich in Videofassung auf der weißen Wand abspielen. Ich werde es mir genau anschauen und überlegen, wie ich nach dem Lesen und Schreiben auch das Klavierspielen wieder aktivieren könnte.

Das wurde aber auch höchste Zeit, sagt meine Mutter, Schreiben *und* Klavierspielen! Du warst am glücklichsten, wenn du beides getan hast. Das Klavierspielen war früher deine Abwechslung! Vielleicht hat es dich vor allzu viel Fantasieren bewahrt! – So wird es gewesen sein, sagt mein Vater, deine Mutter hat recht! Du solltest unbedingt auch wieder Klavierspielen. Schreiben *und* Klavierspielen, das ist die Lösung! – Auch in Cafés wurde früher oft Klavier gespielt, sagt Mutter, das hat es immer gegeben. Dein Großvater hat sogar in seinem Gasthof Klavier gespielt und die Gäste unterhalten. – Stimmt, sagt mein Vater, ich erinnere mich gut. Noch heute tut es mir leid, dass er mir keinen Unterricht erteilt hat. Keines unserer vielen Geschwister hat Klavierspielen gelernt. Warum nicht? Darüber denke ich manchmal nach. – Du fantasierst?, lacht meine Mutter, du träumst vom Klavierspielen? Ausgerechnet du!

Im Bahnhof gibt es ein kleines italienisches Stehcafé, in dem ich oft ein oder zwei starke Espressi trinke. Die Besitzer kennen mich und sprechen oft Italienisch mit mir. Diesmal schaut mich der Barista etwas länger an und spricht ausnahmsweise Deutsch: Oh, eine lange Nacht? – Ja, antworte ich, es musste mal wieder sein. – Alles gut gelaufen, keine Probleme? – Alles sehr gut gelaufen, ohne Probleme. Ich habe vor, nach Nippes zu ziehen. – Da wohnt meine Schwester mit ihrer Familie. Nippes ist stark im Kommen, nicht zu vergleichen mit früher. – Nicht zu vergleichen? Na ja, ich weiß nicht. Ich bin in Nippes aufgewachsen, ich vergleiche laufend heute und früher. – Ich verstehe, dottore, umso schöner, ziehen Sie nach Nippes, ich kann Ihnen nur dazu raten.

Ich trinke einen Cappuccino und anschließend einen Espresso. Dazu ein Cornetto. Dann gehe ich auf den Bahnsteig und warte auf den Zug in den Westerwald.

Zu Hause werde ich als Erstes Klavierspielen, denke ich. Einhändig. Die Cello-Suiten von Bach.

44

FANGEN WIR wieder an, sagt Mutter, genau so wie früher. Ich sitze neben dir und höre zu, und du spielst erst mit der rechten, dann mit der linken Hand. Welche Stücke wollen wir üben? – Vielleicht Präludien aus dem *Wohltemperierten Klavier*?, frage ich. – Wie wäre es mit etwas Entlegenerem, das du nicht schon viele Male gespielt hast? Etwas, das nicht in das gängige Repertoire gehört? –

Ich überlege kurz, bis mir einige sehr schlichte Stücke einfallen, die ich am Rhein vor Jahrzehnten nachts für einige Freunde spielte. Wie wäre es mit Suiten von Henry Purcell?, sage ich. – Einverstanden, antwortet Mutter, und dann suche ich die Noten, schlage sie auf und beginne mit dem Präludium der Suite in G-Dur.

Als ginge jemand ruhig und gelassen spazieren und bewegte sich entspannt und doch konzentriert. Als wäre er nicht auf Abwechslungen aus, sondern auf Wiederholung. Immer dieselbe kleine Figur der rechten Hand, immer dieselbe Antwort in der linken.

Ich spiele sehr langsam und höre zu. Das Stück dauert kaum eine Minute. Ich zerlege es in seine Bestandteile und spiele die kurzen Phrasen mehrmals, nicht nur nacheinander, sondern auch querbeet. So baue ich seine Teile um und gewöhne mich allmählich wieder an Klang und Tempo.

Nach einer Weile weiß ich, woran es mich erinnert: an Gehmeditation! Ich habe noch keine erlebt, stelle sie mir aber genau so vor. Ein tastendes, ruhiges Schreiten, ohne jede Spur von Nervosität oder Anspannung!

Das hört sich wie eine Gehmeditation an, sage ich zu Mutter. – Was ist das?, fragt sie. – Stilles, aufmerksames Gehen, sehr langsam, Selbstberuhigung. – Hast du das mal probiert? – Noch nicht, antworte ich, aber bald!

Nach unserer Übestunde rufe ich Miga in der Rehaklinik an und verabrede mit ihr ein Treffen am Rhein. Sie will in Begleitung einer kleinen Gruppe von meditativen

Gehern kommen, die schon Erfahrung mit solchen Meditationen haben. Auch Ove erreiche ich und plane mit ihm eine Fahrradtour über die Kölner Rheinbrücken.

Das ergänzt sich, murmle ich vor mich hin, erst das langsame Gehen, dann eine etwas beschleunigtere Bewegung mit dem E-Bike und zwischendurch per Kopfhörer Henry Purcell! Sehr gut, sehr passend, mache ich weiter und komme mir gewitzt vor, als hätte ich gerade ein besonders geniales, noch unbekanntes Trainingsprogramm für herzkranke Patienten entworfen.

Zwei Tage später ist es so weit, und ich finde mich am Rheinufer ein, wo bald auch Miga mit ihrer Gruppe erscheint. Wir sind insgesamt sechs Personen, kaum jemand spricht, die meisten sind anscheinend bereits meditativ versunken und in Gedanken. Was denkt man denn so, während man geht?, frage ich, denkt man an etwas Bestimmtes? Fantasiert man? Oder rezitiert man im Stillen Gedichte, die man auswendig weiß?

Das sollten Sie selbst herausfinden, sagt Miga, am besten denken Sie an nichts Bestimmtes, auf keinen Fall an bestimmte Probleme. Kommen Sie zur Ruhe, es geht um das reine Dasein, jetzt, hier, um nichts anderes! Werden Sie eins mit der Bewegung Ihres Körpers, versuchen Sie es!

Dann wird es still, und Miga geht voran, so langsam, wie ich es nie für möglich gehalten hätte. Eigentlich ist es kein Gehen, sondern ein Schleichen, nein, auch das nicht, die Bewegung besteht aus dem langsamen Abrollen des rechten und linken Fußes, dem Innehalten auf der Stelle, dem erneuten Abrollen des rechten und linken Fußes. Die Gruppe ist an dieses Zeitlupentempo gewöhnt, ich aber nicht, daher tappe ich zu schnell voran. Wie seltsam ist so ein Gehen ohne eigentliches Ziel! Ohne Fixierung auf den Horizont, ja, selbst ohne Beobachtung der Umgebung!

Was beobachte ich denn? Nichts, ich beobachte nicht, die Gruppe tut es auch nicht, man geht mit geschlossenen Augen und verankert sich hier und da. Wohin geht die Reise? Nirgendwohin! Niemand »geht«, es hat sich ausgegangen!

Ich bin angekommen, sagt Miga mit einem Mal leise, und die anderen wiederholen: Ich bin angekommen, im Hier, im Jetzt. Das sagen alle dann mehrmals, in kurzen Abständen, und ich denke: Das kann jetzt, hier, nicht wahr sein! Sie sind angekommen?! Wo denn um Himmels willen?

Ich bin frei, ich bin angekommen, im Jetzt, im Hier, sagt Miga viele Male, und das immer so andeutend leise, dass mir die beschwörenden Worte wie magere, kalte Schlangen den nackten Rücken herunter kriechen.

Es ist Winter, denke ich – das zu sagen, wäre mir lieber, ja, es wäre mein Text. Es ist Winter, mir ist kalt, ich friere, meine Zehen spüren den frostigen Boden und erstarren langsam, ganz zu schweigen von meinen Händen, die ich in meinen Hosentaschen vergrabe, weil ich meine Handschuhe zu Hause liegen gelassen habe.

Hat jemand zufällig Handschuhe dabei?, würde ich am liebsten fragen, tue es aber nicht, weil ich ahne, dass lautes Sprechen so ziemlich das Letzte ist, was man von mir erwartet. Was erwartet man denn? Stille, Schweigen, Wiederholen der kurzen Texte, gegen die sich alles in mir sträubt, weil etwas tief drinnen in mir mit ihnen nicht übereinstimmt.

Ich komme an mit jedem Schritt, flüstert Miga, und auch das wiederholt die Gruppe so oft, dass ich eine leichte Überreizung spüre. Hatten wir nicht bereits unzählige Male unser Ankommen betont?, frage ich mich. Warum immer wieder? Hat es jemand noch nicht verstanden? Das kann doch nicht sein! Und wie soll man einige Zeit mit so wenigen Worten auskommen?

Ein schwacher Widerwille macht sich in mir bemerkbar, ich möchte etwas sagen oder mich mit Miga unterhalten und nach den Hintergründen des meditativen Schneckendaseins fragen.

Ich muss nirgends mehr hin, sagt Miga stattdessen leise, und ich fange an, ihr zu glauben. Miga muss nirgends mehr hin, sage ich mir, Miga hat auch nichts mehr zu tun, Miga atmet aus und ein, ein und aus, Miga lächelt, nicht zu viel, nicht zu wenig, kein Kommen, kein Gehen …

Dann ertappe ich mich dabei, wie ich heimlich auf die Uhr schaue. Niemand sonst tut so etwas Abwegiges, aber ich wüsste gern, wie viel Zeit bereits vergangen ist, um eine Vermutung darüber anzustellen, wie viel Zeit auf diesen meditativen Schleichwegen noch vergehen wird. Mein Gott, wir sind in einer halben Stunde kaum mehr als vielleicht fünf Meter gegangen! Ich schaue mich um, und ich glaube den fünf Metern Erde hinter mir anzusehen, dass auch sie sich wundern. Die nahen Passanten tun es auf jeden Fall, sie fotografieren die Gruppe und amüsieren sich anscheinend sehr.

Ich gebe mir eine halbe Stunde, denke ich, wenn ich nach der halben Stunde noch nicht angekommen bin, erfinde ich eine Ausrede und setze mich ab. Ich habe nichts gegen langsames Gehen, dieses hier ist aber übertrieben. Statt Erinnerungen und Gedanken auszulöschen, zieht es sie gerade an. Die enorme Langsamkeit provoziert Abwechslung und setzt Fantasien frei, die anscheinend nicht sein sollen. Oder doch?!

Nach einer halben Stunde bin ich angekommen. Ich kenne jeden Millimeter des Wegstücks, auf dem wir gestanden und mit den Füßen herumgescharrt haben, der gefrorene Boden zeigt die vielen Spuren, es sieht aus, als wären schwere Walzen über ihn hinweggerollt.

Ich gebe Miga ein Zeichen und entferne mich in angemessenem Tempo. Ob sie es bemerkt hat, weiß ich nicht, höre sie aber noch sagen: Du hast mir viel gegeben, ich danke dir! – Meint sie mich? Was sollte ich ihr gegeben haben? Ich wage wieder nicht, etwas zu fragen, sondern beschleunige um eine kleine Nuance. So gleite ich vorwärtsgehend unter einem Brückenpfeiler hindurch, er entschwebt über meinem Kopf, ich gerate in freieres Gelände, ja, es gibt sogar wieder Menschen, die sich auf Fahrrädern fortbewegen!

Eine kurze Pause, bitte! Ich setze mich auf eine Bank und schaue auf den Rhein. Wie rasend schnell sich doch die Frachtschiffe bewegen! Und wie dynamisch die Züge über die Brücken schnellen! Die Möwen zischen in rasanten Drives über das Wasser, das wirkt entfesselt und enthemmt, als führte Alfred Hitchcock Regie.

Ich sehne mich nach raschen Tempi und gehe am Rheinufer entlang, bis ich auf einen Fahrradverleih stoße. Ove hat erst am frühen Abend Zeit, so lange möchte ich nicht warten. Stattdessen schaue ich mir einige E-Bikes an und lausche den fachmännischen Kommentaren des Verleihers. Er stellt mir mehrere Modelle vor und erläutert Vor- und Nachteile. Die zupackenden Texte rauschen nur so an mir vorbei, ich verstehe sie nicht, aber ich nicke hoffentlich an den richtigen Stellen.

Sie sind schon mal E-Bike gefahren?, fragt er zum Schluss, und ich antworte: Natürlich, schon viele Male, es ist das reine Vergnügen! Ich wähle ein besonders leichtes und schlichtes Rad und schiebe es einige hundert Meter am Rheinufer entlang. Der Verleiher schaut hinter mir her, er traut mir anscheinend nicht recht, das ist mir aber egal, ich habe die Sache schließlich im Griff.

Dann steige ich auf und beginne kraftvoll zu treten und mache die verblüffende Entdeckung, dass dieses Rad auch ohne kraftvolles Treten fährt. Es ähnelt einem aufmerksamen, klugen Pferd, schaut sich kurz nach dem Reiter um, taxiert ihn, schaltet auf das naheliegende Tempo, verfällt in leichten Trab und macht, was es will. Ich aber sitze im Sattel obenauf, wundere mich und spüre, wie aus dem Trab ein Galopp wird. Nicht so schnell, sage ich ruhig und überlege, wo sich die Zügel befinden. Ich meine nicht die Zügel, sondern die Bremsen, rede ich weiter. Ich packe zu und scheine wahrhaftig die Bremsen zu finden, denn mein Gaul bäumt sich kurz auf, schüttelt sich und wechselt in ein langsames Schreiten. Bitte keine Gehmeditation!, rufe ich und nestle an der Schaltung herum.

Pferd und Reiter müssen sich erst aneinander gewöhnen, denke ich, und gönne dem Rad ein ruhigeres Tempo, indem ich auf einen ausgeschilderten Fahrradweg wechsle.

Die nächste Rheinbrücke ist nahe, ich fädle mich ein und wechsle spielend auf die andere Seite, überrascht, dass ich selbst Autos mühelos überhole. Das ist wirklich ein großes Vergnügen, rufe ich, und schwirre am rechtsrheinischen Ufer entlang. Ein weites Brachgelände breitet sich vor mir aus, ganz nah zeichnet der Rhein kleine Buchten ins Land. Am Ufer sitzen Menschen und blicken zum anderen Ufer, und in der Ferne stemmt sich der Dom gegen den Bahnhof und zeigt seine Spitzen.

Das ist Flugmeditation, denke ich, die Umgebung fliegt in Form kurzer Kettensignale an dir vorbei. Sie zeigen sich, verrauschen, zerstreuen sich, während sich die Punkte laufend erneuern. Farbenfunken, breite Pinselstriche, Szenarien in Wasserfarben, zerfließend und während eines Halts zusammenfindend zu Aquarelltönen.

Über die Rodenkirchener Brücke geht es zurück, ich sehe einige winterlich verwaiste Tennisplätze und spüre einen mächtigen Durst. In der Nähe der Kranhäuser kehre ich ein, bestelle ein Kölsch und melde mich bei Ove mit einer Nachricht über meinen Standort. Wenig später ruft er mich an, und ich erkläre ihm, dass ich eine erste E-Bike-Tour bereits hinter mir habe. – Und, wie war's?, fragt er, und ich antworte: Genau richtig. Anstrengungslos, schnell, aber nicht zu schnell, ideal für einen Mann meiner Leistungskapazität! – Na bitte, das habe ich Ihnen doch gesagt. Kommende Woche machen wir eine Tour entlang der Sieg, dann werden Sie Ihre Kapazität mühelos steigern!

Ich setze mich ans Fenster, schaue nach draußen auf den Rhein und höre Suiten von Henry Purcell. Er hat neben den langsamen Gehmeditationen in G-Dur auch rasche Flugmeditationen in G-Moll geschrieben. Im Präludium drehen sich die Speichen, verfolgen sich die Motive, ziehen aneinander vorbei – und finden einen Halt.

Klavierspielen und Flugmeditationen, denke ich, das sind Bausteine für die Zukunft. Wenn nur das Schreiben auch wieder gelänge! – Ich gebe dir einen Rat, antwortet Vater, du solltest in Großbuchstaben schreiben. Einen wie den anderen, lauter stabile Elemente! Das wirst du bald können, und den Großbuchstaben wird die flüssige Schrift folgen. Noch klarer als früher, du wirst sehen. – Gestochen scharf?, frage ich. – Aber sowas von gestochen!, lacht Vater und nimmt Doktor Freud ausnahmsweise nicht zur Kenntnis. – Raus damit, produzieren Sie Buchstaben, machen Sie etwas daraus, verleihen Sie ihnen eine unabhängige Existenz, macht sich Doktor Freud umso lauter bemerkbar. – Sprechen Sie vom Schreiben oder von Gebärvorgängen?, fragt Vater. – Ach, Herr Ingenieur, antwortet Doktor Freud, Sie wollen mich nicht verstehen. So ist es, Sie wollen einfach nicht.

45

EINIGE TAGE später treffe ich Leo am Kölner Hauptbahnhof und gehe mit ihm zum Wallraf-Richartz-Museum. Die Rembrandt-Ausstellung heißt *Inside Rembrandt*, und Leo bereitet mich vor, indem er wieder von Rembrandts Selbstporträts spricht.

Die Bilder befinden sich in abgedunkelten Räumen in der Tiefe des Museums. Keine Ablenkung, keine lauten Gespräche – das Dunkel lässt die Besucher langsamer gehen und leiser sprechen.

Und so kreisen Leo und ich nebeneinander durch dieses Tiefseeaquarium und schauen uns Rembrandts Gemälde und Zeichnungen an. Steht man vor einem Selbstporträt, springt der Blick über, ich spüre genau, wie er mich hält und trifft und es schwerfällt weiterzugehen.

Denn Rembrandts Blicke gestalten einen kleinen Raum der Begegnung. Fast kommt es so weit, dass ich mich im Stillen mit ihm unterhalte, zum Glück ist Leo dabei.

Ein Selbstporträt zeigt Kopf mit Mütze, die Locken stürzen seitlich heraus, ein kleiner Bartansatz wirkt verspielt und ironisch, kaum dreißig Jahre ist Rembrandt da alt.

Wieso wirkt so ein Selbstporträt derart gegenwärtig? Weil Mütze, Locken und Bartansatz wie eine muntere Verkleidung erscheinen. Darunter aber zeigt sich der massive Körper, die breite Nase, die weit geöffneten Augen, die Falten der Haut. Sie sind lebendig, nahe, direkt und entwerfen einen vitalen Menschen mit einer unbändigen Freude am Leben.

Noch schöner ist das weibliche Pendant, ein Bild seiner geliebten Saskia, drei Jahre vor dem Selbstporträt entstanden. Sie trägt einen roten Hut mit Feder, dessen Krempe den oberen Teil ihres Gesichtes verdunkelt. Der untere strahlt hell auf, mit Saskias leicht geöffnetem Mund, mit Ohrring und Perlenkette.

Die Kleidung ist Zeitschmuck, denke ich, sie wirkt wie eine Zutat. Das Gesicht mit dem Lächeln ist umso präsenter, man sieht sie flüstern und scherzen und glaubt beinahe, sie auch zu hören.

Mein Gott, entfährt es mir, und Leo sagt: Das gefällt dir, stimmt's? – Ja, antworte ich, man möchte am liebsten sofort mit den Rembrandts in ein Brauhaus gehen, findest du nicht? Ein Brauhaus wäre genau der richtige Ort, kein Café, kein Restaurant, sondern schlichte, blank gescheuerte Tische und ein paar Gläser mit Kölsch. Besuch aus den Niederlanden – so würde ein Foto heißen, das wir von unserer Vierer-Runde im Brauhaus machen würden. Schade, dass so etwas nicht möglich ist. – Was ist nicht möglich?, fragt Leo. – Die Bilder müssten im Brauhaus präsent sein, sage ich, nicht in Form eines Katalogs oder anderer Drucke, sondern real, verstehst du? – Und wie, antwortet Leo, ich verstehe dich genau, lass mich mal machen. – Was willst du machen? – Ich habe ein paar Ideen, sagt Leo. – Da bin ich gespannt, antworte ich.

In einem Seitenraum der Ausstellung treffen wir auf Reminiszenzen an Rembrandts Werkstatt. Die Wohnung und das Atelier sind in Amsterdam noch zu sehen, stimmt das?, frage ich Leo. – Ja, und wir sollten es unbedingt anschauen, antwortet Leo, Besuch aus Deutschland würde das heißen. Wollen wir es zusammen angehen? – Ah, antworte ich, das ist also deine Idee. Sehr gern, ich freue mich schon jetzt darauf. Sobald es wärmer wird, fahren wir hin. Im Mai, schlage ich vor. – Im Mai fahren wir hin, antwortet Leo, das ist aber noch nicht meine letzte gute Idee.

Über zwei Stunden bewegen wir uns durch *Inside Rembrandt*, dann ist unsere Vorfreude auf ein gemeinsames Kölsch im *Gaffel* nahe dem Hauptbahnhof nicht mehr zu bremsen. Als wir an einem der blank gescheuerten Tische sitzen, winkt Leo dem Köbes. Zwei Kölsch und zweimal Rembrandt!, sagt er. – Kommt sofort!, antwortet der Köbes.

Ich sitze mit geöffnetem Mund da, lauernd wie ein Kind. Dann fliegen die beiden gefüllten Kölsch-Gläser heran, und zwei Bierdeckel werden dazu serviert. Auf ihnen ist die Zeichnung des ironisch blickenden jungen Mannes mit Mütze und kleinem Bartansatz zu sehen. Bitte, sagt Leo, ein Rembrandt für dich, zum Mitnehmen.

Ich nehme den Deckel in die Hand, drehe ihn um und betrachte ihn von allen nur möglichen Seiten. Er ist real und präsent, lacht Leo, da gibt es keinen Zweifel. – Stimmt, das ist reale Rembrandt-Nähe, antworte ich, ein Bierdeckel mit seinem Porträt in einem Kölner Brauhaus und für unterwegs. Was für ein gescheiter Gedanke! Man nimmt das Porträt in die Hand, spielt mit ihm, steckt es in die Hosentasche, führt es spazieren, legt es auf den Tisch des nächsten Brauhauses. Mit Rembrandt durch Köln, könnte man es nennen.

Moment, antwortet Leo, so weit sind wir noch nicht. Wir trinken drei Kölsch und gehen zu mir nach Hause. Dort wartet eine weitere Überraschung. – Was denn noch?, frage ich. – Es wird immer realer und präsenter, sagt Leo.

Eine halbe Stunde später machen wir uns auf den Weg zu Leos Wohnung. Ich habe noch einige Rembrandt-Bierdeckel eingesammelt und mir die Taschen damit gefüllt.

Leo wirkt nervös, er scheint mir etwas Besonderes zeigen zu wollen. Ich habe nicht die geringste Ahnung und frage ihn alle paar Minuten, was es sein könnte. – Warte ab!, sagt Leo. – Ein Hut mit Straußenfeder in Rembrandt-Manier, den du an Karneval trägst? – Nicht schlecht, antwortet Leo, aber leider ist es das nicht! – Die beiden neuen Prachtbände des Taschen-Verlages mit sämtlichen Zeichnungen und Gemälden von Rembrandt? – Ja, gut geraten, die beiden Bände habe ich in der Tat angeschafft, die große Überraschung sind sie aber auch nicht. – Dann gebe ich auf, sage ich, ich bin aufs Äußerste gespannt.

Wie lange war ich nicht mehr in deiner Wohnung?, frage ich Leo, als wir sie betreten. – Ich weiß es genau, antwortet Leo, seit über einem halben Jahr nicht mehr. Bleib mal hier im Flur stehen und zieh deinen Mantel aus. Ich gehe ins Wohnzimmer und rufe dich. – Wie an Weihnachten! antworte ich. – In einer Woche ist Weihnachten!, sagt Leo und verschwindet.

Ich ziehe den Mantel und die Schuhe aus, ich stehe wie früher in Strümpfen im Wohnungsflur. In Leos Wohnzimmer haben wir oft zu zweit oder in kleiner Runde gefeiert. Meist wussten wir vorher nicht genau, was, dann haben wir uns etwas ausgedacht und einen Anlass gefunden. Lauter kleine Feste haben wir improvisiert, und welche Freude hat uns das doch gemacht! Heiligenfeste, Künstlergeburtstage, erfundene Jubiläen, wir hatten jedes Mal eine gute Idee und haben immer etwas anderes gegessen und dazu getrunken. Etwas Passendes, spitzfindig Gefundenes!

— 270 —

So, sagt Leo, jetzt darfst du reinkommen, die Bescherung kann beginnen. Ich gehe langsam ins Wohnzimmer und sehe das große Bild gleich an der gegenüberliegenden Wand. Das ist Rembrandt, denke ich sofort und bleibe stehen. Natürlich, denke ich weiter, das ist eindeutig ein Rembrandt, ich habe das Bild schon viele Male gesehen. Es ist sogar eines der Lieblingsbilder von Leo und mir, *Selbstbildnis als verlorener Sohn im Wirtshaus*, so heißt es, und es hängt, wenn ich mich richtig erinnere, in der Dresdener Gemäldegalerie.

Nein, das kann nicht sein, sage ich und schweige, ich bin zu verblüfft. – Was heißt ›Nein‹? antwortet Leo, du solltest ›Ja‹ dazu sagen, das ist der *Verlorene Sohn im Wirtshaus*, in Form einer guten Kopie aus dem neunzehnten Jahrhundert! Und es ist mein Weihnachtsgeschenk an den besten Freund, den ich habe. Der Liebe Gott hat ihm ein zweites Leben geschenkt. So dass wir wieder Kölner Brauhäuser besuchen und nach Amsterdam reisen.

Ich höre nicht richtig zu, es ist zu viel, das große Bild und seine aus dem Dunkel hervorschimmernden Farben lassen mich nicht los.

Rembrandt sitzt seitlich auf einem Stuhl und schaut den Betrachter an. Ich erkenne das jugendliche Gesicht vom Vormittag mit den weit geöffneten Augen und dem Bartansatz. Statt der Mütze trägt er einen eleganten Hut mit einer weißen großen Feder, die sich wie das Fell eines Hermelins durchs Dunkel schlängelt. In der rechten, erhobenen Hand hält er ein Bierglas, gut gefüllt, er möchte anstoßen und feiern, und er möchte es mit der geliebten Saskia tun. Sie sitzt auf seinem Schoß und schaut sich ebenfalls nach dem Betrachter um, sie lächelt, den Wangen ihres munteren Gesichts hat Rembrandt einen leichten Rosaschimmer verliehen. Mit der Linken greift der verlorene Sohn nach ihrem Rücken, als wollte er sie stützen oder animieren, mit ihm ausgelassen und munter zu sein.

Früher haben Leo und ich manchmal Witze gemacht und uns in dieses Bild hinein imaginiert. Rembrandt hat unsere Feste gemalt, mit dem Bierglas in der Hand, ausgelassen, aber nicht übertrieben, so fantasierten wir. In solchen Stimmungen haben wir viele Stunden in Brauhäusern verbracht, immer besserer Laune und immer einfallsreicher in unseren Ideen, bis der letzte Zug fuhr und ich in den Westerwald verschwand.

Als hätte Leo meine Gedanken geahnt, sagt er leise: Das ist unser Bild, nicht wahr?! Früher bist du nach unseren langen Abenden in den Westerwald gefahren, das könnte bald anders laufen. Du hast mir von deiner Wohnung am Erzbergerplatz erzählt, Parterre, zwei Zimmer, Küche und Bad! Es sollte mit dem Teufel zugehen, wenn da nicht eine große Wand frei wäre. An ihr bringen wir die Kopie unter. Dann haben wir einen eigenen Rembrandt-Raum und können die Nacht hindurch weiterfeiern, wenn wir das wollen.

Ich muss mich setzen und starre das Bild weiter an. Real und präsent, das ist es wirklich, sage ich, woher hast du das Bild? – Ich habe es im Internet entdeckt und den Besitzern abgekauft. Mach dir keine Sorgen, der Preis für eine solche Kopie ist bezahlbar. Wichtiger ist, dass es eine ordentliche ist, ich lasse sie restaurieren, ein paar Stellen haben es nötig. Vielleicht lassen sich die Dunkeltöne ein wenig erhellen, dann erkennen wir auch die Details im Hintergrund. – Welche Details?, frage ich. – An der Wand links eine Tafel, mit Kreidestrichen! Und ein Messer auf dem Tisch, ebenfalls links! Und einen Pfauenkopf neben Saskia, ganz deutlich! Wir werden das Wirtshausambiente ganz aus der Nähe studieren, lass mich nur machen! Und jetzt komm, setz dich vor das Bild, ich sage dir, wie! Ich mache ein Foto, du sitzt mit Saskia und Rembrandt am Tisch, wie du es dir gewünscht hast!

Moment, sage ich und ziehe den Pullover aus. Ich öffne mein weißes Hemd und setze mich vor das Bild. Leo dirigiert, etwas mehr nach links, die Füße sollten nicht zu sehen sein, du bist eine Figur mitten im Bild, das klappt, du wirst dich wundern!

Er holt ein Stativ, schraubt seine Kamera fest und dirigiert weiter. Dann macht er mehrere Aufnahmen, langsam, mit großen Pausen. Jetzt schauen wir uns das nicht an, sagt er, ich muss mich noch weiter damit beschäftigen. Es soll ein perfektes Bild werden, verstehst du, ein per-fek-tes, mein Lieber!

Fünf Bilder entstehen, und danach wird das Gemälde abgehängt und in ein Nebenzimmer gestellt. Leo öffnet eine Flasche Sekt, und die beiden alten Freunde leeren sie und schwatzen nostalgisch über die guten Stunden von früher.

Mit dem letzten Zug fahre ich in den Westerwald zurück. Unterwegs hole ich die Rembrandt-Bierdeckel hervor und verteile sie auf den Sitzen neben mir. Das Panorama eines einzigen Menschen, denke ich, die Figuren seines Innern, im Rausch höchster Freude und stärkster Bedrohung.

Der verlorene Sohn, der ein letztes Mal feiert, bevor er nach Hause zum Vater zurückkehrt.

Da bin ich, Vater, ich habe alles verloren, nimm mich wieder auf. Und der Vater antwortet: Mein Sohn, du warst tot und lebst wieder, du warst verloren und wurdest gefunden.

46

WEIHNACHTEN UND Neujahr ziehen vorüber, und ich mache weiter kleine Fortschritte. Am Horizont erscheinen die vagen Träume als reale Fantasien, ich plane für das Frühjahr einen Aufenthalt am adriatischen Meer, mit viel Sport und Bewegung, wie es die Chefärztin empfohlen hat.

Das Fahren mit dem E-Bike ist zu einer Leidenschaft geworden, zusammen mit Ove bin ich in der Umgebung von Köln unterwegs. Auch das Schreiben mit dem Stift gelingt besser, nachdem ich Vaters Rat gefolgt bin und Texte zunächst in Großbuchstaben notiert habe. Einmal in der Woche suche ich die Rehaklinik auf und betreibe das übliche Ausdauer- und Krafttraining. Meist treffe ich als Erstes Camille, die auf den Fluren unterwegs ist.

Ich begegne Ihnen jeden Morgen, sage ich, kurz nach sechs, wenn ich Ihr Video einschalte. Sie wünschen mir einen wunderschönen guten Morgen und winken kurz, und ich winke zurück. Dann folge ich brav Ihren Gymnastikprogrammen, zwanzig Minuten. Sie verabschieden mich jedes Mal freundlich, unser Rendezvous ist vorbei. – So sollte es sein, lacht Camille, Gymnastikstunden als Rendezvous! Und wie geht es weiter? – Ich schaue ein paar Minuten das *Alpenpanorama in* 3sat, diese stillen Bergpanoramen beruhigen mich. Ich vertiefe mich in die Details, die Bergrücken, die Wiesen, die schmalen Wege, ich bin richtig vernarrt in diese Bergbauernszenen. – Sie lieben die Berge? – Na ja, ich habe nicht vor, in die Berge zu fahren, ich war doch längst da, jeden Morgen, im *Alpenpanorama*. Viel lieber fahre ich ans Meer. – Sind die Alpenpanoramen nicht etwas langweilig? – Für mich nicht. Ich möchte keine hektischen Menschen in Aktion sehen, sondern ruhige, stille Bilder. Ich studiere die Atmosphären, das Wetter, die Landschaften, ich entdecke jeden Tag etwas Neues, obwohl die Ausschnitte immer dieselben sind. Die Kamera fährt die Umgebung in wenigen Sekunden ab, dann kommt die nächste Szenerie dran. Österreich, die Schweiz, alles von weit oben, wie eine Neugeburt der Schöpfung! – Das hört sich gut an, ich werde mal reinschauen! – Tun Sie es, ich vermute, Sie sind gern in den Bergen unterwegs, oder? – Ja, stimmt, ich wandere oft in Südtirol. – Na bitte, dann haben Sie bestimmt auch Freude an den Alpenpanoramen!

Kurz vor Mittag treffe ich mich mit Frau Dr. Werth. Seit ich mit ihr am Teich der Kois unterwegs war, hat sich etwas geändert. Genau durchschaue ich diese Veränderungen noch nicht, ich bemerke nur, dass sie weniger distanziert schaut und spricht.

Wie geht es Ihnen?, eröffnet sie wie meist das Gespräch und erlaubt sich ein Lächeln. – Anfang März reise ich ans adriatische Meer, sage ich, schon allein diese Fantasien verleihen einen enormen Schwung. In den letzten Wochen war ich in Köln und Umgebung mit einem E-Bike unterwegs, ich lebe nicht mehr auf kleinem Raum. – Das freut mich! Die depressiven Momente sind weniger geworden? – Ja, aber ich vermute, sie können jederzeit wieder auftreten. – Ich habe von Ihrer Kölner Lesung gehört, einige Kolleginnen waren da. Es ist wohl sehr gut gelaufen, sie haben berichtet. – Ja, es ist gut gelaufen, ich bin zufrieden. – Werden Sie die öffentlichen Lesungen fortsetzen? – Höchstens in reduzierter Form. Sie strengen mich mehr an als früher, da machten sie mir nichts aus. Die Hochkonzentration ist zu spüren, früher wusste ich nicht einmal, dass ich hochkonzentriert war. – Die Krankheit macht das frühere Leben transparent, sagt

Frau Dr. Werth, sie befragt jede Lebensäußerung daraufhin, wie viel Kraft, Energie und Nachdenken sie kostet. Das Leben erscheint dann wie auf einem Prüfstand, was eine große Chance bedeutet, wenn man sie erkennt und ernst nimmt. – Ich hoffe, ich nehme sie ernst, sage ich und warte auf eine Bestätigung. – Es sieht so aus, antwortet Frau Dr. Werth aber nur, so dass ich ein wenig enttäuscht bin.

Am liebsten würde ich mit ihr wieder zu den Kois gehen und in den Teich schauen, ich sage das aber nicht, sie könnte es als aufdringlich empfinden. Gern würde ich auch mit ihr durch Köln streifen und *Inside Rembrandt* besuchen. Es würde mich interessieren, wie sie sich in einer solchen Ausstellung verhält. Vielleicht überlegt sie, welche spezifischen Probleme der junge Mann mit Mütze und Bartansatz hat. Ist er narzisstisch extrovertiert? Und wie steht es um Saskia, wenn sie auf Rembrandts Schoß sitzt? Ist dieses Sitzen eine Besitz-Attitüde? Saskia brachte einiges an Vermögen mit in die Ehe ein, diesen Hintergrund könnte das Sitzen auf dem Schoß haben.

Ich werde die Gedanken an Rembrandt nicht los, fast täglich habe ich mir das Foto angeschaut, das Leo geschickt hat. Ich sitze zwischen Rembrandt und Saskia und wirke wie eine Stifterfigur. Das Bild ist gelungen, ich muss jedes Mal grinsen, wenn ich seine feinen Nuancen betrachte.

Da kommt mir ein Gedanke. Ich öffne meinen Rucksack und hole ein paar Rembrandt-Bierdeckel heraus. Schauen

Sie mal, sage ich zu Frau Dr. Werth, kennen Sie das schon? Diese Rembrandt-Deckel gibt es im *Gaffel* am Dom.

Sie nimmt einen in die rechte Hand und schaut lange hin. Was geht in ihr vor? Das wüsste ich gern! Gefällt er Ihnen?, frage ich. – Meinen Sie den Deckel oder Rembrandt?, antwortet sie. – Ich meine natürlich Rembrandt, sage ich, als das Bild entstand, war er knapp über dreißig. – Ja, das hätte ich vermutet, sagt Frau Dr. Werth, er ist nicht mehr jung, er hat schon einiges hinter sich, aber es geht ihm gut, er hat es gemeistert. – Was hat er gemeistert? – Den Sprung aus der Jugend in die ersten Erwachsenen-Attitüden. Sehen Sie es nicht? Die Mütze, der Bart, die Falten an den Augen, das sind sie! Er will zeigen, dass er den großen Sprung hinter sich hat und in einem bestimmten Milieu angekommen ist. – In welchem Milieu? – Dem der Lebensbewältiger! Arbeit und Lebenselan, beides ist da, trügerisch kombiniert. – Wieso trügerisch? – Er blickt ironisch. Wer in diesem Alter so blickt, weiß, dass er einiges vor sich hat. Er traut den Attitüden noch nicht, sie sind nicht real, sondern Verkleidung.

Sie schauen sich Rembrandt an, als wäre er ein Patient, sage ich. – Natürlich, antwortet Frau Dr. Werth, ich kann leider nicht anders. – Dann werden Sie es im alltäglichen Leben nicht leicht haben, mache ich weiter, und Ihre Freundinnen oder Freunde mit Ihnen wohl auch nicht. – Ah, Sie glauben, mit mir hat man es nicht leicht? – Ja, das vermute ich mal, aber entschuldigen Sie, solche privaten Äußerungen stehen mir nicht zu. – Da

– 278 –

haben Sie recht, aber Sie brauchen sich nicht zu entschuldigen, ich bin es gewohnt, dass sich die Patienten für mein Privatleben interessieren. Wenn es nicht so wäre, würde etwas nicht stimmen. – Ich verstehe, antworte ich, dann kann ich ja ruhig weiter fantasieren. – Fantasieren Sie, so viel Sie wollen, aber bitte nicht hier und jetzt. Was meinen Sie, wie viele Sitzungen haben wir, bevor Sie in den Süden reisen? – Die heutige und eine letzte, kurz vor dem Aufbruch. – Und danach setzen wir unsere Gespräche fort? – Das habe ich fest vor, antworte ich.

Gut, ich mache mit, lächelt Frau Dr. Werth, lassen Sie uns einen kurzen Moment ernster werden. Wir haben bereits viele Themen behandelt, sind aber immer wieder auf ein Problem gestoßen. Wenn es um Ihre Kindheit in Köln geht, schweigen Sie. Verstehen Sie mich bitte richtig, in unseren Gesprächen geht es nicht um Psychotherapie, das wissen Sie ja, ich will also nicht hartnäckig werden und nach prägenden Kindheitsmomenten fragen. – Sondern? – Ich frage …, nun ja, wie soll ich es nennen? – Sie fragen aus privatem Interesse, sage ich, und Dr. Werth lächelt erneut. Sie sind ein Schlitzohr! – Das Wort habe ich lange nicht mehr gehört, antworte ich, ich muss mich erinnern, was damit gemeint sein könnte. – Na, was ist gemeint? Manchmal sind Sie unerwartet ironisch, und wie! Sie hätten sich mit dem jungen Rembrandt ausgezeichnet verstanden! – Ja, da haben Sie recht, sage ich, ich verstehe mich mit ihm ausgezeichnet, und ich kann es Ihnen sogar beweisen!

Ich öffne meinen Rucksack ein zweites Mal und hole Leos Fotografie hervor. Frau Dr. Werth betrachtet sie, als handelte es sich um eine Erscheinung. Was ist denn das?, fragt sie leise. – Ein Gruppenfoto, antworte ich, das Ehepaar Rembrandt und eine Stifterfigur! – Das ist ja unglaublich, sagt Frau Dr. Werth. – So sehe ich es auch, antworte ich, wirklich unglaublich, fantastisch, etwas aus dem Reich der Dichter und ihrer Fantasien.

Frau Dr. Werth schweigt, ich habe sie so überrascht, dass ihr kein interessanter Kommentar einfällt.

Entschuldigen Sie, sage ich, das Foto lenkt ab. Wir hatten vor, ein ernstes Problem zu besprechen. Sie fragen sich, warum ich häufig schweige, wenn wir über meine Kindheit in Köln sprechen wollen. Ich will versuchen, es kurz zu erklären.

Mein Schweigen hat mit meinen Familiengeschichten zu tun, und diese Geschichten reichen in Zeiten zurück, in denen ich noch nicht gelebt habe. Vor meiner Geburt haben meine Eltern vier Söhne verloren, sie sind nacheinander gestorben. Als ich zur Welt kam, hatten die beiden schon ein beträchtliches Alter, im Grunde waren sie eher Großeltern als Eltern. Was in den Jahrzehnten vor meiner Geburt geschehen war, haben sie ein Leben lang für sich behalten. Meine Mutter war von den Ereignissen so gezeichnet, dass sie einige Zeit kein Wort mit anderen Menschen sprechen wollte. Und ich selbst habe etwa mit drei, vier Jahren auch nicht mehr gesprochen. Ich habe ein Leben wie meine Mutter geführt, still, ohne Sprache, ich war immer an ihrer Seite und habe versucht, sie zu beschützen und aufzupassen, dass ihr nichts passiert. Dabei wusste ich lange Zeit gar nicht, was geschehen war. Ich spürte nur ihre große Angst und die Trauer, und ich dachte, ich muss in ihrer Nähe sein, dann geht es ihr besser. Mein Vater hat das Familienleben organisiert und mir nach und nach auf die Sprünge geholfen. Ich habe gelernt, Klavier zu spielen, und ich habe Schreiben und Sprechen gelernt. Als ich die Volksschule verließ, erschienen sogar meine ersten Texte in Kinderzeitschriften, und ich trat in Konzerten junger Klavierschüler auf.

Frau Dr. Werth schaut mich die ganze Zeit an und vergisst, den Bleistift zu benutzen. Sie blickt so intensiv, als liefe auf dem Bildschirm meines Gesichtes ein Film. Kann sie die Bilder verstehen? Was fängt sie mit solchen Mitteilungen an? Sie fallen mir schwer, aber sie müssen wohl sein. Sonst kommen wir in unseren Gesprächen nicht weiter.

Ich mache eine Pause und frage, ob sie mir ein Glas Wasser einschenken kann. Sie nickt, sagt aber nichts, sondern steht auf, holt ein Glas und eine Flasche Wasser aus dem Büroschrank und schenkt mir ein.

Ich möchte nichts mehr sagen und trinke stattdessen. Frau Dr. Werth liest weiter in meinem Gesicht. Was nun?

Ich schlage vor, dass wir dieses Thema vorerst nicht mehr berühren, sagt Frau Dr. Werth nach einer Pause. Es ist ein

Thema für sich, und ich kann wenig dazu beitragen, es zu erhellen. Nur eine letzte Frage habe ich: Sie sprechen von Familiengeschichten, und Sie meinen die Jahrzehnte vor Ihrer Geburt. Sind Sie diesen Geschichten in Ihrem Leben näher gekommen? Haben sie Ihr Schreiben beeinflusst? – Ja, sie haben mein ganzes Leben bestimmt. Ich habe versucht, darüber viel zu erfahren, und ich habe mich ihnen allmählich genähert. Nicht nur in meinem Schreiben spielten sie eine Rolle, sondern auch im Klavierspiel, das mir meine Mutter beigebracht hat. Später empfand ich es als den Versuch, indirekt von den Geschichten zu erzählen. Also nicht von ihnen zu sprechen, sondern sie anzudeuten. Sie waren in meinem Üben immer präsent, das glaube ich inzwischen, so merkwürdig das sein mag. – Es ist nicht merkwürdig, sagt Frau Dr. Werth, es ist anrührend.

Noch eine letzte Frage: Glauben Sie, dass Ihre Familiengeschichten auch einen Einfluss auf die Bewältigung Ihrer Krankheit haben? – Ja. Manchmal denke ich, die Krankheit wirft mich auf meine Anfänge als Kind zurück. Dann bin ich nahe dran, wieder zu schweigen und in das stille Dasein zu regredieren. Es gibt diese Sehnsucht, nach der Nähe der Eltern und den Räumen der Kindheit. Warum fahre ich sonst so häufig zum Erzbergerplatz und miete mir dort eine Wohnung? Und warum lebe ich im Westerwald, im früheren Elternhaus? – Die Räume der Kindheit geben Ihnen Sicherheit? – Nicht nur das. Sie nehmen mir viel von der Todesangst, die noch in mir steckt. – Dann können Sie im Grunde kaum etwas Besseres tun, als aus ihnen Kraft zu beziehen. Sie bilden ein enormes

Reservoir, so sollten Sie das sehen. Regression ist nicht der richtige Begriff für Ihr Verhalten. Mehr sage ich nicht dazu. Danke, dass Sie so offen waren.

Noch eins: Ich hatte Ihnen geraten, jemanden einzubeziehen, der Ihr Schreiben und Ihre Bücher gut kennt. Sie erwähnten Ihren Lektor. – Ja, ich weiß. Ich werde mich bald mit ihm treffen, wir werden über meine Bücher sprechen und über deren Verbindung zu unseren Familiengeschichten. Ich habe bereits einen Begriff für unser Gespräch: Graphoanalyse. Also keine Psychoanalyse, sondern eine Analyse meines Schreibens mit dem Blick auf die psychischen Wurzeln und Hintergründe. Wie finden Sie das? – Gut, nein, sehr gut! Werden Sie die Gespräche aufzeichnen? – Ja, das haben wir vor, Sie sollen in Buchform erscheinen. *Ein Kosmos der Schrift* wird der Titel sein. – Das werde ich lesen, und wenn ich es gelesen habe, könnten wir noch einmal über dieses Thema sprechen. Was meinen Sie? – Ich wäre bereit, sage ich.

Wir sprechen noch länger, und das Gespräch wird zu einer lockeren Unterhaltung. Ich erzähle von meinen Wohnungsplänen, der Gehmeditation, den Schreibvorhaben.

Jetzt schauen wir uns die Kois an, würde ich zum Schluss gerne sagen, aber mein Mund ist so trocken, dass ich noch ein Glas Wasser trinke. Frau Dr. Werth schaut mich so intensiv an, als hätte sie nie einen Menschen ein Glas Wasser leeren sehen.

Also dann, sage ich schließlich, packe die Bierdeckel und das Foto in meinen Rucksack und stehe auf. Frau Dr. Werth regt sich noch immer nicht.

Notieren Sie gleich wieder einige Stichworte, wenn ich draußen bin?, frage ich. – Sie wissen doch längst, dass ich heute nichts notiere, Sie wissen das sogar genau. – So gut kennen Sie mich bereits? – Wie gut ich Sie kenne, lasse ich mal offen. Sie kennen mich auch recht gut, vermute ich.

Ich stehe auf und ziehe den Rucksack über. Frau Doktor, ich danke Ihnen, einen schönen Tag wünsche ich! – Das wünsche ich Ihnen auch und grüßen Sie die Rembrandts von mir, sagt Frau Dr. Werth und lächelt ein letztes Mal.

47

MEIN LEKTOR trinkt grünen Tee. Ich trinke ihn sonst nie, aber zu diesem besonderen Anlass trinke ich ihn ausnahmsweise auch. Wir trinken also beide grünen Tee, er steht in einer großen Kanne bereit, und die Kanne wird während unseres Gesprächs laufend neu gefüllt.

Wir sind in der *Sala*, die mein Lektor jetzt kennenlernt. Ich führe ihn an den Fotografien entlang und stelle die alten Möbel der Eltern aus ihren ersten Ehejahren vor. Den runden Tisch, das Sofa, die Sessel, die Lampen. Dahinter hängt ein Ölgemälde mit dem Gasthof der Großeltern.

In zwei Glasvitrinen befinden sich meine alten Schreibmaschinen, mit denen ich als Kind handgeschriebene Manuskripte abgetippt habe. Die schwarze *Adler Triumph* aus den fünfziger Jahren, die Reiseschreibmaschinen aus den Sechzigern, der erste Schreibcomputer.

Die Paneelen sind vorgezogen, von der Straße aus kann man uns nicht sehen. Wir sitzen in den zwei alten Sesseln, es ist still, manchmal hört man die Unterhaltungen der Passanten draußen.

Wie lange unser Gespräch dauern könnte, wissen wir noch nicht. Wir wollen uns Zeit nehmen, einen Tag oder mehr. Ich habe eine Liste mit den Titeln meiner siebzig Bücher angelegt, und es gibt eine Liste mit den sonstigen Veröffentlichungen in Zeitschriften und Zeitungen.

Mein Lektor nippt an der kleinen Teetasse. In diesem Augenblick wirkt er auf mich wie ein Gesprächstherapeut. Er wird viele Fragen stellen, und ich weiß von früher, wie gut er das kann. Er ist schon von Berufs wegen ein verschwiegener Mensch. Was wir miteinander besprechen, erfährt niemand sonst, das weiß ich.

Es ist früher Morgen, wir haben asketisch gefrühstückt, unsere Gesprächstherapie wünscht sich grünen Tee, nichts sonst. Mein Lektor schaltet das Aufnahmegerät ein, er hat ein Programm ausfindig gemacht, das unser Gespräch in einen ausdruckbaren Text überträgt.

Vor mir liegen zwei Listen, so beginnt er. Eine mit den siebzig Büchern, die du veröffentlicht hast. Und eine zweite mit einer Bibliografie der Texte, die bisher von dir erschienen sind. Sie ist sehr umfangreich, ich habe die Texte nicht gezählt, man käme auf eine astronomisch wirkende Summe. Hinzu kommt aber noch etwas Weiteres und in meinen Augen sehr Wichtiges. Du hast mir einmal erzählt, dass der Großteil der von dir geschriebenen Texte unveröffentlicht ist. Es sind Texte, die du zunächst nur für dich selbst oder einen kleinen familiären Kreis geschrieben hast: Chroniken, Tagebücher, kleine Porträts und Erzählungen, Dialogisches, Reflexionen, Notate.

Etwa mit acht Jahren hast du mit solchen Texten begonnen und an diesen Formaten bis heute weitergeschrieben. Ihre Zahl mag ich nicht kalkulieren, das würde mich überfordern. Wären wir akribisch genau, hätten wir es in deinem Fall, knapp gesagt, mit drei Listen zu tun: der deiner Bücher, der deiner veröffentlichten Texte und der deiner unveröffentlichten Texte. Das Ganze nennst du oft einen *Kosmos*, genauer gesagt, einen *Kosmos der Schrift*.

Ich kenne nichts Vergleichbares, es ist unglaublich, und das im wörtlichen Sinn: Man glaubt es kaum. Und da frage ich mich natürlich: Wie konnte es dazu kommen? Was liegt dem zugrunde? Woraus besteht dieser Kosmos? Wie kam es zu seinen Themen und miteinander verbundenen Gruppen? Was steckt hinter alldem, biografisch, emotional? Und wohin wird das noch führen? Über all diese Themen wollen wir miteinander sprechen. Wir wollen analysieren, was es mit deinem *Kosmos der Schrift* auf sich hat. Diese Graphoanalyse hast du dir gewünscht.

Das stimmt, antworte ich, ich freue mich sehr auf unser Gespräch. Ich glaube, jetzt ist genau der richtige Zeitpunkt, darüber zu sprechen.

Lass mich zu Beginn aber noch etwas zu den Zahlen sagen, die du genannt hast: Mein Leben scheint aus nichts anderem als Schreiben bestanden zu haben. Aber so war es nicht. Ich würde sogar behaupten: Das Schreiben war immer notwendig und existentiell, ohne Schreiben hätte es kein Leben gegeben. Ich habe aber nie unter irgendeinem Druck oder Zwang gelitten, zu keinem Zeitpunkt. Das Schreiben war und ist eine starke Freude und ein großes Vergnügen. Wäre es nicht so, hätte ich niemals weitergeschrieben. Es war der Kommentar zum Leben, seine Verankerung, seine Vertiefung, seine Deutung. Anfänglich habe ich es fast tranceartig betrieben. Ich habe in dieser Trance des Schreibens mein Leben umkreist, und diese Bewegungen erscheinen mir oft wie Kopfdiktate eines zweiten Ich, aber nie als bittere Kämpfe mit mir selbst. Das Schreiben verlief frei, locker, entspannt, ohne Verkrampfungen, lauter punktuellen, spontanen, emotionalen Impulsen folgend. Was ich gerade meine, wird hoffentlich verständlicher, wenn wir in die Details einsteigen ...

Das werden wir gleich tun, sagt mein Lektor und schaut mich an, als wäre er mit Frau Dr. Werth verwandt. Lass mich vorher noch einmal kurz unsere Themen fixieren. Es geht uns nicht um ein anekdotisches Gespräch über deine Schreibvorhaben und Bücher, sondern darum, die Tiefenschichten dieses Schreibens zu ergründen. So gesehen, geht es um Schreibforschung. Wir wollen die Wege des Schreibens verfolgen. Wie ist es Schritt für Schritt entstanden, welche Formen und Genres hat es entwickelt, wie bedingen sie einander? Nach alldem und noch viel mehr wollen wir forschen.

Verwandeln wir dich also zunächst einmal zurück in einen Schreibanfänger und Schreibschüler und schauen nach, wie er sich bewegt, was er im Einzelnen tut, wie sein Alltag aussieht, was ihn alles umgibt. Lass uns mit einer kurzen Skizze des Raums und der Zeit beginnen, in die du hineingeboren wurdest. Das war Köln, im November 1951. Du warst das fünfte Kind deiner Eltern, deine zuvor geborenen vier Brüder waren jedoch nicht mehr am Leben. Das hat etwas Furchtbares, Ungeheuerliches, versuchen wir trotzdem, darüber zu sprechen ...

Ich höre ihm zu, und ich höre gleich wieder weg. Was er sagt und fragt, wirkt auf mich so, als meldete sich in mir eine innere Stimme. Sie verwandelt das, was mein Lektor sagt, in einen Text, der in mir weiterlebt. Es ist, als entstünde auf diesen seltsamen Wegen eine lange Erzählung, die meines Lebens. *Una vita*, denke ich, ich bin dabei, mein Leben mit dem Blick auf mein Schreiben und Klavierspielen zu erzählen.

Ich stehe vor dem Fenster der elterlichen Wohnung am Erzbergerplatz und frage, was mich mit dem Platz und der Umgebung verbindet. Ich stehe auf einer schmalen Fußbank, meine Mutter sitzt neben mir, die ersten freien Fantasien entstehen. Wodurch werden sie angeregt? Durch die Gegenwart der spielenden Kinder unten auf dem Platz, durch meine lesende Mutter, durch den abwesenden Vater? Warum nehme ich an dem Leben unten überhaupt teil und warum am Leben meiner Mutter neben mir? Sind diese starken Empathien aufeinander bezogen?

Mit der Skizze des Kindes, das schaut, hat mein Lektor solche Szenen in Bewegung gesetzt. Sie laufen vor meinem inneren Auge ab, als reagierten sie auf die Anregungen. Ich denke nicht nach, ich erzähle, und es wirkt auf mich so, als erzählte ich mit geschlossenen Augen und träumte.

Diesen Zustand kenne ich von meinem Schreiben, redend habe ich ihn aber nur selten erlebt. Da ich noch nicht gut mit der Hand schreiben kann, hat sich das Erzählen meiner angenommen oder erbarmt. Ich erzähle, als schriebe ich, genau so kommt es mir vor. Meinen Lektor nehme ich kaum noch wahr, er ist kein Fremder, sondern eine der Stimmen, die sich in mir festgesetzt haben.

Und so stehe ich weiter auf der Fußbank, schaue auf den Platz und gehe später an der Hand meines Vaters hinaus auf die Straßen von Nippes. Wir kaufen Zeitschriften, und ich esse im *Goldenen Kappes* zu Abend. Es gibt kleine Schälchen nur für mich, mit sauren Nierchen und klein geschnittenen Streifen von Reibekuchen.

Und ich übe Klavier, meine Mutter macht es mir vor, und ich lerne die ersten Stücke und spiele Szenen von Robert Schumann.

Vater und ich fliegen über die Dächer von Köln entlang der Sieg ostwärts, und wir landen im Westerwald, wo wir eine Jagdhütte beziehen und Vater mir Schreibaufgaben erteilt. An den Abenden gehen wir zusammen über die Felder, und die Bauern fahren die Ernte ein, und wir schwimmen zusammen in der Nister, dem kleinen Flüsschen neben dem Hof, auf dem Vater groß geworden ist.

Kurz darauf sind wir in Wuppertal und danach in Mainz, und ich schreibe für eine Schülerzeitung und werde für Rudolf Augstein gehalten. Ich mache das Abitur und verliebe mich und fahre mit der Liebsten nach Rom und scheitere als Pianist.

Nach meiner Rückkehr verkrieche ich mich und arbeite als Kellner und spiele nachts Suiten von Henry Purcell für letzte Gäste. Ich gehe ins Kino und schaue mir einen Film nach dem andern an und schreibe darüber für eine Zeitung und werde Student und studiere und entdecke den Walter-Benjamin-Weg ...

Mittags machen mein Lektor und ich eine Pause und gehen ein paar Schritte hinüber zum alten Marktplatz. In den *Marktstuben* gibt es Bauernomelette mit gemischtem Salat, und ich trinke ein Kölsch, und mein Lektor trinkt alkoholfreies Bier.

Wir unterhalten uns bis in den Abend, und dann trennen wir uns und gehen bis zum nächsten Tag unserer Wege. Ich laufe mit leerem Kopf über die Felder, und mein Lektor geht in sein Hotel und notiert sich Fragen für den kommenden Tag.

So leben wir drei Tage zusammen. Mitten in meinem Kindheitsort lassen wir *una vita* erstehen und beobachten mein Schreiben und versuchen, uns auf diesem Weg meiner Krankheit zu nähern. Hat das Schreiben einen Anteil daran? Wenn ja, welchen genau? Wie hat es sich in den Jahrzehnten verändert und warum ist es unerwartete Wege gegangen? Historische, nach Rom, Venedig und Prag. Oder in Liebesbegegnungen, am adriatischen Meer, in Zürich und in den bayrischen Bergen. Und warum ist alles Schreiben derart untrennbar mit meinem Leben verbunden, so dass jedes Lebensdetail danach giert, festgehalten, verwandelt und erzählt zu werden?

Ist es eine Sucht? Eine Beichte? Oder gar Flugmeditation?

So sieht es fast aus. Mein Lektor und ich trinken viele Kannen mit grünem Tee, und wir überfliegen die Ländereien des Lebens und Schreibens. Am Ende kommen wir wieder in der Jagdhütte an, in der es einmal begann.

Ich mache kleine Aufzeichnungen und kritzle vor mich hin. Ich freue mich über jeden Buchstaben, der sich an einen anderen reiht. Ich bin auf dem Weg hin zu einem Menschen, der sich in Schrift verwandelt.

Jetzt sind wir angekommen, sagt mein Lektor nach unge-
zählt vielen Stunden, ich habe jedenfalls das Gefühl. – Ja,
antworte ich, wir schauen auf die nackten, täglichen Aufzeichnungen, auf die schauen wir jetzt. – Großen Dank,
mein Lieber, sagt mein Lektor noch, und ich antworte:
Komm her, lass dich umarmen.

Und wir sind beide gerührt und denken einen Moment
darüber nach, mit welchem Getränk wir feiern sollten.
Feiern wir lieber, sage ich, wenn wir wieder etwas bei
Kräften sind. Ein Glas *Hirschquelle* bietet sich als Intervall
an. Einverstanden? – Auf eine gute Hirschquelle habe
ich mich die ganze Zeit gefreut, sagt mein Lektor zum
Schluß.*

48

ENDE FEBRUAR gibt es vor der geplanten Italienreise
noch einige letzte Termine. Die Operation war vor einem
halben Jahr, und Herzspezialist Diabelli untersucht mich
und schaut nach, wie es um meinen Körper steht.

Sie hatten vermutet, dass es ein Jahr dauern wird, bis ich
wieder der Alte bin, sage ich. Ich wollte es nicht glauben.
Jetzt ist ein halbes Jahr vorbei, und ich hatte gehofft,

* Das dreitägige Gespräch *Una vita* ist zeitgleich mit *Ombra* im Oktober
2021 in *Ein Kosmos der Schrift* erschienen.

wieder gesund zu sein. – Sie haben Fortschritte gemacht, antwortet Diabelli, aber ganz gesund sind Sie noch nicht. Haben Sie die Reha abgeschlossen? – Ich schließe sie in den nächsten Tagen ab. – Das körperliche Training aber doch hoffentlich nicht? – Nein, ich habe gute Programme für das Training zu Hause erhalten. Gymnastik, Fahrradfahren, lange Spaziergänge, das habe ich mir vorgenommen. – Ihre Schreibzeiten reduzieren Sie? – Ja, auf die Hälfte. Ohne zu schreiben, kann ich nicht leben. Aber ich sollte nicht nur leben, um zu schreiben. – Das klingt sehr vernünftig.

Finde ich auch. Die Krankheit hat mir Vernunft beigebracht, wird Zeit, dass ich mal wieder etwas Verrücktes tue. – Woran denken Sie? – Ich möchte wieder Klavierspielen, und zwar so gut, dass ich das Schumann-Klavierkonzert mit Orchester spiele. – Nicht schlecht. Klavierspielen ist für ältere Menschen ein ideales Gehirntraining. – Ein älterer Mensch bin ich nicht, Herr Doktor, das Älterwerden schließe ich aus. – Sie sind, Moment, ich schaue kurz nach, Sie werden bald siebzig. – Solche Zahlen bedeuten nicht viel. Ich werde das Schumann-Klavierkonzert wie ein Fünfzigjähriger spielen. In der Kölner Philharmonie. Mit dem WDR-Sinfonieorchester. – Ein schöner Plan, sagen Sie mir Bescheid, ich werde kommen.

Herzspezialist Diabelli ist ein gestandener Mann, ihm kann ich Fragen stellen, die ich niemandem sonst stellen würde.

Ich mache eine Pause, hole tief Luft und versuche es: Ich werde bald siebzig, das haben Sie gerade festgestellt. Wie stehen die Chancen, dass ich es *wirklich* werde? – Diabelli wartet und blickt auf den Monitor, auf dem er all meine Daten gespeichert hat. Sie stehen nicht schlecht, antwortet er, aber garantieren kann ich es nicht. – Und zu meinem Achtzigsten werden Sie kommen? – Würde ich, ja, nehmen wir es uns vor, Sie die Einladung, ich die Untersuchung kurz vor dem Fest. – Es könnte aber auch passieren, dass ich plötzlich … na, weiter möchte ich nicht denken. – Ja, das könnte passieren. – Sehr wahrscheinlich ist es vorerst aber nicht? – Nein, ist es nicht. Sie bewegen sich auf einem Seil über dem Abgrund, so könnte man sagen. Je mehr sie trainieren und eine Balance zwischen Körper- und Gehirntraining finden, desto leichter und sicherer wird es gehen. – Das klingt anspruchsvoll. – Ich finde, es klingt ermutigend, sagt Diabelli, ich habe großes Vertrauen in Ihre Geduld und Ihren Willen. – Gut, dass Sie das noch gesagt haben, antworte ich, jetzt sehe ich die Zukunft etwas optimistischer.

Ich verabschiede mich, und wir legen auf meinen Wunsch den nächsten Untersuchungstermin fest: In einem halben Jahr, an demselben Ort, zu derselben Stunde. Machen Sie es gut, sagt Diabelli. – Ich gebe mir Mühe, antworte ich.

Als Nächstes steht der Abschied von der Rehaklinik bevor. Mit Camille, Miga und Ove werde ich weiter in Kontakt bleiben, ich schenke ihnen Bücher, die sie sich gewünscht haben.

Dann sitze ich im Zimmer der griechischen Chefärztin, und sie übergibt mir Kopien meiner Behandlungspläne und Leistungsdokumentationen. Das ist ja wie Zeugnisvergabe vor den großen Ferien, sage ich. – Fast, antwortet die Chefärztin. Lassen Sie uns kurz zurückblicken. Sie haben viel für Ihre Gesundheit getan, in allen Bereichen. Aufbau- und Ausdauertraining, Gymnastik, Teilnahme an Entspannungs- und Antistress-Gruppen, Seminare zum Ernährungs- und Bewegungsverhalten und nicht zuletzt solche, die einem Herzinfarkt vorbeugen und nach seinen möglichen Ursachen fragen. Ich sehe, Sie haben nur selten geschwänzt. – Manchmal habe ich mir eine Auszeit genommen und mit den Kois in einem nahen Teich meditiert, antworte ich.

Auch die Beratungsstunden durch unsere Psychologin, Frau Dr. Werth, haben Sie intensiv genutzt und wahrgenommen, macht die Chefärztin weiter. – Ja, antworte ich, und ich bin froh, dass ich diese Stunden nicht ausgelassen habe. Sie wirkten wie ein innerer Kompass, und ich bin im Nachhinein erstaunt, wie animierend solche therapeutischen Gespräche sein können. Sie bringen Strukturen in den Zeitverlauf, und sie haben mich auf die Idee gebracht, weitere Therapeuten heranzuziehen. – Welche meinen Sie? – Meinen alten Freund Leo, mit dem ich seit vielen Jahren regelmäßig in Köln unterwegs bin, und meinen Lektor, der mein Schreiben seit Jahrzehnten begleitet.

Dazu habe ich noch eine Frage, sagt die Chefärztin. Ich vermute, Sie werden auch über Ihre Krankheit schreiben, habe ich recht? – Ich habe längst damit angefangen, antworte ich. – Werden Sie ein Buch veröffentlichen? – Das weiß ich noch nicht. Erst werde ich beobachten, welche Wege das Schreiben nimmt. Protokolliert habe ich jedenfalls viel, mündlich, mit dem Smartphone, Fotografien, ebenfalls mit dem Smartphone. In Bewegung wird alles aber erst kommen, wenn ich mühelos mit der Hand schreiben kann. – Wie weit sind Sie damit? – Ich schreibe bereits relativ rasch in Großbuchstaben, es sieht gut aus. Und ich spiele inzwischen auch wieder einigermaßen Klavier. Mit der rechten und der linken Hand, einzeln. Aber auch da bin ich auf einem ermutigenden Weg.

Die Chefärztin steht auf, und auch ich stehe auf. Uns beiden ist etwas feierlich zumute, fast ließe ich mich hinreißen, auch sie zu umarmen. Ich kann mich gerade noch beherrschen und sage: Wenn ich aus Italien zurück bin, lade ich Sie zu einem griechischen Essen ein. Wo, das dürfen Sie vorschlagen. – Da hätte ich schon eine Idee, sagt sie.

Und dann werde ich offiziell entlassen, und auch das wird mit einem Stempel bestätigt.

Die vorerst letzte Begegnung mit Frau Dr. Werth verschiebe ich bis kurz vor der Abreise, nicht ahnend, dass diese lange geplante Reise ans adriatische Meer nicht stattfinden wird. Von einem Tag auf den andern werden meine Träume von einem Pavese-Leben am Strand zerplatzen.

Mitte März packe ich meine Taschen und Koffer wieder aus, lange Monate einer zweiten Rekonvaleszenz stehen danach bevor.

Ich rufe Frau Dr. Werth an und schildere ihr, was passiert ist. Ich spreche über das Corona-Virus, das die Reise nach Italien unmöglich macht.

Wann werde ich fahren? Niemand kann es vorhersagen. Vielleicht in einigen Monaten oder in einem Jahr, vielleicht aber auch längere Zeit überhaupt nicht mehr.

Sie haben mich wieder, Frau Dr. Werth, sage ich und versuche, meine große Enttäuschung über die verhinderte Reise nicht anklingen zu lassen. – Werden Sie bloß nicht pessimistisch, antwortet sie, Sie können das Ganze auch positiv sehen. – Und wie? – Wir setzen unsere Gespräche fort, am besten schon in der kommenden Woche. – Das können wir tun, in die Klinik möchte ich aber nicht mehr kommen. Können wir uns anderswo treffen, zum Beispiel in Köln? – Natürlich, ich überlege mir etwas, wir telefonieren.

Das Virus verordnet mir eine zweite Rekonvaleszenz, denke ich zwei Wochen später. Jetzt bin ich ein Hochrisikopatient, der zu Hause bleiben muss und sich am besten nicht allzu weit von zu Hause entfernt.

Stecke ich mich an, reißt das Seil, von dem Herzspezialist Diabelli gesprochen hat. Ich sollte auf alles gefasst sein.

Ein Gedicht fällt mir ein, und ich murmle es vor mich hin:

Wenn ich sterbe, lasst den Balkon geöffnet. Das Kind isst Orangen. Von meinem Balkon seh' ich's. Der Schnitter mäht Korn. Von meinem Balkon fühl' ich's. Wenn ich sterbe, lasst den Balkon geöffnet!

Wie kommst du auf dieses Gedicht?, fragt Mutter. – Es ist von Federico García Lorca, antworte ich. Während der Tage auf der Intensivstation ging es mir oft durch den Kopf. – Wusstest du, dass es eines der wenigen Gedichte ist, das Vater manchmal vor sich hin gesagt hat? – Nein, wusste ich nicht. Warum ausgerechnet dieses? – Vater erinnerte es an zu Hause. An den Gasthof, die Kornfelder ringsum, die Feldarbeit und die Kindheit. – Dann vermute ich, du kennst es auch auswendig, sage ich zu Mutter. – Ja, antwortet sie. – Dann sag es doch bitte auch einmal vor dich hin. – In Vaters oder in meiner Version? – Welche ist deine? – Ich habe mich immer an das Original gehalten, so wie du gerade, antwortet Mutter. Vater aber nicht. Er hat wieder einmal gekürzt, hör es dir an:

Wenn ich sterbe, lass den Balkon geöffnet. Das Kind isst Orangen. Der Schnitter mäht Korn. Wenn ich sterbe, lass den Balkon geöffnet!

Wir schweigen.

So weit, sage ich. – So weit, sagt Mutter.

Sollte diese Publikation Links auf Webseiten Dritter enthalten,
so übernehmen wir für deren Inhalte keine Haftung,
da wir uns diese nicht zu eigen machen, sondern lediglich auf
deren Stand zum Zeitpunkt der Erstveröffentlichung verweisen.

Penguin Random House Verlagsgruppe FSC® N001967

2. Auflage
Genehmigte Taschenbuchausgabe November 2022
© Luchterhand Literaturverlag in der
Penguin Random House Verlagsgruppe GmbH,
Neumarkter Str. 28, 81673 München
Coverdesign: Buxdesign I Ruth Botzenhardt
unter Verwendung eines Motivs von © plainpicture/ Reilika Landen
Druck und Einband: GGP Media GmbH, Pößneck
cb · Herstellung: sc
Printed in Germany
ISBN 978-3-442-77269-8

www.btb-verlag.de
www.facebook.com/btbverlag

Imma Klemm (Hrsg.)

Ein Kosmos der Schrift
Hanns-Josef Ortheil zum 70. Geburtstag

368 Seiten, btb 77179

Siebzig Bücher umfasst das Gesamtwerk von Hanns-Josef
Ortheil in seinem siebzigsten Lebensjahr. »Ein Kosmos
der Schrift« skizziert erstmals die großen Linien und
Zusammenhänge dieses Werks. In einem Gespräch mit seinem
Lektor Klaus Siblewski erläutert Hanns-Josef Ortheil die
zentralen Strukturen und entwirft eine Selbstanalyse seines
Schreibens von den Anfängen in der Kindheit bis heute.
Abschließend gratulieren zahlreiche Wegbegleiterinnen und
Wegbegleiter des literarischen Lebens, indem sie in einem
Fragebogen zu Ortheils »Treiben und Schreiben« humorvoll
an die Besonderheiten eines von der Literatur geprägten
Lebens erinnern.

»Hanns-Josef Ortheil gehört zu den produktivsten und
reflektiertesten Autoren, die die deutsche Gegenwartsliteratur
zu bieten hat.«
Rainer Moritz, Stuttgarter Zeitung

btb